夢と生きる
バンドマンの社会学

野村 駿
Hayao Nomura

夢と生きる

バンドマンの社会学

岩波書店

はじめに

夢を追う若者の実態に迫る

「あなたの将来の夢は何ですか？」。だれもが一度はこの問いかけを経験したに違いない。なかには、「将来の夢なんてない」と答えに窮し、「将来の夢がないとダメなのか」と不安に思った人もいるだろう。テレビをつければ、小学生から大学生まで、広く若者が登場すると、決まって将来の夢ややりたいことが尋ねられている。私たちは、若者が将来の夢を持つことを期待し、それを聞きたくなる社会に生きている。

同時に、私たちは夢を追う若者にも関心を向けている。毎年、甲子園やプロ野球ドラフト会議の時期になると、夢を追う球児とその家族を取り上げた番組が放送される。プロスポーツに限らずとも、たとえば、夢を追うミュージシャンやお笑い芸人、はたまた夢を諦める若者を題材にした映画やドラマが、時代をこえて繰り返し放映されている。

このように、夢を持つ／追う若者の存在は固有の魅力を放って、私たちを惹きつけている。では、かれらはなぜ夢を追おうとし、どのように夢を追っているのだろうか。夢を持つ／追う若者への関心の高さに比して、夢を追う若者の実態については、ほとんど明らかにされていない。本書の問題関心は、この点にある。

そこで本書では、これまで若者が目指す将来の夢としてたびたび取り上げられてきたミュージシャンを事例に研究を行う。具体的には、「音楽で成功する」といった夢を掲げて、その実現のために活動するロック系バンドのミュージシャン(以下、バンドマン)である。楽器や機材を持ってあちこちのライブハウスに行きステージに立つ日々。ときに奇抜な髪型やファッションをして、日中は真面目にアルバイトをし、夜には別人のように激しくパフォーマンスをする。一台の車にメンバー全員で乗り込んで、片道数時間かけて各地のライブハウスを渡り歩く。かれらをこれほどまでに夢追いへと駆り立てる構造とは何か。かれらが夢を追い始め、夢を追い続け、そして夢を諦めていく一連のプロセスを検討する。そして、かれらの経験から、現代社会において夢を追うことがいかなる魅力と困難を併せ持っているのかを考察しよう。

夢追いの定義

本書は、「若者の夢追い」について、社会学の見地から検討を加えるものである。具体的には、バンドマンたちが夢を追い始める段階を「夢追いの選択」、夢を追い続ける段階を「夢追いの維持」、夢を諦める段階を「夢追いの断念」と捉えたうえで、それらがいかにして導き出されるのかを問う。そして、夢追いの選択・維持・断念からなる夢追いライフコースの全容を明らかにしたい。

これらの課題の詳細は、序章で改めて説明する。その前に、本書で使用する「夢追い」の定義について確認しておこう。そもそも将来の夢とは多義的な概念である。その中身を特定せずして夢追いを論じることはできない。

手始めに、冒頭に示した問い――「あなたの将来の夢は何ですか？」――への答え方を考えてみよう。たとえば、最近では「YouTuber になりたい」という将来の夢が耳目を集めた。「アイドルになりたい」「公務員になりたい」「実業家になって世界を股にかけたい」等々、特定の職業に就くことを指して「〇〇になりたい」と答えることができる。一方、それとは別に、「お金持ちになりたい」「有名になりたい」「結婚したい」「とにかく安定した生活を送りたい」など、何らかの目指すべき状態を指して将来の夢とする場合もある。

このように、将来の夢の答え方にはかなり広いバリエーションがある。言うまでもなく、本書でそのすべてを扱うことはできない。したがって、本書で検討する「夢追い」の範囲をあらかじめ限定しておく必要がある。

ここで参照するのは、若者の進路の問題として夢追いを位置づけた荒川葉の研究である。荒川(二〇〇九)はまず、人気があり(Attractive)、稀少で(Scarce)、学歴不問(UnCredentialized)の職業を「ASUC 職業」と概念化した。そして、「ASUC 職業」への志望が、一九八〇年代後半からはじまる高校の個性化・多様化政策を背景に、当時の高校生たちに広がっていることを指摘した。その主眼は、生徒の職業志望が高校階層構造によって分断されていることにあったが(中・下位に位置する高校の生徒ほど「ASUC 職業」を志望しやすい)、本書にとって重要なのは、「ASUC 職業」志望を指して、夢追い型進路形成と呼ばれている点である。

夢追い型進路形成の特徴は、①実現可能性が限りなく低い夢に向かって、②メリトクラティックな競争から降りていき、③フリーターなどの不安定な進路に至る点にあるとされる。つまり、「正規のルート」と考えられている「学校から職業へのスムーズなトランジション」から離反した、「最底辺の周辺職業かフリーター、ニート」へと結実するリスクの高い進路として、夢追いは論じられているのである(荒川 二〇〇九:一八二―八三)。

本書では、この指摘を参考に、夢追いを次のように定義したい。すなわち、「多くの子ども・若者が生業にしたいと考えながら、学歴に担保されるような制度化された職業達成経路を持たないために、実現可能性が低いとみなされている職業に就くことを目指して行われる行為の総体」である。そして、夢追い型進路形成が「正規のルート」から逸脱した人生経路であり、フリーターなどの不安定な移行を伴うものであるという見立ても踏襲する。

このように定義することで、本書で検討する将来の夢の範囲が明らかになろう。つまり、職業志望の中でも「公務員になりたい」や「会社員になりたい」といった夢は含まれない。それらは、「正規のルート」に従うことで達成できるものだからである。同様に、「医者になりたい」や「弁護士になりたい」といった夢も対象外である。それらの職業には、学歴に担保された明確かつ制度化された職業達成経路がある。あくまでも本書では、実現可能性が低いものと社会的に認知され、かつ職業達成経路が曖昧なもの、すなわち「正規のルート」では達成できず、かといってどのように達成できるかもわからないような、ゆえにフリーターなどの不安定な移行が不可欠になる職業への志向性を指して夢追いと表現する。

また、本書の定義の中心には、特定の職業に就くことへの志向性がある。単に「お金持ちになりたい」や「有名になりたい」というだけでなく、何らかの職業達成を通してそれらが目指される限りにおいて、本書では夢追いの範囲に含める。たとえば、本書でたびたび登場する「音楽で売れる」という夢は、その前提に「プロのミュージシャンになる」という夢が控えている。あるいは、「お金持ちになりたい」「有名になりたい」といった夢も「プロのミュージシャンになる」ことによって、その先に展望されるものである。

振り返れば、平成の三〇年間は「失われた時代」と評されてきた。「社会が不安定になった、不透明になった、不確実になった」と、先の見えない暗さばかりが強調されてきたように思う。しかし、本書に登場する若者たちは、そうした時代にもかかわらず、自らの将来の夢に果敢に挑み、その人生を自らの手で形作ろうとしている。社会がますます見通せなくなる中で、かれらはなぜ夢追いという人生に生きようとするのか。夢を持つ／追うことの価値を闇雲に称揚するのでも、「安定した人生を歩むべきだ」とありがちな批判を繰り返すのでも、自分とは関係のないものとして無関心を決め込むのでもない仕方で、今まさに夢を追う若者たちの実態を捉えて、そこから浮かび上がる現代社会の姿を明らかにしたい。

目次

Ⅱ　夢を追い始める

Ⅲ　夢を追い続ける

I

「夢追いの社会学」の試み

序章 夢追いの社会学に向けて

1 夢追い研究の到達点と課題

本書の目的は、「音楽で成功する」といった夢を掲げて活動するバンドマンたちがたどる夢追いライフコースを明らかにすることである。そのために、本章では「若者の夢追い」というメインテーマを学術研究に位置づける作業を行う。

先行研究の到達点と課題を確認するにあたり、あらかじめ述べておきたいことがある。それは、以下の研究が必ずしも「若者の夢追い」を直接に取り上げたものとは限らない点である。そもそも、「若者の夢追い」をテーマにした研究は極めて少ない。そこで、関連研究も含めて範囲を広げて先行研究の動向を整理することにした。

まず、若者が抱く将来の夢の中身に着目した研究がある。「なりたい職業ランキング」のような調査結果はたびたび目にするが、学術的には職業希望や職業志向性(職業選択で何を重視するか)、職業アスピレーションといった概念で論じられている。たとえば、相澤真一は、全国レベルの調査データから人々が一五歳当時になりたかった職業の変遷を検討し、「専門・管理職」、それも威信は高いが実現しにくい職業を希望する傾向が強まっていることを指摘した（相澤 二〇〇八）。専門職希望の高まり自体は、他の研究でも確認されており（中山・小島 一九七九）、実現しにくい専門職希望も、「ASUC 職業」（荒川 二〇〇九）や「著名人アスピレーション」（片瀬 二〇〇五）の概念で捉えられている。そして、これらの職業希望と関連する職業志向性では、収入や安定性、社会的地位の高さを重視する社会経済的条件志向と、自らの興味関心や知識・技能を活かせることに重きを置く自己実現志向の二つが示され、専門職希望は前者が弱く、後者が強いことで特徴づけられた（荒牧 二〇〇一、有田 二〇〇二、多喜 二〇一五）。

　こうした将来の夢を抱く背景についても、さまざまな説明がなされている。たとえば、片瀬一男は、高校生の職業希望のうち、「音楽家・舞台芸術家・職業スポーツ家」志望を「著名人アスピレーション」と呼んで、その高まりを指摘した[1]（片瀬 二〇〇五）。そして、「著名人アスピレーション」を持つ高校生の出身階層が高いにもかかわらず学業成績の自己評価が低い点に着目して、次のように説明する。すなわち、かれらはその出身階層からホワイトカラー上層の職業に就くという文化的目標を共有している。しかし、それを達成するための学業成績という制度的手段を持たないために、学歴を必要としない非制度的かつ非現実的な手段として、「著名人になる」というアスピレーションを加熱させるという。

　加えて、社会階層論の観点からも検討がなされている。いわば、だれが夢を持てる／追えるのかという論点である。先行研究では、総じて夢を持てる／追える若者の出身階層の高さが指摘されてきた（山田 二〇〇一、伊藤 二〇〇五）。たとえば、小林大祐は、フリーターのうち「夢追求型」[2]に該当する者で、出身階層が高く、親からの援助をより多く受けている点を指摘し、「夢追求型」フリーターが自分の夢を追求することが可能なのは、比較的裕福な出身家庭からの援助によるところが大きい」とまとめている(小林 二〇〇六：一〇九)。

このように、「若者の夢追い」にはいくつかの視点で研究の蓄積がある。だがすでに触れたように、それを直接のテーマに据えて、正面から取り組んだ研究は少ない。夢追いの多くの部分が、未だ明らかにされずに残されている。本書は、バンドマンを事例に若者の夢追いに迫ろうとする試みであるが、特に次の三点を重視して事例分析を行っていく。

第一に、実際に夢を追っている若者の実態が、まずは明らかにされる必要がある。若者の夢追いというと、「夢を持たせるべきか」「夢を追うのがよいのか」といった規範的な議論が先行しがちである(児美川 二〇一六、高部 二〇二〇)。その反面、「いかなる夢を持つのか」「なぜ夢を追うのか」「だれが夢を持てる／追えるのか」等々、データに基づく実証的な研究もある。しかし、そのどちらもが実際に夢を追う若者の実態を踏まえぬままに、夢追いの是非やリスクを主張している。夢追いとはいかなる経験なのかを実直に描き出すことからスタートしなければならない[3]。

第二に、夢追いライフコースの全体を見渡すと、先行研究の検討が夢追いの選択段階に偏っていることがわかる。先に挙げた研究の多くが、学校段階における子ども・若者を対象にして、かれらの意識や進路選択に夢追いの要素を見出している。したがって、その後に夢を追い続けたり、いずれかの時点で夢を諦めたりする過程は十分に検討されていない。本書で夢追いの選択・維持・断念を一続きのプロセスとして捉えるのも、夢を追い始めた先に何が起こっているのかを明らかにするためである。

第三に、夢追いの論じ方にも刷新が必要である。端的に言えば、これまで夢追いは何らかの望ましい進路の代替として説明されてきた。たとえば、先の片瀬(二〇〇五)は、「著名人アスピレーション」を抱く理由として、ホワイトカラー上層の職業に就けそうにない点をあげる。フリーター研究の文脈においても、かれらの「やりたいこと」志向の強さは、求人が減少する中で、学業成績や欠席日数といった旧来の基準では就職や進学が望めそうにないことから解釈されていた(下村 二〇〇二)。「〇〇できないから夢追い」という説明図式は、たしかにそうした若者がいることも否定しないが、本書のタイトルである「夢と生きる」若者の実態を捉えるには不十分である。そこで措定された望ましい進路自体を捉え返していくことが求められる。

2 夢追いを「若者文化と進路形成」の問題として捉える

(1)本書のアプローチ

以上の課題を踏まえ、夢を追うバンドマンたちの実態に即しながら、かれらがたどる夢追いライフコースを検討するために、本書では「若者文化と進路形成」の枠組みを設定する。なぜ若者文化なのかを説明するべく、いくつかの先行研究を手がかりにしよう。まず、荒川が夢追い型進路形成と呼び、「ASUC 職業」に含めたのは、次のような職業であった(荒川 二〇〇九:

三―四）。

「グラフィックデザイナー」、「ゲームデザイナー」、「ジュエリーデザイナー」、「ファッションデザイナー」、「デザイナー」、「フラワーデザイナー」、「インテリアデザイナー」、「ファッションコーディネイター」、「ミュージシャン」、「歌手」、「シンガーソングライター」、「バンドマン」、「ギタリスト」、「プロ野球選手」、「プロサッカー選手」、「プロバスケ選手」、「プロゴルファー」、「F1レーサー」、「小説家」、「作家」、「脚本家」、「イラストレーター」、「漫画家」、「メイクアップアーティスト、メイクさん、ヘアメイク」、「ゲームプログラマー」、「トリマー」、「カメラマン、写真家、フォトグラファー」、「動物園の飼育係」。

「夢追求型」フリーターに分類された者たち（二七名）の将来の夢も確認すると、次のようになる（日本労働研究機構 二〇〇〇：二六―二九）。バンドや歌手などの音楽関係が最も多く一〇名で、劇団や俳優などの演劇関係が五名、バーテンダーなどの〈手に職〉が四名、〈アート・デザイン関係〉が三名、〈執筆関係〉が三名と続いている。

これらに共通するのは、その多くが何らかの若者文化と密接に関わっている点である。いずれも若者文化に関係する職業が、将来の夢として掲げられている。つまり、本書で論じようとする夢追いには、特定の若者文化を生業にしようとする志向性が含まれているのである。

そこで本書では、夢追いを「何らかの若者文化に惹かれ、夢中になっていくことが、その個人の進路や生き方の問題にまで波及していく過程」として考えたい。ここに「若者文化と進路形成」の問題として夢追いを捉える可能性が拓けてくる。

しかもそれは、離学時点の進路選択にとどまるものではない。若者たちが離学後も一定期間にわたって夢を追い続けている現実からは、若者文化の影響がより長く続くことが予想される。したがって、若者文化が進路選択を超えて、それ以後も含めた進路形成という中長期的な時間軸の中でいかなる影響を与えていくのかを検討することが、夢追いの選択・維持・断念の全体を描き出すうえで重要となる。

(2) 若者文化とは?

ここで問題となるのが若者文化をいかに定義するかという点である。先行研究では、若者文化のほかに、青年文化、下位文化、サブカルチャーなど、さまざまな概念が互換的に用いられている。しかも、それらの意味内容も一つの概念においてさえ統一されていない。まずは、若者文化を定義するところからはじめなければならない。

いくつかの先行研究をヒントにして、本書で用いる若者文化の意味内容を確認しよう。一つ目は、広田照幸編『若者文化をどうみるか?――日本社会の具体的変動の中に若者文化を定位する』である。広田は若者文化を次のように定義した(広田 二〇〇八:八)。

「若者文化」は「サブカルチャー」(subculture)とほぼ同義で呼ばれることも多いのだが、

サブカルチャーは、本来はもっと広義の概念で、全体社会の中の、ある部分集団のメンバーが共有する文化をさす(「移民集団のサブカルチャー」、「ヤクザのサブカルチャー」など)。「若者文化」を単純に定義すれば、サブカルチャーの一つで、「若者」と呼ばれる特定年齢層に共有された、他の年齢集団のものとは異質な文化、ということになるだろう。

ただし、「世の中のすべての若者が実際に共有している文化的アイテムやコンテンツといったものは、ほとんどありえないだろう」(広田 二〇〇八:八—九)と述べている点に注意したい。「どういう段階のどういうポジションにいるかによって、さまざまな「サブ・グループ」(下位集団)が存在し、そのサブ・グループごとに、享受する若者文化のアイテムやコンテンツやジャンルが異なっている」と指摘されている(広田 二〇〇八:九)。

ここでのポイントは、若者文化を「若者」という下位集団に共有されたサブカルチャーの一つとして位置づけていること、何らかのコンテンツやジャンルを想定して若者文化が捉えられていることである。それに関わって、二つ目に取り上げるのは、吉見俊哉編『知の教科書 カルチュラル・スタディーズ』である。同書で成実弘至は、日本と欧米のサブカルチャーの定義を次のように説明した。「日本では一般にサブカルチャーやその短縮形「サブカル」は、マンガ、アニメ、コンピュータゲーム、テレビ、歌謡曲やロックなどの大衆音楽、大衆小説、娯楽映画、雑誌などの娯楽性の高いメディア文化やその消費者に対して用いられている」のに対し、「欧米におけるサブカルチャーは大衆文化やメディアそのものよりも「下位集団」をさしている場合がおおい」。そして、「大雑把にいうと、サブカルチャーへのまなざしがメディアに向かうか、人々の行動や価値観に向かうかの違いである」(成実 二〇〇一:九五―九七)とする。

以上の検討から浮かび上がるのは、若者文化という一つのサブカルチャーをめぐって、大きく二つの捉え方ができるという点である。第一に、若者たちが消費する特定のコンテンツやジャンルを指してサブカルチャーを論じる立場である。第二に、若者たちの下位集団で共有された行動や価値観などをサブカルチャーとして描き出す立場である。両者は必ずしも明確に分けられるものではないが、そのどちらに視点を置くかは、本書にとって極めて重要である。なぜなら、若者文化が進路形成を規定するというとき、特定のコンテンツやジャンルといったメディアとしての側面を取り上げるのか、下位集団に埋め込まれることの意味を重視するのかによって、分析の方向性が大きく変わるからである。

そこで、あらかじめ本書の立場を断っておきたい。バンドマンを事例とする本書では、前者の「メディアとしてのサブカルチャー」ではなく、後者の「下位集団としてのサブカルチャー」の立場に立って検討を行う。つまり、ロックミュージックのコンテンツやジャンルとしての性質、たとえば「ロックミュージックの持つ対抗性が夢追いライフコース形成に結びつく」といった議論はしない。あくまでもバンドマンたちが形成する下位集団とそこでの文化に焦点を当てて、それが夢追いの選択や維持、そして断念に与える影響を検討する。(4) この意味に限定して、本書では「若者文化」や「サブカルチャー」といった概念を使用しよう。

以上のように定義したところで、次に「若者文化と進路形成」のアプローチを明確にしていきたい。若者文化(下位集団としてのサブカルチャー)を扱った先行研究(以下、若者文化研究)と若者の進路について扱った先行研究(以下、若者移行研究)をそれぞれ整理し、両者を重ね合わせることで、本書の枠組みを提示する。

(3) 若者文化研究

「下位集団としてのサブカルチャー」に関する若者文化研究の系譜は、一九二〇年代アメリカ・シカゴを舞台にした「シカゴ学派」の都市下位文化研究から、一九七〇年代イギリス・バーミンガム大学の現代文化研究センターを中心とする「バーミンガム学派」の研究に大まかにまとめられる。前者は、必ずしも若者を対象にしたものではないが、現在まで続くサブカルチャー/下位文化研究の視角を用意した点で、若者文化研究にも重要な貢献を果たした。ここでは、後の研究に大きな影響を与え、本書にとっても重要な視点を提供してくれるクロード・フィッシャーの「下位文化理論」(subcultural theory)について紹介したい。

フィッシャーは、都市の人口規模の拡大が、下位文化の生成・様態にいかなる影響を与えるのかに着目した。つまり、「人口の集中が下位文化の多様性をもたらし、それを強化し、普及していく」(Fischer 1975=1983: 50)という命題である。そして、下位文化を次のように定義した。「〝下位文化(subculture)〟とは様式的な信念や価値や規範のセットであり、それは、より大きな社会システムや文化のなかにあって、相対的に区別されうる(人と人のネットワークや諸制度のセットとしての)社会的下位体系と結びついている(わかりやすく表現するなら、〝下位文化〟は

〝下位システム〟を指示するものとして使われている)」(Fischer 1975＝1983: 57)。

本書では、必ずしも「都市」の変数を十分に考慮できているわけではない。しかし、フィッシャーが下位文化を「様式的な信念や価値や規範のセット」として捉え、それを共有する集団に着目したことは重要である。なぜなら、それこそが「下位集団としてのサブカルチャー」の視点だからである。

これらの論点を引き継いで、新たに「階級」の視点を導入しながら若者たちの下位文化へと研究を進めたのがバーミンガム学派であった。当時のイギリスにおいて問題視されていた、労働者階級の若者たちによる文化実践――テディボーイズやモッズ、スキンヘッズ、パンク――がその対象となる。

ディック・ヘブディジは、若者集団に特徴的なスタイルを記号論的枠組みから解釈し、既存の階級社会に対する象徴的闘争として捉えた(5)(Hebdige 1979＝1986)。つまり、「既成の文化(商品)を流用しながら独自の文化を創り上げる創造的かつ批判的な実践をサブカルチャーの中に見いだし、そこに現代における階級支配への反抗の形式を見ようとしたのである」(大山 二〇〇三：二八三)。後にバーミンガム学派の行った意味分析は、過剰解釈として批判されていくが、若者集団に共有されたスタイルをサブカルチャーとして捉え、個人や社会にとっての意味を理解しようとした点は、現在も重要な論点として引き継がれている(Bennett 2000, Blackman & Kempson eds. 2016)。

これらの研究を参照して、日本でも多くの事例研究が行われている。たとえば、大山昌彦による一連の研究は、地方都市における「ロックンロール」を媒介にした若者集団が、社会状況の変化に応じて自らの実践や規範を変更していく様子を、サブカルチャーの地域化や脱世代化といったさまざまな視点で分析している（大山 二〇〇三、二〇〇五、二〇一二、二〇一八）。このほかにも、ストリート・カルチャーに関する研究（三田 二〇〇六、横山 二〇一一）や、舞台俳優（田村 二〇一五）、スケートボーダー（田中 二〇一六）、渋谷センター街に集うギャル・ギャル男（荒井 二〇二三）などを対象にした都市下位文化集団の事例研究がある。

このように、「下位集団としてのサブカルチャー」研究は、多様な対象とアプローチをとってきた。共通するのは、特定の下位集団を捉えて、そこで共有された「様式的な信念や価値や規範のセット」を明らかにしようとする点である。では、それはどのようにして若者たちの生き方の問題にまで波及し、かれらのライフコースを規定するのだろうか。次に、若者の進路やライフコースの問題に取り組んだ若者移行研究の成果を確認することで、若者文化と進路形成を組み合わせる糸口を探っていきたい。

（4）若者移行研究

「若者たちがこれまで当たり前とされてきたライフコースをたどれなくなっている」。具体的には、学校卒業後に安定した仕事に就き、経済的自立を果たして実家を離れ、結婚をして新たな家族を作るというライフコースである。欧米諸国では一九七〇年代後半ごろから、日本でも一九九〇年代後半以降に指摘されるようになった。

こうした状況に際し、先行研究では若者たちのたどるライフコースがいくつかの類型で捉えられている(du Bois-Reymond 1998, Ball, Maguire & Macrae 2000, 乾編 二〇〇六、乾 二〇一〇)。すなわち、従来型の「標準的人生経路」(normal biography)と、その縮減によって新たに浮上した「危機的人生経路」(risk biography)、「選択的人生経路」(choice biography)である(6)。

これらの類型を用いて、先行研究が論じたのは、ライフコースの脱標準化と個人化・多様化の趨勢であった。つまり、これまで通りの安定した「標準的人生経路」をたどれる若者が一部の豊かな階層出身者に限られるようになる一方で、それ以外の者たちは、「危機的人生経路」を余儀なくされるか、自らの人生を自らの手で形作る「選択的人生経路」に流れ出ていく。こうして安定層はますます安定し、そうでない者は多くの困難を抱えてより不利になるという、ライフコースの二極化が指摘されている(山田 二〇〇四、乾・本田・中村編 二〇一七)。そこには、学校から職業への安定した移行をめぐる格差の問題や(太郎丸 二〇〇六、堀 二〇〇七)、非正規雇用から正規雇用への移動障壁の存在(小杉 二〇一〇、中澤 二〇一七)、あるいは非正規雇用による結婚の困難化(永瀬 二〇〇二、元治 二〇一七)などが組み込まれている。

こうした状況において、先行研究の焦点は、「危機的人生経路」をたどる若者や、二極化したライフコースのうち下方を構成する若者など、より不利の大きい層へと向けられていく。つまり、標準的ライフコースをたどらない若者ではなく、たどれない若者への着目である(労働政策研究・研修機構編 二〇一七、宮本・佐藤・宮本編 二〇二一)。かれらの抱える困難の大きさと、それを解消するための公的支援の必要性が繰り返し指摘されている。

一方、不安定な生活を強いられるという受動的な若者像も再考の対象となった。ノンエリート青年研究を中心に、不安定で不利な境遇に置かれた若者たちが、さまざまなつながりの中で生きていることが明らかにされている(乾編 二〇一三、杉田 二〇一五、知念 二〇一八)。特に、多様なネットワークを作り出すことで、仕事を得たり、アイデンティティを形成・維持したりする能動的な側面が強調されてきた(中西・高山編 二〇〇九、上原 二〇一四、上間 二〇一五)。(7)

以上を貫くのは、若者のライフコースが、行為主体(agency)と社会構造(structure)の影響を受けて形作られるという事実である。当初は、社会構造の規定力が弱まり、行為主体による選択の余地が拡大したと考えられたが(Beck 1986=1998, du Bois-Reymond 1998)、その後の研究では、一貫して社会構造による影響の再評価が行われている。(8) たとえば、個人の重要な選択が、性別や居住地、出身家庭、学業成績などの社会構造的制約の中で行われていることを「構造化された個人化」という概念で指摘したロバーツら(Roberts et al. 1994)や、行為主体の強調が現存する社会構造の影響を不可視化させてしまうことを「認識論的誤謬」と呼んで批判したファーロングとカートメル(Furlong & Cartmel 1997=2009)などがある。

変動し続ける社会状況を背景にして、若者たちのたどるライフコースも変わっていった。それが何によってもたらされたのかが、構造-主体論争の焦点である。ただし、そのどちらにしても、先に検討した若者文化の要素は十分に考慮されていない。既存の変数に加えて、若者文化の視点を構造-主体の両面に位置づけることが、本書のねらいとなる。

(5) 若者文化と進路形成の交差

若者文化研究と若者移行研究は、一部交わることはあっても、基本的にそれぞれの関心に基づいて独自に展開してきた[9]。若者文化研究は、「メディアとしてのサブカルチャー」にしても、「下位集団としてのサブカルチャー」にしても、それ自体の力学を描き出すことに注力してきたし、若者移行研究もマクロな社会構造の変容に重きが置かれ、若者文化の影響が取り立てて重要視されることは稀であった。したがって、若者文化が進路形成を規定するような両者をつなぐ側面は十分に検討されているとはいいがたい。

ただし、両者は完全に分断しているわけでもない。いくつかの研究が若者文化と進路形成の両方に目を向けている。以下では、ストリートダンスグループへの調査を行った新谷周平(二〇〇二)と、スケートボーダーたちの下位文化を検討した田中研之輔(二〇一六)を参照して、若者文化と進路形成を架橋する本書の枠組みに向けたヒントを得たい。

新谷が取り組んだのは、「なぜ若者が「フリーター」という進路を選び取っていくのか」という問いであった(新谷 二〇〇二：一五三)。ストリートダンスグループへの調査結果から、学校および家族から離脱した若者が学校外の集団に居場所を見つけ、そこで場所・時間・金銭を共有することで、積極的にフリーターを選択し、またフリーターであり続けていることを見出した。その下位文化が「地元つながり文化」と呼ばれる。

また、田中も、スケートボーダーたちに共有された価値規範やスタイルを分析する。そしてそれが集団によって営まれる実践であることに着目して、かれらの社会移動が集団性を帯びて特定の方向に水路づけられていくことを指摘した。つまり、「都市下位文化的行為を媒介に形成される集団が学校から職業への移行を通じて、特定の社会階層へと移行していく排出装置となっている」(田中 二〇一六：二四五)。学校文化からの離脱と都市下位文化(スケートボード)への没入が、肉体労働者の労働世界に連続している点を示して、親の職種との関係から「下降移動」の様相が捉えられている。

いずれの研究も、若者集団に共有された下位文化＝サブカルチャーから、フリーターの選択・維持や社会移動といった進路形成の問題を取り扱っている。この点で、本書の関心にも近い。ただし、次の諸点でさらに乗り越えるべき課題がある。

たとえば、新谷(二〇〇二)は、「地元つながり文化」であることからもわかる通り、当初こそストリートダンスグループを研究対象に設定していたが、その後は地元を中心とする別の若者下位集団へと視点が移っている。[10] ゆえに、ストリートダンスという若者文化それ自体の影響は明らかにされていない。

一方、田中は、「都市下位文化を創出し続けていく行為者たちによる主体的な文化形成の過程と、その過程において身体を賭けて蓄積されていく行為とネットワークが、彼らの社会空間での位置を規定していく」(田中 二〇一六：二四五)というように、若者文化と進路形成を結び合わせた議論を行っている。しかし、両者の関係をめぐる説明は、スケートボードに投じた時間の多さや、実践の身体性・集団性に多くを負っており、特定の社会移動に至る側面は、あくまでも結果として示されている。つまり、「都市下位文化集団は文化的行為を共有し創出していく過程で、行為の担い手たちの社会空間での移動を規定し社会的な再生産装置として機能している」(田中 二〇一六:二四七)という結論が得られる一方で、スケートボーダーたちの下位文化が社会移動を規定していく実際のプロセスやメカニズムについては、さらなる検討が可能である。

以上を踏まえ、本書の検討課題を述べるならば、次の二点となる。第一に、ロックミュージックという若者文化に興じるバンドマンたちの「下位集団としてのサブカルチャー」を描き出すこと、第二に、それらがかれらの進路形成、つまり夢追いの選択や維持、断念にどのように結びついているのかを明らかにすることである。

ウッドマンとベネットは、ヨーロッパの若者研究の動向を包括的に整理する中で、既存の研究が若者文化研究と若者移行研究に分断していることを指摘し、両者を架橋する枠組みが必要だと主張した。若者文化研究は、「若者たちがどのようにして意味ある形で、また創造的に自身の人生を形作っているかを浮き彫りにする理論的・方法論的ツールがある一方で、特にポストサブカルチャー的な現象に関しては、若者たちに影響を与える構造的規制を捉える視点に限界がある」。一方、「移行研究には、労働市場や教育制度を理解する視点は存在するが、行為主体を理解する視点には限界がある」と論じている(Woodman & Bennett eds. 2015: 7)。

若者文化と進路形成の問題として夢追いを捉える本書にとって、上記の指摘は示唆的である。行為主体と社会構造の両方を視野におさめながら、若者文化研究と若者移行研究を架橋する枠組みを設定して、先の検討課題に取り組みたい。

(6)バンドマンという事例について

ここで、バンドマンという事例の妥当性についても説明しておこう。相対する二つの研究群を参照する。まず、ロックミュージックを若者文化として措定する研究がある。若者文化研究の系譜において、ロックミュージックは長きにわたり若者文化の象徴とされてきた。「ロックは若者の音楽だ」と明言するのはフリス(Frith 1983＝1991: 216)である。彼は、ロックが学生運動の流れの中で対抗文化としての意味を獲得していき、若者の音楽として認識される過程を追うとともに、ロックミュージシャンの労働的側面を描出している。同様に、ロックミュージックはアウトサイダーとしての特徴を持ち、支配文化への対抗として出現したその当初から、若者と密接に関連していたことが指摘されている(渡辺 一九九六、南田 二〇〇一)。

また、現在においても若者文化を語るうえで音楽は、極めて重要な位置を占めている。たとえば、木島由晶は、NHK放送文化研究所の二〇一二年のデータを用いて、中高生の関心事の上位に、「友だちづきあい」(五五・一%)に続いて「音楽」(五〇・三%)があることを指摘し、「音楽は若者文化(youth culture)のなかで特権的な位置を占めている」と述べる(木島 二〇一九：一八)。さらに青少年研究会が行った調査結果からは、男性ほど、また若者ほどロックミュージックに親和的であることが示されている(南田・木島・永井・小川編 二〇一九)。このように、若者文化の問題としてロックミュージックやロックミュージシャンを取り上げることには、歴史的に見て、また現代の文脈においても適切であることがわかる。

一方で、ロックミュージックが若者文化ではなくなったという指摘もある。たとえば、山田真茂留は、「他の世代と明確に区別されるという意味と、同世代の若者たちの間に広く浸透しているという意味の双方」から「今日、特定の音楽ジャンルがこの二つのいずれの意味でも〝若者の〟ものになるようなことはない」と指摘する(山田 二〇〇九：七四―七五)。なぜなら、かつて広く若者全体に受容されたロックミュージックは、今では若者以外にも聴取され、若者の間でも好みの細分化によって、若者全体で受容される音楽ジャンルではなくなったからである。

このように、若者文化の外延が広がることで若者文化自体が把捉できなくなる事態を、山田は「若者文化の融解」と表現した(山田 二〇〇九：七九)。同様に浅野智彦も、「若者」カテゴリーが曖昧化することで、「若者」について語るという若者論自体が困難になることを「若者の溶解」として捉えている(浅野 二〇一六b)。

では、これらの知見を踏まえて、今後の若者研究はどのようなスタンスをとるべきなのか。浅野は、若者論の可能性として次の四点をあげる。つまり、①若者論という議論の仕方をやめてしまうこと、②子どもが大人になることや、その過程で行われる普遍的な社会化の営みを対象にすること、③さまざまな属性の違いに着目して「連字符若者論」を展開すること、④「若者」に関する議論それ自体を対象にメタレベルの検討を行うこと、である(浅野 二〇一六b：二二七―二二九)。

このうち、本書で展開するのは③の立場の研究である。つまり、夢追いバンドマンという限定された若者を対象に、「若者文化と進路形成」に関する議論を行う。たしかに、ロックミュージックは若者固有の文化ではなくなり、また「若者」の外延も広がっている。しかし、現在においても若者の関心の中心には音楽があり、ロックミュージックの人気も衰えていない。したがって、若者の夢追いを「若者文化と進路形成」の問題として論じようとする本書の事例に、バンドマンを取り上げることには、一つの連字符若者論としても意義があり、また以上の観点からみても妥当性があると考える。

3　分析枠組み――「若者文化と進路形成」に向けて

ここから本書の分析枠組みを設定していこう。まず、「若者文化と進路形成」の全体的なモデルを提示し、次に若者文化を複数の次元に分節化して最終的な枠組みを構成したい。

(1)三領域モデルから四領域モデルへ

先行研究では、若者の移行やライフコースを捉える際、大きく学校、企業、家族の三つのアクターが考慮されてきた。本書では、これに「若者文化」を加えたモデルを考える。

まず、学校と企業をめぐっては、若者の安定的な移行に寄与する制度的リンケージの存在が示されてきた。苅谷剛彦(一九九一)は、学校と企業の継続的な「実績関係」に基づく「学校に委ねられた職業選抜」が、経済的合理性を持つメカニズムを論じている。「教育的営為」として移行に関与する学校は、古くは戦前にまで遡り(石岡 二〇一一)、高度経済成長期を経てその機能を拡大・定着させ、一九八〇年代後半に至るまで、若者の「間断のない移行」や社会的自立を支えてきた(乾 一九九〇、苅谷・菅山・石田編 二〇〇〇、本田 二〇〇五、橋本ほか編 二〇一一)。学校から企業へ、そこには家族が密接に関わる。高学歴化に伴う教育費負担は基本的に家族に課せられ、就職後には実家を離れ、結婚をして新たな家庭を築いてきた。後者は社会的自立のメルクマールでもある。

そして、学校・企業・家族は、三位一体のシステムとして、戦後日本社会における子どもから大人への移行を支える基底的なものとされてきた。たとえば、乾彰夫は、高度経済成長期において高校進学率が上昇し、同時に新規学卒一括採用システムも確立することで、青年期という特有の時期が大衆的規模で成立したとする。それを「戦後型青年期」と呼んだ。そして、「戦後型青年期」が「「社会的標準」へ参入するための移行ルート」になっていたと指摘する(乾 二〇一〇:三六)。その日本的特徴は、「基本的に家族・学校・企業のトライアングルに枠づけられ、それ以外の社会的諸制度(社会保障や公的職業訓練など)や社会政策の入り込む余地のないものとなっていた」(乾 二〇〇〇:二一)点にある。また、戦後日本社会の「かたち」そのものを「戦後日本型循環モデル」として定式化した本田由紀も、「仕事・家族・教育という三つの異なる社会領域」の関係に焦点を当てている(本田 二〇一四:一四)。

さらに、一九九〇年代以降に生じた、若者の移行の不安定化や困難化についても、基本的には学校・企業・家族の三者に着目して、その変容が論じられた。たとえば、学校については、

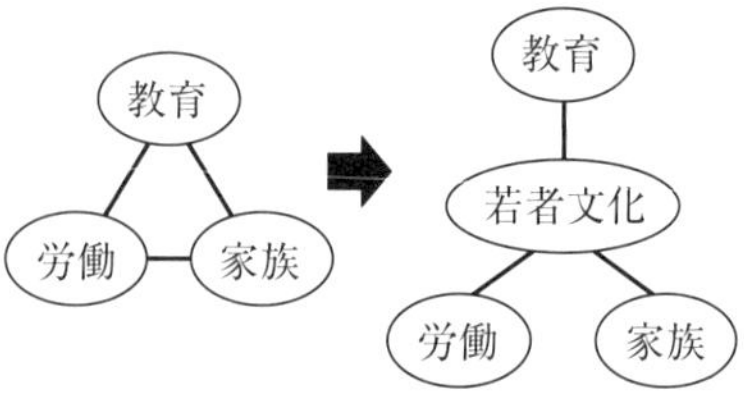

図序-1 三領域モデルから四領域モデルへ

メリトクラティックな枠づけの弛緩や安定した進路保障機能の不全化が指摘されている(粒来 一九九七、堀 二〇一六)。実際に、生徒らが業績主義的競争に煽られにくくなり、学業へとコミットしなくなる中で(堀 二〇〇〇)、卒業後の進路が保障できなくなると、生徒の学校からの離脱が問題となり、かれらを学校に惹きつける生徒・進路指導の方法が編み上げられていった(吉田 二〇〇七、大多和 二〇一四)。また、移行・就職問題への対応として、キャリア教育が開始されるなど、学校を通した問題解決の模索は続いている。

加えて、学校と企業の制度的リンケージも、学卒後すぐに正規就職できない若者の増大によって、若年無業やフリーター/ニート問題が登場したのであった。多くの若者を職業社会へとスムーズに包摂させていた学校教育は、初職分化をもたらす選抜装置となって、キャリアを方向づける機能を担うようになったとされる(堀 二〇〇七、香川 二〇一一、石田 二〇一四)。

こうした状況にあって、家族のあり方も変化を免れ得ない。学卒後すぐに正規就職できずに親元にとどまる若者が増大する中で、青年期から成人期への間に、親への依存・半依存を特徴とする「ポスト青年期」が生まれている(宮本 二〇〇四)。非正規雇用による結婚の困難化も明らかにされた(永瀬 二〇〇二、元治 二〇一七)。また、進路選択や就職における「やりたいこと」重視の風潮の中で、親たちは、自らが期待する子どもの進路と子どもの「やりたいこと」との調整に迫られるようになった（喜多 二〇一二）。

このように、学校・企業・家族の三者は、長らく戦後日本社会の若者を捉える枠組みとして重要な位置を占めてきた。先行研究のこの枠組みを、ここでは〈教育〉〈労働〉〈家族〉という三つの社会領域に特徴づけて三領域モデルと呼ぼう。そして、本書で試みるのは、この三つとは相対的に異なる社会領域として〈若者文化〉を位置づけ、三領域モデルを四領域モデルに拡張することである。それを示したのが**図序-1**である。

四領域モデルの中心に置かれた〈若者文化〉の中身については、次項で詳しく説明する。ここでは、既存の〈教育〉〈労働〉〈家族〉の影響をまったく無視するわけではないことを強調しておきたい。つまり、本書ではあくまでも〈若者文化〉の影響に関心を寄せるが、それだけでなく、〈若者文化〉とそれ以外の社会領域との関係性にも注視する。〈若者文化〉を中心に、四つの社会領域すべてを視野に入れて、夢追いの選択・維持・断念を検討する。

(2)〈若者文化〉を複数の次元で捉える

では、〈若者文化〉のどのような側面に着目すればよいだろうか。ここでは、バンドマンをはじめとするさまざまな文化・芸術・スポーツを対象にした先行研究を参照したい。〈若者文化〉をいくつかの次元に腑分けする手がかりを得よう。

まず、ミュージシャンに関する研究を確認する。そこでは、個々のミュージシャンたちが、プロモーターやオーディエンスといったさまざまな他者との相互行為の中で音楽活動を行っていることが示されている（Toynbee 2000＝2004, 種村・小林 二〇一三、平松 二〇一七、成瀬 二〇一七）[11]。本書でも取り上げるライブハウスという場所に焦点をあてれば、たとえば宮入恭平と佐藤生実は、「ポピュラー音楽のライブパフォーマンスには、パフォーマーとオーディエンスの関係によって形成されるコミュニティの感覚が根強く反映されている」と指摘し、ライブパフォーマンスをパフォーマーとオーディエンスの関係で捉えた（宮入・佐藤 二〇一一：二二）。また、生井達也（二〇二二）は、ミュージシャン同士の関係に着目して、ライブハウスという場がそこに集うミュージシャンたちにとって、ローカルで閉じられているが、だからこそ独自の価値を持つ「共同体」になりうると述べた。

そして、ミュージシャンに限らず、他の文化・芸術実践者にまで対象を広げるならば、〈若者文化〉を捉えるより多様な視点が得られる。ここでは、必ずしも夢追いとは銘打っていないが何らかの職業達成（「プロの〇〇になる」）が含意されている研究にしぼってみていきたい。

喜始照宣（二〇二二）が論じたのは美大生の進路である。そこでは、家庭背景に加えて、日常的に制作活動を行ったり、それを誰かに褒められたり、認められたりといった経験が美大進学希望につながるとともに、大学での実技重視のカリキュラムと教員および学生間での相互作用が、卒業後進路を就職ではなく作家志望に方向づけていることが明らかにされた。

また、田村公人（二〇一五）は、舞台俳優の演劇活動と生活をエスノグラフィックに記述した。東京という都市がフリーターとしての仕事を滞りなく供給するとともに、舞台俳優の数を担保し、互いに公演を行き来する文化の中で、チケットノルマの達成、ひいては活動を継続することが可能になっている。舞台俳優の家族にも言及して、活動継続のために実家暮らしを戦略的に行う姿や、パートナーとの結婚が活動に与える影響なども分析されている。

そして、スポーツ社会学では、プロとして／プロを目指して活動する、また実際にプロになっていく選手の実態が明らかにされている。たとえば、フィリピン・マニラの貧困地区にあるボクシングジムで調査を行った石岡丈昇(二〇一二)は、若者がボクシングジムに参入し、ボクサーとして必要な身体文化を獲得し、やがて引退に至るという過程が、貧困世界とボクシング界という二重の社会構造に規定される中で展開されていることを明らかにした。特に、ボクサーになっていく過程においては、外部世界から自律したジム空間での集団練習と集団生活が鍵になるという。また、夢を諦めきれずに独立下位リーグで野球を続ける選手の実態を批判的に論じたのが石原豊一(二〇一五)である。夢を追い求めて国外に移動するスポーツ労働移民に関する研究(石原 二〇一〇、後藤 二〇一九)も、必ずしも夢を追う若者のみではないが、スポーツ選手をめぐるグローバル化や資本主義化での搾取という大きな構造のもとで、プロのスポーツ選手になることを目指して、ときに国境を越えながら活動する若者の実態と困難を描き出している。

これらの研究からは、本書で〈若者文化〉として捉えようとする複数の要素が確認できる。とりわけ重要なのは、活動に伴うさまざまな他者との相互行為である。たとえば、喜始(二〇二二)では、美大における「就職」が教員―学生間、学生同士の相互作用の中で、「制作の休止・趣味化」としてイメージされるがゆえに避けられていた。田村(二〇一五)や石岡(二〇一二)でも共に活動する者たちの影響が示されている。バンドマンの夢追いには多くのアクターが関わっており、その成員たちによる相互行為に着目することがひとまず重要といえそうだ。もう一つ、特定の下位集団に所属すること自体の影響もある。生井(二〇二二)のいうミュージシャンたちのローカルな「共同体」や、劇団(田村 二〇一五)、ボクシングジム(石岡 二〇一二)などである。これらが「下位集団としてのサブカルチャー」を構成する要素として幾重にも重なりながら存在し、総じて〈若者文化〉という社会領域を形成していると考えられる。

以上の要素に力点を置いて〈若者文化〉を捉えるために、本書ではワルツァーら(Walther, et al. eds. 2016)のまとめた多次元比較分析のモデル(Model for multilevel comparative analysis)を参照する。このモデルのもともとの意図は、生涯学習社会における人々の教育の軌道を検討することにあったが、本書ではバンドマンの夢追いライフコースの軌道をたどり、それに影響を与える〈若者文化〉の要素を腑分けする指標として援用したい。

多次元比較分析モデルは、大きく五つの下位レベルで構成される。「個人レベル(Individual level)」「相互行為レベル(Level of interaction)」「組織/環境レベル(Level of institutions/milieus)」「地域レベル(Regional level[sub-national])」「社会/システムレベル(Level of society/system[global, international, national])」である。このモデルは、各レベルの影響とともに、その相互の関係性自体も検討すべく、入れ子構造になっている。本書ではこのうち、筆者の調査データから検討が可能だった「個人レベル」「相互行為レベル」「組織/環境レベル」の三つに焦点をあてて、〈若者文化〉の影響を確認する。

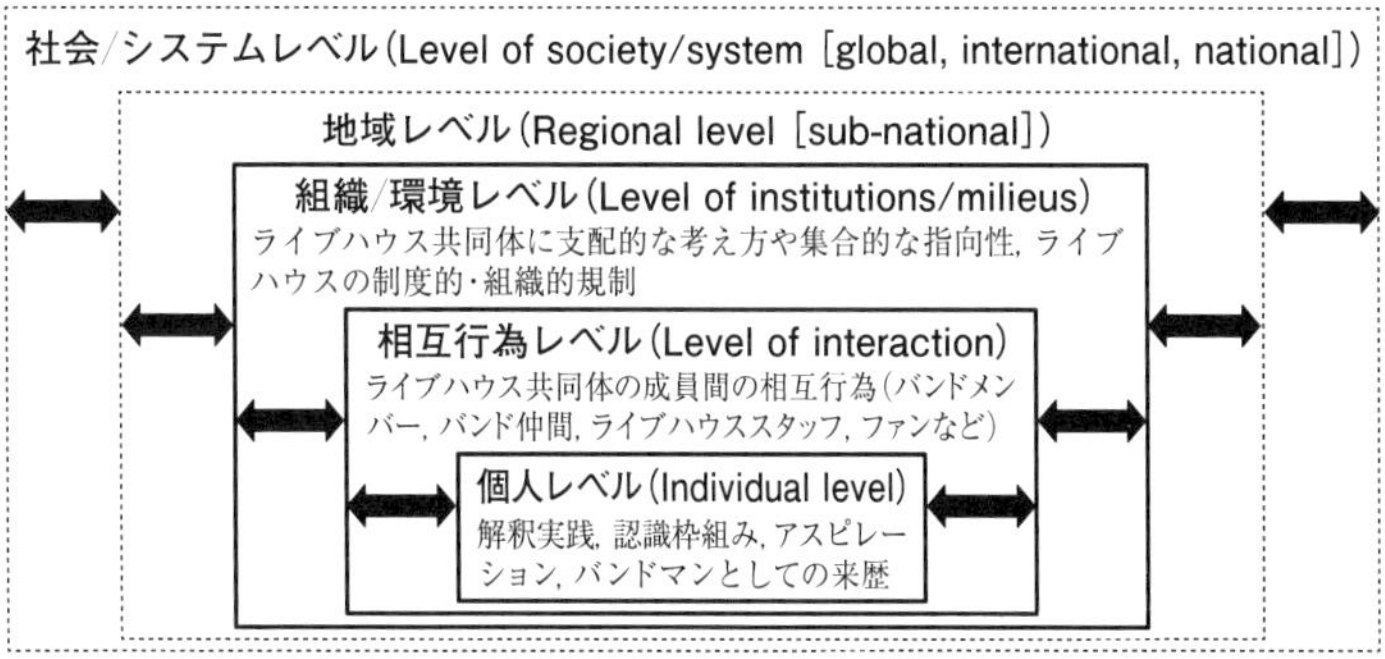

出典：Walther et al. eds.（2016: 33）をもとに筆者作成

図序-2　〈若者文化〉の三層構造

具体的に見ていこう（図序-2）。まず〈若者文化〉の中心的要素として「相互行為レベル」を位置づける。「相互行為レベル」は「交渉過程・実践・相互関係の構造」と定義され（Walther et al. eds. 2016: 33）、本書ではライブハウスを中心として構成される下位集団（以下、ライブハウス共同体）、つまりバンドマン同士、もしくはライブハウススタッフやファンといった多様なアクター間での相互行為を捉える。夢が本来的に個人の意識や志向性であるとすれば、本書で描き出すのは夢追いの集団的・関係的側面である。

そして、この「相互行為レベル」は、「個人レベル」を規定するとともに、再度「個人レベル」によって規定されることで維持される。「個人レベル」は、「志向性、ハビトゥス、対処、自己概念、バイオグラフィーといった個人のパターン」として定義されるが（Walther et al. eds. 2016: 33）、本書では、多様な他者との相互行為を経て、バンドマンに特有の「解釈実践」や「認識枠組み」が生成・共有されたり、「アスピレーシ

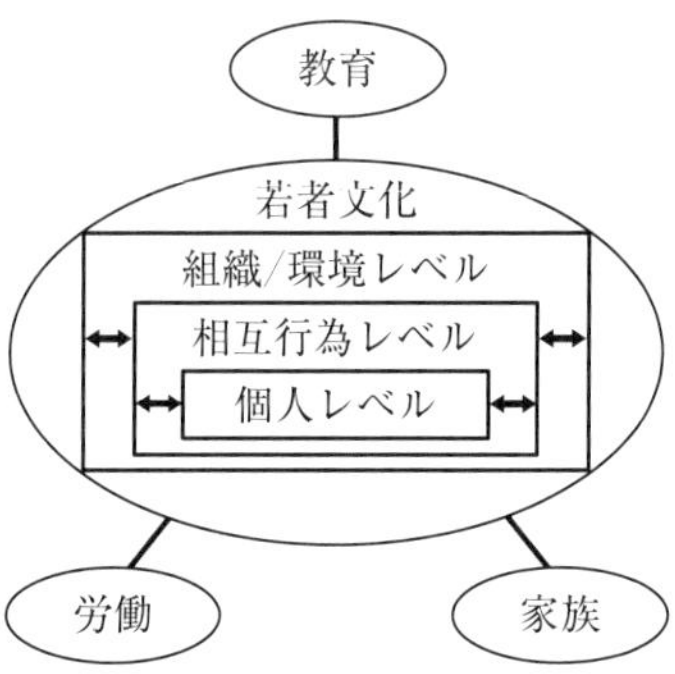

図序-3　本書の分析枠組み

ョン」が特定の方向に導かれたりする様相を捉える。

さらに、「相互行為レベル」は「組織／環境レベル」にも通じていく。「組織／環境レベル」は、「支配的な考えや文化的な枠組み、集合的指向性やハビトゥス、制度的・組織的規制」を意味する(Walther et al. eds. 2016: 33)。個々の相互行為がライブハウス共同体に支配的な考え方や集合的志向性を生み出し、それがバンドマンたちの活動や夢追いライフコースに影響を与えると考えられる。同時に、ライブハウスという場に備わるさまざまなルールや諸システムにも着目したい。

以上をもとに、本書では三層構造の〈若者文化〉と〈教育〉〈労働〉〈家族〉との関係の中で夢追いを捉える。そして、何がバンドマンたちに夢を追い始めさせ、追い続けさせ、諦めさせるのかの全体像に迫っていこう。本書の分析枠組みは、**図序-3**のようになる。

4　調査の概要

(1) 使用するデータ

本書では、バンドマンを対象に二〇一六年四月から二〇二〇年二月までに行ったインタビュー調査のデータを用いる。[12] 研究参加者は、合計三五名(二四バンド)で、三名を除き全員が愛知県を拠点に活動している。[13]

筆者はこれまで複数のライブハウスに通いながら、ライブイベントに出演するバンドマンを中心にインタビュー調査の協力を依頼してきた。まず、ライブイベントには一人の客として参加し、バンドマンとの信頼関係の構築に努めた。そして、かれらとのインフォーマルなやりとりやバンドのホームページなどから、バンドの来歴、メンバーの属性などについて確認し、属性による偏りに配慮しながら個別に調査依頼を行った。[14]

インタビューは、「バンドを始めた契機」「現在の活動状況」「将来展望」などを主な質問項目に、自由に回答してもらう半構造化法で、インタビューの回数は、一回から四回、一回あたり一時間から三時間程度である。インタビュー内容は、すべてICレコーダーで録音し、その音源をもとに逐語記録を作成した。[15]

以下、研究参加者の概要をまとめる。巻末の**資料その1**には、研究参加者個々の詳細プロフィールを明記した。

まず、性別では男性三二名、女性三名と男性が多い。夢追いバンドマン全体の分布を確認できないため、はっきりしたことは言えないが、少なくとも本書を読み進めるうえでの留意点になる。また、年齢は二〇~三二歳と二〇代が多い。言うまでもなく、バンドマンのライフコースは今後も続くものであり、本書で検討するのはその一部である。しかし、この二〇代という時期には、進路選択などのその後の人生を左右する重要な契機が含まれており、実際に多くのバンドマンが二〇代のうちに夢追いの選択から維持、断念を経験している。この経験を捉えることから始めたい。

次に、最終学歴と雇用形態をみよう。最終学歴は、大卒・大学在学が最も多く、過半数を占めている(三五名中、一八名)。音楽系専門学校卒業者(九名)が続き、中退者(五名)や高卒者(三名)は少数である。一方、雇用形態では全体的な不安定さが指摘できる。離学時にフリーターとなった者は、学生の希望者も含めれば二八名と多数を占める。かれらがなぜ夢を追うにあたってフリーターを選択・維持するのかは、第3章で検討する。

さらに、かれらの家族関係をみていこう。まず、「親学歴」では両親学歴のより高い方を明記した。その結果、本人の最終学歴と同様に、大卒が一〇名のほか、専門卒四名、短大卒三名と、延べ一七名の保護者が高等教育機関を卒業している。その一方で、高卒も一一名と多い。バンドマンたちは、保護者と同程度かそれよりも高い学歴を手に入れていることがわかる。また、「父職業」の観点では、自営業の多さが目を引く(一三名)。父親が非正規雇用の者は一人もいない。正社員として働く者が二二名である。

次に、「居住形態」を確認する。実家暮らしが一九名と半数を超えるが、一人暮らしをしたり(一〇名)、バンドメンバーとルームシェアをしたり(四名)して離家を果たす者もいる。

以上を重ね合わせて、本書の研究参加者たちの特徴を述べるならば、次のようになる。まず、ほとんどが不利な階層出身者ではない。少なくとも夢が追えるほどの豊かさを享受しているし、そのことは、親学歴や父職業、かれら自身の最終学歴からもうかがえる。また、夢を追うにあたって家族に支えられている者も少なくない。これらは、夢を持てる／追える若者の出身階層が相対的に高いという先行研究の指摘とも一致している（伊藤 二〇〇五、小林 二〇〇六）。将来の夢ややりたいことが、その家庭環境ゆえに追求できない若者とは対照的である（乾編 二〇〇六）。

しかし、その一方で離学後の雇用形態でいえば、不安定な移行を経験している。つまり、多くがフリーターとなって夢を追い始めている。ここに一つのねじれがある。かれらは、少なくとも教育達成までは相対的に高い地位にあった。にもかかわらず、職業移行の局面で自ら不利な地位へと進んでいる。この移動のかたちを念頭に、夢追いの選択・維持・断念からなる夢追いライフコースの軌道を検討する必要がある。

（２）非当事者という研究者の立場

もう一つ、本書であらかじめ述べておきたいことがある。それは、筆者自身の非当事者性である。端的に言って、筆者にはこの研究を始める以前に、特定の音楽に夢中になったり、バンド活動をしたり、コンサートやライブイベントに参加したりといった経験が一切なかった。つまり、まったくの素人としてこの調査に臨んだのである。

そのため、筆者はライブハウスに通うことから始める必要があった。音楽の専門的なことはもちろんわからないし、そもそもバンドマンたちが活動するライブハウスという場所にさえ行ったことがなく、ほとんど何も知らなかったからである。二〇一五年八月から半年間は、とにかくたくさんのライブハウスに通い、多くのライブイベントに参加した。のちに、そこで知り合ったバンドマンたちを起点にして、インタビュー調査を実施することになる。

そして、調査を続ける中で、筆者は次第にバンドマンたちの関係性や、かれらに共有されたいくつかの規範の存在に気づくようになる。というより、まったくの非当事者として調査に臨んだ結果、筆者には目に映るすべての事象が不思議に思えたのである。なぜライブハウスはこんなにも暗いのか。なぜ楽器のセッティングのために一度出てきたバンドマンたちはわざわざステージ袖に戻って、何事もなかったかのように一人ずつ、それもある程度規則的な順番でステージに登場するのか。なぜバンドマンたちはラベルをはがしたペットボトルを持参しているのか、等々。このように非常に些細なことにまで疑問を持ち、そのすべてをメモに残しながら、研究の問いや質問する事柄を考えていった。本書で扱う論点は、おおよそこれらの疑問や気づきから発展させたものである(16)。

こうした筆者の非当事者性は、インタビュー場面にも少なからず影響を与えたと考えられる。インタビューデータには、研究参加者たちが筆者を「バンドマンではないがバンドマンについて研究している者」と認識し、慎重に語りを選ぶ様子が、その端々に確認できる。

次の引用は、ドラマーであるトオル(以下すべて仮名)が専門学校生のときに、スタジオミュージシャンとして活動していた経歴について語ったものである。ここで着目したいのは、トオルがインタビュアーである筆者に対して、音楽の専門用語を極力使用しないように語りを導出している点である。

トオル：俺よりうまいやつなんていくらでもいたけど、でも仕事もらってる率は俺が一番多かったから。自分のその、歌がこう、呼んでる、何だろう、自分が感じたフィル、フィルをなんて説明しようかな。フィルというか、なんかこう、曲入りの、たとえばギターがきっかけで入る曲だったりするとさ、そのギターのフレーズ一つ違うだけでもさ、人柄って出るじゃん。そのフレーズがその人の求めるものを出せる人が呼ばれるから。

「フィル」とは、「フィルイン」(Fill-In：「埋める」の意)の略で、主にドラムの演奏技法の一つである。もちろん、筆者にはドラムの経験はなく、トオルもそのことを知っていた。ゆえに、「フィルをなんて説明しようかな」と、バンドマン同士であれば必要のない言い換えが行われているのである。

このことは本書で使用するデータの性質を考えるうえで極めて重要である。なぜなら、通常のバンドマン同士の会話とは異質な語りが展開されている可能性が高いからである。つまり、インタビューにおいては、バンド経験のない筆者が理解できるかたちで語りが選択され、提示されていると考えられる(17)。

しかし、それは同時に、文脈を共有しない者であっても理解できるように語りが導き出されていることを意味する。先のトオルに顕著なように、ときに例示を交えながら、事細かに自身の考えていることが語られている。したがって、専門用語によって詳細な部分が省略されることなく、かれらの考えや意味づけを理解することが可能となった。本書で使用するデータには、このような特徴があることを踏まえて、具体的な分析に進んでいこう。

(1) なお、その後の調査で「著名人アスピレーション」の減少が指摘されている(元治 二〇〇九)。将来の夢の時代的な変化については、第1章でまとめて検討する。

(2) 日本労働研究機構(二〇〇〇)は、フリーターになった契機と意識に着目して、フリーターを「モラトリアム型」「夢追求型」「やむを得ず型」の三つに類型化した。そのうち「夢追求型」は、「仕事以外にしたいことがあるため、当面の生活の糧を得るためにフリーターになったタイプ」と定義されている(労働政策研究・研修機構 二〇一七:一一四)。

(3) むしろ先行研究では、夢を追うと言いながらも実際には夢を追っていない若者に目が向けられてきた。たとえば、小杉(二〇〇三:一〇〇)は、「夢追求型」フリーターの中に、夢の実現に向けて具体的に行動する者の存在を認めながら、「しかし、一方で、「夢」に向かう具体的な活動や努力が欠け、「夢を持つ」という生き方が好ましいから「夢」を語っているにすぎない、ファッションとしての「夢追い」である者も見られる」と指摘している。また、生井(二〇一三)も、既存の研究があまりにも「当該活動で生計を立てる」という夢に固執してきた点に触れ、そうした夢を追うのではない、フリーターとしてクリエイティブな活動に従事しようとする者がいることを示して、夢追いという見方の一面性を批判する。「夢追求型」フリーターの存在が認められながら、そこでの関心は、かれらがいかにして夢を追っているのかではなく、夢を追わない若者の発見に向かっていった。

(4) 「メディアとしてのサブカルチャー」研究にも簡単に触れておこう。ロックミュージックという音楽文化そのものを対象にした研究には、たとえば、ロックミュージックの対抗文化的側面を論じた南田(二〇〇一)や石川(二〇一四)、ロックの下位ジャンルとしての「ヴィジュアル系」の持つ特徴をジェンダーの観点から分析した井上ほか(二〇〇三)などがある。ロックミュージックの系譜を論じた渡辺(二〇〇〇)や福屋

(二〇一二)、音楽以外であれば山岡編(二〇二〇)や貞包(二〇二一)なども該当しよう。

(5) 「たとえばモッズがスーツを着るのは、ホワイトカラーにとっての社会的地位のシンボルというもともとの意味を、労働者階級の若者たち(モッズ)によって収奪し転倒させる行為にほかならない。またパンクがナチスのシンボルである鉤十字を身につけるのもファシズムへの共感からではなく、鉤十字のもつ暴力や否定性という記号的意味を流用し、中流階級主導の社会に対して不適切で否定的なものとして自己を提示するためであるという」(成実 二〇〇一：一〇六)。

(6) 「標準的人生経路」とは、ジェンダーや出身階層による影響を多分に受けた伝統的な人生経路を指し、安定的な職業への移行と大人への移行を可能にさせるものである。それに対し、「危機的人生経路」は「自信を失う経験をしたことで、一般的な移行システムに参加できなくなっている」若者たちを、「選択的人生経路」は「フォーマル、インフォーマル両面でもつ資源を背景に、たとえば「青年起業家」といったかたちで、既存の制度の枠を超え移行を遂げている若者たち」を指す(Walther et al. 2005＝2006: 71)。

(7) 神野賢二は、ノンエリート青年について、「ライフコースの二極化状況が日本の将来を先取りするかたちで現在の若者たちを直撃している状況において、こうした二つの対極的なライフコース(学歴エリート→企業エリート／学歴ノンエリート→企業ノンエリート)を想定すると、「ノンエリート」という用語はこの両極化されたライフコースの後者をさして、プロセスとしての個人のライフコース全体の流れをさして用いることができる用語である」とする(神野 二〇〇六：三二)。

(8) Brannen & Nilsen(2005)は、調査手法の観点から、語りというデータの形式が、若者に行為主体としての側面をより多く説明させ、社会構造による影響に言及させなくしていることを「沈黙の言説(silent discourse)」という概念で論じている。また、Farthing(2016)は、書く(writing)という方法を用いることで、若者たちが社会構造による影響も理解していることを示した。これ以外にも、特にヨーロッパの若者研究を中心として、さまざまな社会構造の影響が議論されている(Bryant & Ellard 2015, Furlong et al. 2018, Irwin & Nilsen eds. 2018)。

(9) 日本の若者研究を、若者文化研究から若者移行研究への展開として捉えることもできる。つまり、それまで若者という特定の世代にみられる文化事象をサブカルチャーとして検討してきた伝統から、一九九〇年代を境にして、若者の移行問題や労働問題に研究関心が移っていった。浅野は、それを「若者論の労働論的転回」と表現する(浅野 二〇一六a：六)。

(10) 実際、別の論稿では、「地元つながり文化は、①高校の同級生やアルバイト先の人間関係よりも、彼らが「地元」と呼ぶところの近隣の中学の同級生・先輩後輩という人間関係を重視する、②その人間関係による共同的関係を進学や職業達成よりも重視するという2点によって特徴づけられる」(新谷 二〇〇四：五三)としており、ストリートダンスという若者文化とは相対的に異なる若者下位集団へと焦点がスライドしている。

(11) このほか、人的ネットワークを巧みに用いながら活動機会を得るラップ実践者の実態を論じた木本(二〇〇三)や、ヒップホップ文化の実践者たちがクラブイベントの開催を通して「仲間」や「チーム」を表す「クルー」の関係性を確認し、また新たに形成する様相を捉えた山越(二〇一四)などもある。

(12) 二〇二一年一〇月以降に、追跡調査を開始した。そこで得られた語りも考慮しつつ、あくまでも先の期間に行った調査が、本書のベースとなっている。

(13) 大都市圏であるという地域的条件が、本書で描き出すような夢追いにいかなる影響を与えているのかも重要な論点である。他の地域で活動するバンドマンとの比較を通して、今後詳細に検討していく予定である。

(14) インタビューの依頼の仕方は大きく二つに分けられる。一つ目は、筆者が参加したライブイベントに出演するバンドマンに「場当たり」的に声をかけた。特に、バンドマンとのつながりがなかった初期は、この方法を用いている。次第に関係性ができるにつれて、バンドメンバーや知り合いのバンドマンを紹介してもらえるようになった。これが二つ目の方法である。以上から、本書の研究参加者は、同時期に夢を追ってバンド活動に取り組んでいたという共通点があるものの、一つのコミュニティ(界隈とも呼ぶ)に属しているわけではない。ただし、直接の面識がなくても、多くはバンド名を言えば互いを知っているほどの距離にあった。

(15) 本研究は、名古屋大学大学院教育発達科学研究科の研究倫理委員会に対し、研究倫理申請書を提出して、その承認を受けて実施したものである。

(16) 筆者の調査は、フィールド調査をベースとしながらインタビュー調査によって詳細なデータを得、フィールド理解に役立てるというかたちに自ずとなっていった。この点で、O'Reilly(2012)の提唱する「エスノグラフィック・インタビュー」であるといえる。つまり、フィールド調査を通して、質問項目を練り上げていき、インタビュー結果を再びフィールド理解にフィードバックさせることで、現場の文脈に即した解釈を可能にさせる方法である。筆者もこの過程を経て、徐々にバンドマンたちの活動世界に理解を深めることができた。二〇一九年の後半ごろからは、ある程度焦点を絞ったフィールド調査やインタビュー調査が可能になっていた。このことは、Spradley(1980＝2010)のいう参与観察法の、「記述的観察→焦点化観察→選択的観察」の段階を筆者自身もたどったことを意味する。

(17) このほか、たとえば機材や演奏技術に関する話は、筆者にはほとんど語られなかった。

第1章 夢追いの戦後史
——若者はいかなる将来の夢を抱いてきたのか

1 将来の夢を跡づける

本書では、現代におけるバンドマンたちの夢追いについて検討する。だがその前に押さえておきたいことがある。それは、本書で夢追いと定義する職業群が、いったいいつごろから若者たちの将来の夢になったのかという点である。さらにいえば、これまで若者たちはいかなる職業を将来の夢としてきたのだろうか。本章では、〈夢追いの過去〉とも呼べる将来の夢のトレンドを大づかみに描き出すことを試みる。そしてそこから、〈夢追いの現在〉を論じるにあたってのポイントを明らかにしたい。

序章でも触れたが、若者の将来の夢については、すでにいくつかの指摘がある。たとえば、専門職希望の全体的な高まりに加えて、より豊かな階層出身者でその傾向が顕著であり、親の職業あるいは関連職業を希望しやすい（中山・小島 一九七九、有田 二〇〇二、相澤 二〇〇八）。また、「音楽家・舞台芸術家・職業スポーツ家」の「著名人アスピレーション」（片瀬 二〇〇五）、

「ASUC職業」(荒川 二〇〇九)、「STEM職業」(藤原 二〇二〇)など特定の専門職に絞った検討も行われている(STEMとは科学Science、技術Technology、工学Engineering、数学Mathematicsの頭文字)。

一方、より直近の傾向には、若者の安定志向がある。「著名人アスピレーション」は、二〇〇三年以降の追跡調査で減少に転じたという(元治 二〇〇九)。事務職や管理職を希望する高校生も増加しつつあり、「会社員的な働き方への揺り戻し」の可能性が指摘されている(多喜 二〇一八:六七)。白川俊之・古田和久(二〇一八)は、高校生たちが進路希望によらず、職業における社会経済条件を重視していることを指摘し、田靡裕祐(二〇一七)も、九〇年代以降に二〇・三〇歳代で「失業の心配がない仕事」を理想とする者が増加していることを示している。

このように、若者が希望する職業自体は、かねてより学術的関心を集めてきた。その際、先行研究が主に依拠してきたのは職業大分類である。つまり、「専門、管理、事務、販売、熟練、半熟練、非熟練、農林」(SSM職業大分類)などの基準を用いて若者の職業希望を分類し、その結果として、専門職希望の増加とそれに伴う他の職業希望の減少を示してきた。しかし、この大分類では全体の傾向は示せても、若者が希望する具体的な職業の中身までは把握できない。若者の将来の夢に関心のある本書にとって重要なのは、個別の職業名である。

大分類では、具体的な職業名が見えなくなってしまう。かといって個別の職業名をそのまま用いるのでは、職業一つあたりのケース数が少なくなり安定した分析が望めない。そこで、本章では日本標準職業分類の中分類レベルに依拠して、個別の職業情報を残しつつ、将来の夢のトレンドを捉えることにした。

中分類レベルで集計を行った先行研究もみておこう。寺崎里水(二〇〇八)は、富山県の二地点で中学二年生を対象にした調査を行い、一八の職業について「してみたい」かどうかを尋ねた。その結果を因子分析によって、「ガテン系」「教育資格系」「サービス系」「無特徴系」「料理系」の五つにまとめて、家庭背景との関連を検討している。また、尾嶋史章(二〇〇二)や多喜弘文(二〇一八)では、高校生の職業希望について、「農業・林業・漁業」「小売店主」「販売職」などに加えて、専門職を四つに分けて検討している(1)。

本章では、以上の研究を参考にしつつ、次の手順で職業分類を設定した。まず、各調査で回答のあった職業名を、日本標準職業分類の小分類によって整理し、分析に耐えうるケース数が確保できるように中分類レベルで統合していった。次節で述べるように、本章では複数の調査データを用いている。それぞれのデータの特徴を確かめながら、同じ基準で職業を分類できる方法が適切だと考えた。主に使用するのは、次の一五類型である(2)。なお、結果的に専門以外は職業大分類と重なり、専門④と専門⑤が本書で「夢追い」と呼ぶ職業群に一致している。

- 専門①：技術者系(研究者、技術者、建築家、エンジニアなど)
- 専門②：医療法曹系(医師、看護師、弁護士、カウンセラー、社会福祉士など)
- 専門③：教員系(保育士、小中高教員など)
- 専門④：芸術系(小説家、デザイナー、美術関係など)

・専門⑤：芸能・スポーツ系（音楽家、俳優、プロスポーツ選手、テレビ関係など）
・事務
・販売
・サービス職
・保安職業
・農林漁業
・生産工程
・輸送・機械運転
・建設・採掘
・その他（管理的職業、会社員、公務員、分類不能の職業など）
・拒否・不明・無回答

2　複数のデータをつなぎ合わせる・重ね合わせる

職業分類に加えて、使用するデータについても説明しておきたい。将来の夢を質問項目に含んで、複数時点であったり、幅広い年齢層を対象にしたりと、その変化を一定程度確認できる調査はいくつか存在する。しかし、それぞれの時点や期間をこえて、将来の夢の全体的な通史を描き出すには至っていない。先に述べた職業分類の大きさも相まって、具体的な将来の夢の変遷を見通すことができないままになっている。

そこで本章では、次のような方法を採る。まず、戦後に限定するとしても、この間の将来の夢を通史的に検討できるただ一つのデータが見当たらない以上、同一の調査データを用いた分析は諦めざるを得ない。だが、任意の期間をとって将来の夢を尋ねた調査は複数存在する。本章では、これらの調査データを用いて分析を行い、その結果をつなぎ合わせることで、将来の夢の変化を概略的に捉えることにした。

もちろん、使用するデータは、対象もサンプリング方法も異なっており、単につなぎ合わせればよいというわけではない。その制約をできるだけカバーするために、本章では、複数の分析結果を重ね合わせるという工夫を行った。つまり、通史を描くのと同時に、対象の生年が重なる調査をあえて用いることで、同じ時期・時代の将来の夢を複数データでもって確認するのである。以上の作業により、問題のすべてがクリアされるわけではないが、将来の夢の変化に関する大まかな見取り図はスケッチできるだろう。

なお、本章では「若者」や「夢追い」をより広い意味で用いている。複数の調査データを使用することもあって、たとえば調査対象では、成人に対して「中学三年の頃」や「子どもの頃」の将来の夢を回顧的に尋ねたものから、小学生から高校生を対象にしてその夢を尋ねたものまで幅広く含まれている。また、「将来の夢」という言葉が必ずしも用いられているわけではない。「将来就きたい職業」や「将来なりたい職業」といった類似の表現もある。こうした違いは、調査結果に大きな影響を与えると考えられるが（そしてそれ自体検討課題になりうるが）、本章では何よりも変化の全貌を押さえることを目的として、それらをまとめて「若者」や「夢追い」と表現する。

さらに、将来の夢の回答にも、二通りの解釈ができることを付言しておきたい。つまり、将来の夢としてそのまま理解するだけでなく、何が将来の夢にふさわしい職業とみなされてきたのかを考える方法である。以下で具体的にみていくように、将来の夢とされる職業には、時代によって流行り廃りがある。それは、各時代に生きた若者たちの希望を直接示しながら、同時に将来の夢とすることが社会的に認められた職業のリストにもなっている。本章では、基本的に前者の観点から将来の夢を捉えていくが、それは、戦後日本社会がいかなる職業を将来の夢の地位に置き、どの職業を退けてきたのかを明らかにする作業にもなる。

次のように分析を進めていく。まず次節で、将来の夢の変化の概略をつかむ。使用するのは、一九一六〜一九八六年生まれを対象にした「日本版 General Social Survey 2006」(以下、JGSS-2006)である。そこで、本書で夢追いと呼ぶ職業への希望の高まりが確認できるのだが、四節ではそれが他の調査データからも裏づけられるのかを検討する。五節で、将来の夢の変化の社会的背景を考察し、〈夢追いの現在〉を捉えるにあたってのポイントを指摘する。

3　将来の夢の変化の全体像――JGSS-2006による分析

JGSS-2006は、二〇〇六年九月一日時点で満二〇歳以上八九歳以下の男女を対象にした全国調査である(留置・面接による質問紙調査)。ここでは、「最もなりたかった職業」への回答が得られた九三一名を対象に分析を行う[3]。

さっそく、将来の夢の変化をみてみよう。ケース数を確保するために、生年は一〇年刻みで、職業分類は「事務」と「販売」、「輸送・機械運転」と「建設・採掘」を統合して一三類型とした。男女別、生年別に「最もなりたかった職業」の分布を示したのが**表1-1**である[4]。

—JGSS-2006(男女)

(%)

女性					
1926-35	1936-45	1946-55	1956-65	1966-75	1976-86
0.0	1.2	1.1	3.5	2.2	4.1
38.3	10.5	19.1	17.4	18.5	23.3
25.5	26.7	29.8	36.0	30.4	23.3
0.0	9.3	12.8	8.1	12.0	16.4
4.3	2.3	0.0	3.5	7.6	6.8
10.6	12.8	11.7	8.1	2.2	2.7
0.0	16.3	12.8	12.8	16.3	17.8
2.1	1.2	1.1	1.2	1.1	1.4
0.0	3.5	0.0	1.2	0.0	0.0
4.3	3.5	0.0	2.3	3.3	0.0
0.0	2.3	2.1	0.0	1.1	0.0
4.3	3.5	2.1	2.3	2.2	2.7
10.6	7.0	7.4	3.5	3.3	1.4
100	100	100	100	100	100

一目でわかるとおり、「最もなりたかった職業」は性別や生年によって大きく異なっている。全体でみると、男性では「専門①：技術者系」「輸送・機械運転、建設・採掘」が、女性では「専門②：医療法曹系」「専門③：教員系」が上位にある。

ここに生年の情報を加えて、将来の夢の変化をたどろう。まず、男性では、戦前生まれの一九二六～一九三五世代と一九三六～一九四五世代において、「保安職業[5]」と「輸送・機械運転、建設・採掘」、そして「専門①：技術者系」が多くなっている。ただし、両世代の間で、前二者と「農林漁業」は減ってい

表 1-1　将来の夢の変化①

	男性					
生年	1926-35	1936-45	1946-55	1956-65	1966-75	1976-86
専門①：技術者系	16.9	17.6	21.4	19.4	15.2	17.3
専門②：医療法曹系	1.5	5.9	6.8	10.4	6.1	9.6
専門③：教員系	6.2	8.2	7.8	6.0	10.6	9.6
専門④：芸術系	0.0	2.4	1.9	6.0	4.5	9.6
専門⑤：芸能・スポーツ系	1.5	1.2	4.9	7.5	16.7	19.2
事務・販売	1.5	5.9	7.8	0.0	1.5	1.9
サービス職	1.5	2.4	5.8	6.0	0.0	5.8
保安職業	24.6	4.7	1.9	4.5	1.5	7.7
農林漁業	9.2	5.9	5.8	1.5	4.5	1.9
生産工程	3.1	9.4	6.8	7.5	9.1	1.9
輸送・機械運転，建設・採掘	23.1	18.8	12.6	16.4	13.6	3.8
その他	6.2	9.4	6.8	4.5	6.1	5.8
拒否・不明・無回答	4.6	8.2	9.7	10.4	10.6	5.8
合　計	100	100	100	100	100	100

るのに対し、後者と「生産工程」が増えている点に着目したい。後続世代に引き継がれるポイントである。

戦後すぐ生まれの一九四六〜一九五五世代(≒団塊世代)は、「専門①：技術者系」が増加して二一・四%と最も多くなっている。また、「事務・販売」もこの世代で最も希望が多い(七・八%)。かれらは、高度経済成長期の高校進学を牽引した世代であるが、この学歴変化が将来の夢の変化にもつながっていると考えられる。

そして、一九五六〜一九六五世代も高度経済成長期に学齢期を過ごした点では、先の世代と重なっている。「専門①：技術者系」が最も多い点は変わらない(一九・四%)。「専門②：医療法曹系」も一〇・四%にまで増加している。一方、この世代に特徴的な変化として、「専門④：芸術系」の増加が指摘できる。

一九二六〜一九三五世代ではだれも希望していなかったが、一九五六〜一九六五世代で六・〇%となった。

これまで以上に大きな変化が確認できるのは、続く二つの世代においてである。まず、「輸送・機械運転、建設・採掘」「生産工程」希望の減少が決定的となった。「生産工程」は、一九六六〜一九七五世代でいったん増加するものの(九・一%)、一九七六〜一九八六世代で一・九%まで減少し、「輸送・機械運転、建設・採掘」は減少し続けている。それに対し、「専門⑤:芸能・スポーツ系」で顕著な増加がみられる。一九五六〜一九六五世代で七・五%だったものが、その後一六・七%→一九・二%と飛躍的に増加している。

女性については、希望する職業の中身こそ違うものの、おおよそ男性と類似の変化が確認できる。一九二六〜一九三五世代で最も多い「専門②:医療法曹系」(三八・二%)は、続く一九三六〜一九四五世代で大きく減少した(一〇・五%)[6]。その一方で、「サービス職」は、一九三六〜一九四五世代で増加し(一六・三%)、それ以後は一五%前後で推移している。「事務・販売」も一九四六〜一九五五世代までは一〇%以上である。

続く世代に着目すると、一九五六〜一九六五世代以降に顕著な変化がみられる。まず、「専門②:医療法曹系」や「専門③:教員系」、「サービス職」が上位にある点は、それまでと同様である。しかし、他の職業に目を移せば、たとえば「事務・販売」希望は減少し、一九六六〜一九七五世代で二・二%、一九七六〜一九八六世代でも二・七%にすぎない。それに代わるのが「専門④:芸術系」で、一九五六〜一九六五世代でいったん減少した後(八・一%)、再び増加に転じている(一二・〇%、一六・四%)。

このように、若者の将来の夢は、時代とともに明確に移り変わってきた。本書にとって重要なのは、男性の「専門⑤:芸能・スポーツ系」、女性の「専門④:芸術系」で希望が高まっている点である。どちらも本書で夢追いと呼ぶ職業群である。生年でいえば、一九五六〜一九六五世代が一つの起点になりそうだ。次節では、この傾向が他の調査データからも確認できるのかを検討する。

4 夢追い志向か、それとも安定志向か?

(1)夢追いの黎明期——高度経済成長期に生まれ育った世代

まず、東京教育大学教職研究会(代表:石戸谷哲夫)が実施した調査結果を参照したい。対象は、一九七三年一〜二月に東京都区内の公私立普通科・職業科高校(二〇校)に通う二年生である(一九五五〜一九五六年生まれ、$n=1846$)。陣内靖彦(一九七六)は、同調査から職業選択に関する自由記述項目(「あなたが将来いちばんやりたいと思っている仕事はなんですか」)を用いて分析を行った。以下で紹介するのは、男子高校生の分析結果である。

はじめに、職業選択の自由記述結果が分類されている(陣内 一九七六:二〇六—二〇七)。一〇以上の回答があったものを列記すれば、次のようになる(①〜㉓は順位、数字は回答者数)。

①エンジニアないし技術者／五四
②土木、建築、設計／五一
③マスコミ・ジャーナリスト／三六
④医師（歯科医を含む）／三四
⑤商店経営、自分の店を持つ／三三
⑥学者・研究者／二八
⑥芸能、スポーツ／二八
⑧弁護士、検事、裁判官／二六
⑨調理師、コック／二六
⑩旅行案内、鉄道関係、観光関係／二二
⑪整備士／一九
⑫公務員／一八
⑬教師／一七
⑬映画監督、ディレクター、プロデューサー／一七
⑮電気関係／一六
⑯刑事、警察官／一五
⑰会計士、経理士、弁理士／一四
⑱飲食店経営／一三
⑱○○屋経営／一三
⑳デザイナー、広告／一二
㉑商社マン、貿易関係／一一
㉑農業、酪農／一一
㉓芸術家／一〇

この結果をもとに、「現代都市高校生の職業選択の一般的趨勢」が次の五点から述べられている（陣内　一九七六：二〇七―二〇八）。少し長くなるが、この時代の将来の夢の特徴を理解できる貴重な指摘であるため、ここに引用したい。

第一に、医師、弁護士、学者などいわゆる伝統的専門職は、やはりかなり多くの高校生

の理想の職業として念頭に浮かべられている。

第二に、エンジニア、建築、設計などが上位にきているのは、自分なりの技術的持ち味が表現される機会に恵まれることが期待されており、現代の高校生たちが大きな野心というよりもささやかながらも仕事の中に自己を実現することを望んでいると解釈できる。

第三に、マスコミ、ジャーナリスト、ディレクター、あるいは刑事など、現代のテレビを中心とするマスコミ文化の影響がかなり強くみられ、高校生たちが、現代情報化社会における一種の花形的職業として、これらを感じとっている様子がうかがえる。

第四に、商店経営、自分の店を持つ、飲食店経営、○○屋経営、あるいは調理師など、たとえ小じんまりとでも、自分自身で仕事の計画と運営ができる仕事がかなり志望されている。このことは、現代もっとも一般的な職業人の姿であるサラリーマンを上げる者がきわめて少なく、かえって、「サラリーマンだけはいや」というように、組織に雇用されることに対する一種の拒否の姿勢がみられることの裏の面と解される。

第五に、芸能、スポーツ、旅行案内、あるいは映画監督など、自分の趣味とか、楽しみ(遊び)の要素をそのまま仕事の中にもち込もうとする姿勢が見られるが、これは日本の伝統的勤労観からはまったく予想できない新たな労働観の芽生えといえる。

以上の指摘は、表1-1(男性)と重なるものである。特に、「③マスコミ・ジャーナリスト」「⑥芸能、スポーツ」「⑬映画監督、ディレクター、プロデューサー」「⑳デザイナー、広告」

の人気に着目したい。いずれも「専門④：芸術系」「専門⑤：芸能・スポーツ系」に該当する職業である(第三の指摘、第五の指摘)。陣内(一九七六)は、第五の指摘を「日本の伝統的勤労観からはまったく予想できない新たな労働観の芽生え」と表現したが、まさにこの世代から夢追いの萌芽が確認できるのである(この調査の対象生年は一九五五〜一九五六で、表1-1における一九四六〜一九五五世代と一九五六〜一九六五世代のちょうど間である)(7)。

　では、その後はどうか。次にベネッセコーポレーション(現ベネッセ教育総合研究所)の「モノグラフ高校生　高校生は変わったのか(2)――一九八〇年・一九九二年調査と比較して」(二〇〇三)を参照しよう。タイトルにもあるように、本調査は三時点の比較が可能で、調査地域は各時点で異なるものの、いずれも高校一〜三年生が対象である。生年では、一九六二〜一九六四年度頃(一九八〇年調査)、一九七四〜一九七六年度頃(一九九二年調査)、一九八五〜一九八七年度頃(二〇〇三年調査)と、JGSS-2006(表1-1)に重なっている(いずれも学校通しによる質問紙調査で、サンプル数はそれぞれ n=4582、n=2354、n=1000 である)。この調査データを用いて「働くこと」への意識を分析した岩田考(二〇〇四)をもとに、将来の夢の変化を確認する。

　本調査では、「次にいくつかの職種が書いてあります。その中であなたがなりたいものがあったら○をつけてく

期からの動向

(%)

女子	
1992 (1974-76)	2003 (1985-87)
10.2	7.0
15.8	12.5
15.3	13.2
12.9	5.5
26.3	24.2
17.2	9.3
6.1	6.3
28.5	15.7
9.5	4.1
10.8	10.7
15.1	12.2
8.5	8.6
4.5	2.3
10.7	12.2
18.3	25.2

表1-2　将来の夢の変化②—高度経済成長

	全　体			男　子	
(生年)	1980 (1962-64)	1992 (1974-76)	2003 (1985-87)	1992 (1974-76)	2003 (1985-87)
ビルなどを作る設計士	24.4	16.0	10.4	20.5	14.7
裁判官や弁護士	31.5	18.2	14.1	20.1	16.1
医　　師	21.8	15.8	15.3	16.1	17.9
大学教授	26.1	16.1	8.7	18.7	12.7
小学校の先生	25.4	19.8	20.4	14.7	15.6
新聞記者	23.8	15.2	8.4	13.5	7.3
マンガ家	10.5	7.6	5.5	8.8	4.5
アナウンサー	20.4	18.9	11.7	11.4	6.6
プロスポーツの選手	16.7	15.4	11.8	20.1	21.5
J-POPのアーチスト	16.4	10.8	10.3	10.8	9.8
喫茶店のマスター(主人)	25.0	15.9	12.0	16.6	11.8
一流レストランのシェフ	14.3	10.2	9.7	11.6	11.1
腕のよい大工	10.9	8.2	6.5	11.2	11.8
一流企業の社員	20.4	18.6	15.0	24.9	18.6
地方公務員	26.9	21.3	29.1	23.7	34.0

出典：岩田(2004: 29)をもとに筆者作成.

ださい。〇はいくつつけても、1つもつけなくてもかまいません」という共通の質問文で、いずれも一五の職業選択肢から回答を得ている。その結果を、全体と性別ごとにみたのが**表1-2**である(後者は記載のあった九二年・〇三年データのみ)[8]。

まず、全体の傾向として、選択肢にある一五の職業への希望割合は大きく減少している。一九八〇年調査で二〇%を超えて希望されていた職業は一〇あったが、一九九二年調査では「地方公務員」(二一・三%)のみとなり、二〇〇三年調査でも「地方公務員」(二九・一%)と「小学校の先生」(二〇・四%)の二つであった。一五すべての職業で、一九八〇年調査から一九九二年調査にかけて減少がみられ、三時点を通して減り続けている職業が一三ある。もちろん、選択肢にはない他の職業への希望が増加した可能性も十分に考えられるが、少なくとも今回の選択肢にある職業のほとんどが希望されなくなっているといえよう。

注目すべきは、反対に希望が増えた二つの職業である。「地方公務員」は、一九八〇年時点で二六・九％と二番目に多く、一九九二年には二一・三％まで減少したが希望は全体の中で最多、二〇〇三年も最多で二九・一％まで増加している。「小学校の先生」は、二五・四％(四位)↓一九・八％(二位)↓二〇・四％(二位)と、「地方公務員」に追随する結果だ。この二つの職業がますます人気を集める一方で、それ以外の職業が希望されなくなっていく点に、この間の変化が特徴づけられる。

性別に着目すれば、また違った側面が浮かび上がる。男子は、一九九二年調査において、「一流企業の社員」が最も多く二四・九％で、「地方公務員」(二三・七％)、「ビルなどを作る設計士」(二〇・五％)、「裁判官や弁護士」(二〇・一％)、「プロスポーツの選手」(二〇・一％)も上位であった。全体的に希望割合は高く、また分散していたといえる。

ところが、二〇〇三年調査になって様相が変わる。まず、「地方公務員」の希望が三四・〇％に増加し、突出した。対して、「一流企業の社員」「ビルなどを作る設計士」「裁判官や弁護士」はいずれも減少した。その中で、「プロスポーツの選手」が微増(二一・五％)したため、結果として二〇〇三年調査では、「地方公務員」と「プロスポーツの選手」の二つが目立つかたちとなった。特に希望される「地方公務員」がまずあり、そこに「プロスポーツの選手」が

「一流企業のサラリーマン」を追い抜くかたちで続いている。
一方、女子は、中心となる職業に変化が見られる。一九九二年調査において、「アナウンサー」（二八・五％）と「小学校の先生」（二六・三％）が二大人気の職業であったが、二〇〇三年調査になって、「アナウンサー」が減少し（一五・七％）、代わって「地方公務員」が増えて（二五・二％）、「小学校の先生」と「地方公務員」が将来の夢の中心になった。先に見た全体の傾向と一致する結果である。

本書の事例に重なる「J-POPのアーチスト」にも触れておこう。希望割合は、一六・四％（一二位）→一〇・八％（一二位）→一〇・三％（一〇位）と、決して上位にあるわけではない。ただし、特に全体の推移をみると明らかなのだが、かつて人気のあった職業が次第に希望されなくなるにつれて、それまであまり目立ってこなかった職業の存在感が相対的に高まっている。たとえば、一九八〇年調査で二〇％以上の希望があった「ビルなどを作る設計士」から「新聞記者」までの職業は、二〇〇三年調査では、「小学校の先生」を除いて軒並み一〇％近く希望を減らしている。その結果、「アナウンサー」「プロスポーツの選手」「J-POPのアーチスト」などの少なさが、ほとんど気にならない程度になっている。全体でみても、男女別にみても、他の多くの職業が希望を減らし続ける中で、「J-POPのアーチスト」は常に一割程度の希望を獲得し続けている点に特徴があるかもしれない。

以上の結果を、表1-1と照らし合わせてまとめておこう。特に注目するのは、新しい将来の夢の動向である。すでに陣内（一九七六）が対象とした一九五五〜一九五六年生まれにおいて、

「専門④：芸術系」や「専門⑤：芸能・スポーツ系」に該当する将来の夢が見出されていた。

ただし、その後の展開をみると、必ずしも表1-1のようにはなっていない。ベネッセコーポレーションによる三時点調査の結果からは、次のような変化が確認できる。

まず、一九八〇年調査(一九六二～一九六四年生まれ)では、表1-1や陣内(一九七六)と同様の結果が得られた。つまり、「生産工程」に相当する選択肢こそないものの、「ビルなどを作る設計士」(「専門①：技術者系」)をはじめとする各種専門職に加えて、「喫茶店のマスター(主人)」(販売)や「一流企業の社員」、「地方公務員」で希望が多かった。同時に、「マンガ家」を例外として、「J-POPのアーチスト」を含む「専門④：芸術系」や「専門⑤：芸能・スポーツ系」への希望も、一五％以上となっている。

調査が行われた一九七〇年代後半の時代状況に目を向けると、高度経済成長期を経て高校進学率はすでに九〇％を超え、学校から職業への移行の制度化に伴って、自営から雇用へと若者の働き方も大きく変わっていた(佐藤(粒来) 二〇〇四、菅山 二〇一一)。ゆえに、当時の高卒者が就職していた「生産工程」などよりもさらに威信の高い専門職や、会社員的な働き方への希望が多数を占める一方で、それまでにも見られた独立自営への希望が一定程度残り続けたと考えられる。そして、こうした入れ替わりの時期にあって、移行ルートが確立する中で、それに囚われない、あるいは積極的には踏み込まない生き方を志向する若者も登場したのではないだろうか。この点については、次節で詳細に考察する。

重要なことは、一九九二年調査以降に夢追いの職業への希望が伸びていない点である。むしろ、ほとんどの職業への希望割合が下がる中で、その存在感は相対的に増しているようにみえる。二〇〇三年調査にかけて、男子では「地方公務員」と、「一流企業の社員」に代わって「プロスポーツの選手」が、女子では「小学校の先生」と、「アナウンサー」に代わって「地方公務員」が希望を集めている。全体での「地方公務員」と「小学校の先生」の人気は、これらの結果の累積だろう。そして、「裁判官や弁護士」「医師」「一流企業の社員」が一五％前後の希望を集め、「新聞記者」や「J-POPのアーチスト」などの「専門④：芸術系」「専門⑤：芸能・スポーツ系」が一〇％前後で続いている。

この二時点に共通するのが、バブル経済崩壊後に離学を迎えた世代を対象にしている点である。特に、一九九二年調査の対象であった一九七四～一九七六年生まれの者たちは、ロストジェネレーションと呼ばれた就職氷河期世代に重なる。突然の経済不況によって労働市場が一変する中で、それまでの世代と同じような将来の夢を持ちにくくなったことが、希望割合の全体的な低下として現れたと推察される。

そして、二〇〇三年調査の対象（一九八五～一九八七年生まれ）になると、就職難はすでに周知の事実として認識されていたと考えられる。だからこそ、かれらが将来の夢としたのは、「地方公務員」や「小学校の先生」といった、より安定が望めそうな職業だったのではないだろうか。こうして若者の将来の夢は、安定を期待させる特定の職業に集中するかたちで変化していったとまとめることができる。

(2) 不況下に生まれ育ったその後の世代

では、以上の傾向は、不況下に生まれ育ったその後の世代にも引き継がれているのだろうか。最後に、表1-1では検討できなかった現在までの若者たちの将来の夢を確認しよう。

まず取り上げるのは、東京大学大学経営・政策研究センターが二〇〇五年に実施した「高校生の進路についての追跡調査」(第一回)である。対象は、全国の高校三年生四〇〇〇人とその保護者で、今回は将来の夢に関する質問項目がある高校生データを使用する(訪問留置・訪問回収法による質問紙調査)。生年は一九八七〜一九八八年で、JGSS-2006の最も若い世代、およびベネッセコーポレーションの二〇〇三年調査に重なっている。

将来の夢は、「三〇代の頃、どのような職業につきたいと思いますか。あてはまるものにいくつでも○をつけてください」という質問文と、四〇の職業選択肢で回答を得た。その結果を、性別・希望進路別にまとめたのが表1-3である。

全体順位では、「公務員」が最も多く二五・四%、次に「一般事務、営業マン、銀行員、商社員、OLなど」で二一・七%、いずれも「事務」に該当する。そして、「小学校、中学校、高校、養護学校の教員など」(二一・三%)が続く。一方、「専門④:芸術系」や「専門⑤:芸能・スポーツ系」はおおよそ一〇%前後である。これらの結果は、表1-2と一致するものである。

性別にみると、やはり将来の夢とされる職業の傾向は異なっている。男子で人気なのは、「専門①:技術者系」と、「保安職業」「農林漁業」「生産工程」「輸送・機械運転、建設・採掘」「管理的職業」である。それに対し、女子では「専門④:芸術系」がいずれも高く、「販売」

「サービス職」も多い。このほか、個別の職業でいえば、男子の「スポーツ選手」、女子の「専業主婦・主夫」も特徴的である。

最後に、希望進路による違いに着目したい。いかなる職業を将来の夢とするかは、高校卒業後にいかなる進路を志望するかと密接に関連していることがわかる。明らかになった知見をまとめると次のようになる。

●高卒就職

男子では「農林漁業」「生産工程」「輸送・機械運転、建設・採掘」で多く、女子では「販売」と「一般事務、営業マン、銀行員、商社員、ＯＬなど」「専業主婦・主夫」で多い。

●短大・専門進学

「理容師、美容師など」は男女ともに多く、「栄養士、看護師、臨床検査技師」「自動車整備士、電気工事作業員など」は男子に、「幼稚園の先生や保育士」「その他」は女子に多い。いずれも何らかの資格を必要とする職業であるため、その取得につながる教育機関が積極的に選ばれたものと推察される。

●大学進学

男女ともに各種専門職と「管理的職業」で多い。全体の一位だった「公務員」も大学進学志望で多い。これらには、当該職業に就くために大卒学歴が必要、もしくは有利になるといった理由が考えられる。

表 1-3　将来の夢の現在①—性別・希望進路別にみる 2005 年(高校 3 年生)の状況

(%)

30代で就きたい職業 ＼ 性別／希望進路		全体平均	男子　女子	男子 高卒就職	男子 短大・専門進学	男子 大学進学	男子 その他	女子 高卒就職	女子 短大・専門進学	女子 大学進学	女子 その他
専門①	SE, コンピュータのプログラマー	10.8	**16.8** > 4.9	8.8	19.0	18.4	7.1	6.1	3.6	5.1	9.3
	機械・電気や建築関係の技術者	11.6	**21.2** > 2.1	24.2	19.0	21.1	19.0	1.0	1.6	2.8	0.0
	科学者, 研究者, 大学の教授	9.0	**12.5** > 5.4	3.1	4.4	17.1	0.0	1.0	1.2	10.0	0.0
専門②	医師・歯科医師・獣医・薬剤師	9.5	8.9 **10.1**	4.1	7.9	10.3	4.8	9.9	8.9	11.0	11.1
	栄養士, 看護師, 臨床検査技師	15.3	9.1 < **21.5**	5.0	12.7	9.4	0.0	6.5	23.4	24.6	20.4
	ケースワーカーやカウンセラーなど福祉に関わる職業	14.1	8.8 < **19.4**	3.8	9.8	10.0	0.0	12.3	17.2	23.5	13.0
	弁護士, 検事, 裁判官など	6.7	**9.0** > 4.4	4.7	1.9	11.8	2.4	2.4	1.7	7.1	0.0
	税理士, 会計士など	5.8	**7.3** > 4.2	0.9	2.5	10.1	2.4	1.4	1.6	6.8	5.6
専門③	小学校, 中学校, 高校, 養護学校の教員など	21.3	**23.5** > 19.2	8.8	9.2	30.7	11.9	4.4	10.0	30.7	7.4
	幼稚園の先生や保育士	16.5	10.0 < **23.0**	10.1	7.3	10.6	9.5	15.7	30.7	20.2	13.0
専門④	記者, ジャーナリスト, 編集者	11.1	9.6 < **12.6**	4.7	2.5	12.5	7.1	8.5	5.7	18.9	9.3
	デザイナー, スタイリスト, カメラマン	13.4	9.8 < **17.1**	8.2	12.1	9.7	9.5	17.4	17.2	16.7	20.4
	小説家, 作家, マンガ家	7.7	6.4 < **9.1**	2.8	6.0	7.2	9.5	9.6	8.6	9.5	5.6
	芸術家	6.6	4.7 < **8.5**	2.8	6.3	4.8	2.4	7.5	6.6	9.7	16.7
専門⑤	テレビ・ラジオなど放送に関わる職業	13.6	12.0 < **15.2**	5.7	5.4	15.2	4.8	9.6	11.1	19.8	14.8
	歌手やタレント	9.4	**10.1** 8.8	11.3	12.4	9.3	9.5	10.2	9.2	7.7	14.8
	スポーツ選手	8.2	**12.8** > 3.6	13.8	12.7	12.5	14.3	4.1	3.8	3.0	7.4
事務	一般事務, 営業マン, 銀行員, 商社員, OL など	21.7	17.3 < **26.0**	9.7	9.2	21.6	0.0	32.8	18.5	29.5	22.2
	公務員	25.4	**29.8** > 21.1	21.1	15.9	35.8	9.5	13.7	11.6	30.8	5.6
販売	デパート店員やセールスマンなどの販売員	11.3	4.6 < **18.1**	4.1	1.9	5.5	0.0	26.3	16.7	16.3	22.2
	小売店・スーパー・コンビニなどの店員	7.9	4.0 < **11.8**	4.4	3.5	3.9	4.8	21.8	11.4	8.8	15.7
	商店, 飲食店, ブティックなどの小売店の店主・経営者	13.3	9.3 < **17.4**	7.5	7.9	9.9	11.9	20.8	17.6	15.7	24.1

サービス職	理容師，美容師など	10.4	7.2 < **13.6**	8.2	11.7	5.7	11.9	13.7	20.2	8.4	22.2
	コック，料理人など	12.3	**13.4** > 11.3	15.7	15.2	12.4	14.3	11.6	13.1	9.8	11.1
	客室乗務員，ウェイトレス，ホテルマンなど	15.2	7.0 < **23.5**	5.0	4.8	8.1	2.4	21.5	20.5	26.5	18.5
保安職業	警察官，消防官，自衛官	10.1	**15.4** > 4.9	18.6	10.5	15.8	14.3	5.1	2.3	6.5	7.4
	ガードマン(警備員)	2.3	**4.0** > 0.6	5.0	5.1	3.5	4.8	1.4	0.1	0.6	0.0
農林漁業	農・林・水産に関わる仕事	6.2	**7.9** > 4.5	11.0	5.1	7.5	19.0	3.8	2.6	6.0	5.6
生産工程	工場などの生産現場での技能職	6.4	**11.8** > 1.0	32.4	7.9	7.5	21.4	3.1	0.4	0.7	0.0
	自動車整備士，電気工事作業員など	7.4	**14.3** > 0.5	27.4	19.0	10.0	14.3	1.0	0.1	0.6	0.0
	塗装工・配管工など土木・建設関係の技能職	4.9	**8.0** > 1.9	15.4	5.4	6.9	4.8	3.4	1.2	1.9	1.9
輸送・機械運転，建設・採掘	大工・左官・とび職など	4.0	**6.6** > 1.5	18.9	5.1	4.0	7.1	2.0	0.9	1.7	1.9
	自動車・トラック・電車の運転手など	4.9	**8.7** > 1.1	20.8	8.6	5.9	7.1	2.7	0.9	0.4	5.6
	パイロット，航海士など	3.9	**6.1** > 1.7	5.7	5.1	6.5	4.8	2.0	1.2	2.0	1.9
	通信士，郵便配達など	1.7	**2.5** > 0.8	3.5	1.9	2.4	2.4	1.0	0.6	0.8	1.9
管理的職業	会社の部長，課長，など	7.2	**11.5** > 3.0	9.7	5.1	13.7	4.8	2.7	1.3	4.3	1.9
	会社の経営者	9.4	**14.0** > 4.9	9.1	6.3	17.3	4.8	3.1	2.6	7.1	1.9
	議会議員，政治家など	3.3	**4.6** > 2.0	2.5	3.2	5.5	2.4	1.7	0.7	3.0	0.0
その他	専業主婦・主夫	20.9	3.0 < **38.9**	1.9	3.2	3.2	2.4	49.8	38.1	35.2	53.7
	その他	4.6	3.6 < **5.7**	2.5	5.1	3.3	7.1	5.1	7.6	4.3	7.4

注 1：性別の結果は，カイ二乗検定の結果によって 5% 水準で有意だったものに不等号をつけて，割合の大きい方を太字にした．また，希望進路別についてもカイ二乗検定を行い，5% 水準で有意な結果が得られた職業には残差分析も行って，＋のセルには濃いアミかけを，－のセルには薄いアミかけをした．

注 2：職業選択肢として「管理的職業」に該当するものが設定されていたため，ここでは「その他」とは別に記載している．

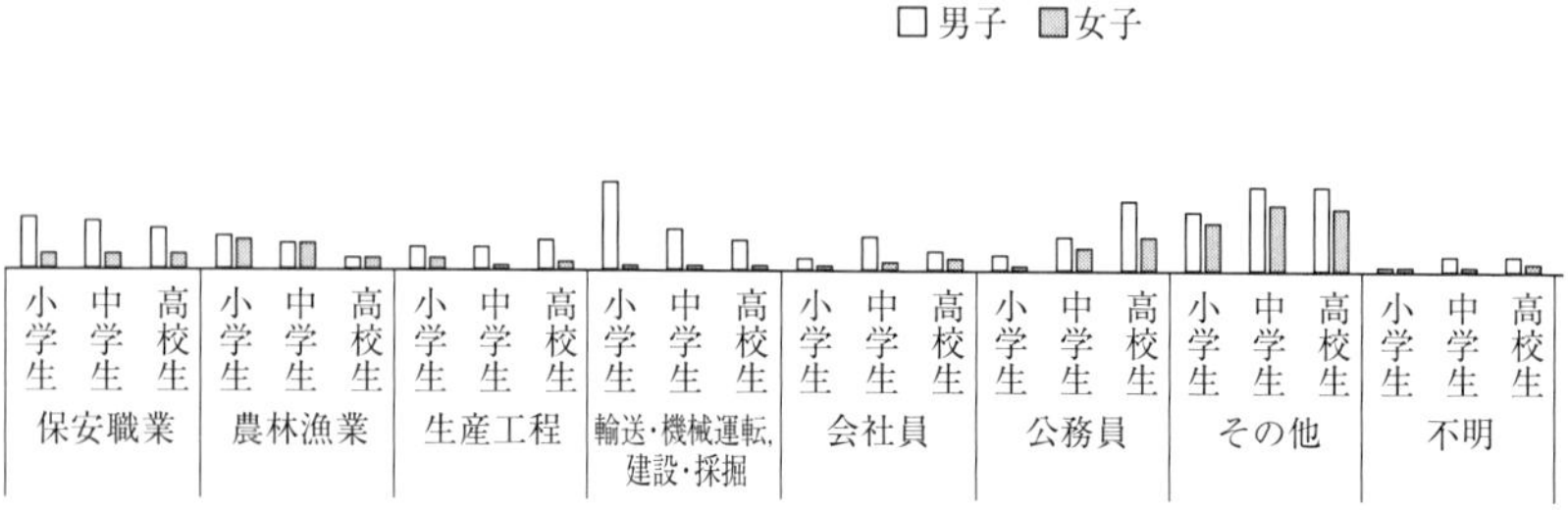

下に生まれ育った世代の将来の夢

ただし、例外的なのが、「専門④：芸術系」と「専門⑤：芸能・スポーツ系」である。希望する割合はそれほど多くないものの、専門職の中では希望進路によって回答に差があまり生まれていない。たとえば、「歌手やタレント」は、男女ともに高卒就職から大学進学まで一〇%前後である。

このことも、先ほどまでの分析結果と符合するように思われる。つまり、全体的な希望として「事務」や「専門③：教員系」が人気であるだけでなく、本書で夢追いと呼ぶ職業も一割ほどだが、確実に種々の属性をこえて希望されているのである。

そして、以上の傾向は現在も大きく変わっていない。東京大学社会科学研究所とベネッセ教育総合研究所による「子どもの生活と学びに関する親子調査」から確認しよう。同調査のうち、そのスタートとなった二〇一五年データを用いる[9]。対象は、全国の小学一年生〜高校三年生で、ここまでの分析と整合させるため、特

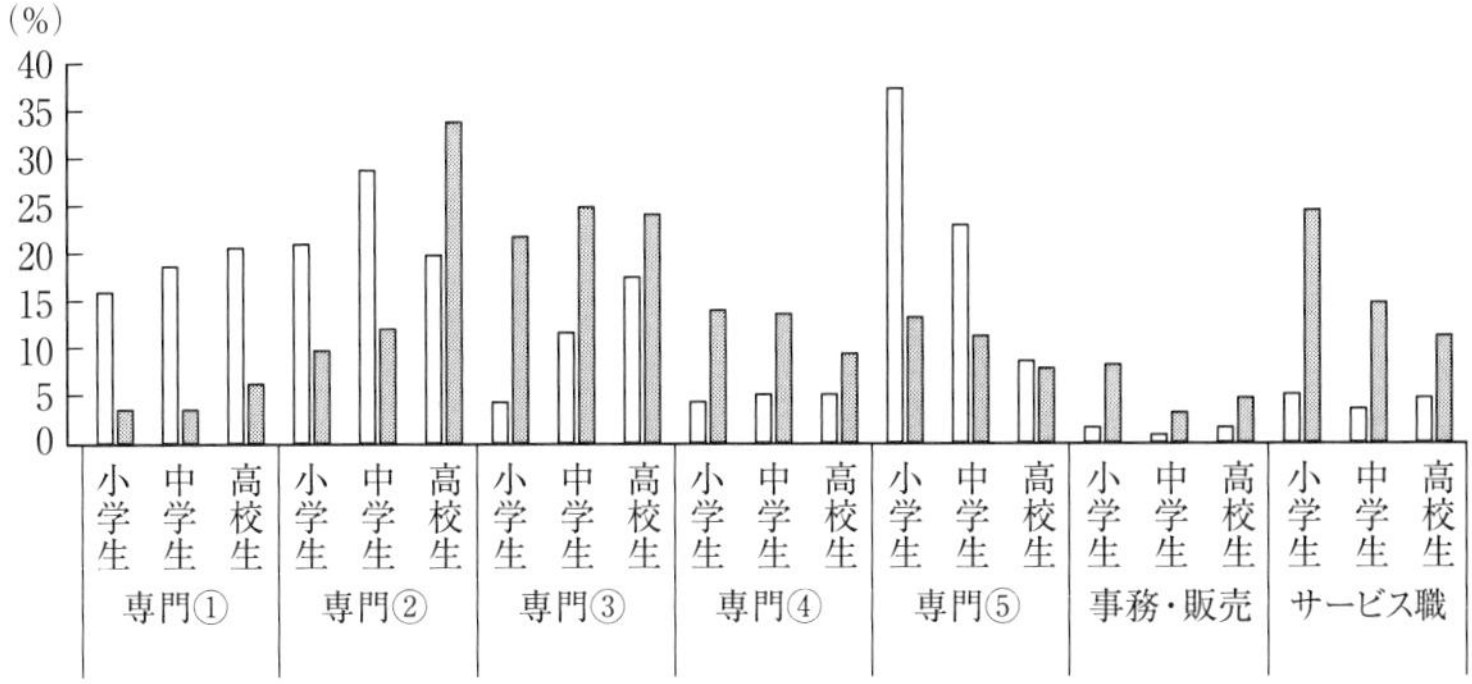

図 1-1　将来の夢の現在②—不況

に高校生に焦点を当てる(一九九七〜一九九九年生まれ)。結果を**図1-1**に示した[10]。

まず、専門職希望は今も根強い。特に男子の「専門①:技術者系」、女子の「専門②:医療法曹系」「専門③:教員系」は顕著である。さらに、これらの職業には、進路選択の差し迫った高校生ほど希望が多いという右肩上がりの分布に特徴がある。

一方、一致しない点もある。公務員をはじめとする事務希望は、こちらでは顕著でない。「事務・販売」と「公務員」を合わせても一〇%以下である。それが、卒業時期の違いによるものなのか(卒業を迎えるのが二〇〇〇年代/二〇一〇年代)、それとも回答形式の違いに由来するのか(選択肢にあれば積極的に○をつけるが、自らその職業名を書くことはしない)、どちらの可能性も考えられるが、ここでは特定できない。

そして、本章で注目してきた「専門④:芸術系」と「専門⑤:芸能・スポーツ系」は、前者は女子で、後者は男子で多くなっている。この点も、ここまで見てきたとおりである。また、専門①〜③とは対照的に、これらの職業はおおよそ学校段階が上がるにつれて希望が少なくなるという右肩下がりの分布に特徴がある[11]。

そのうえで強調したいのが、それでも一割弱の高校生には希望されているという事実である。専門職以外の職業と見比べたとき、その割合は決して少なくない。他の専門職ほどではないにせよ、本書で夢追いと呼ぶ職業には一定の支持者がいるのである。

もちろん、これらの職業が将来の夢として回答されやすい側面もあるだろう。自由記述という形式だからこそ、その側面がより強く表れたのかもしれない。たとえば、主に高卒者の就職先である「生産工程」や、大卒も含めて大多数の若者が実際になる「会社員」の希望が過少に映る向きもある。しかし、高校生という大きな進路選択の段階にあって、そうした「答えやすさ」のバイアスは、何も夢追いの職業にだけ当てはまるのではない。事実、夢追いの職業を希望する割合は高校生で最も少なくなっている。まして、最終的に「残った」割合も取り立てて過大であるわけではない。

陣内が「日本の伝統的勤労観からはまったく予想できない新たな労働観の芽生え」として、新しい将来の夢の出現を指摘したのは、高度経済成長が終わりを迎えたころだった(陣内 一九七六：二〇七―二〇八)。その後、社会の移り変わりとともに、若者たちの将来の夢は「安定」を期待させる職業に収斂しつつある。若者の安定志向が指摘されるのも、こうした文脈においてであろう。しかし、かつての新たな将来の夢は、今なお一定の若者たちを惹きつけている。本書で論じるのは、その中でも「音楽」に魅せられ、バンド活動に人生を託した若者たちの実態であり、そのゆくえなのである。

5　将来の夢のゆくえ——現代の夢追いの特徴とは何か

本章では、複数の調査データに依拠して、若者たちの将来の夢の変遷をたどってきた。明らかになった知見をもとに、その概略を示そう。

まず、世代を問わず人気の職業がある。男性の「専門①：技術者系」と女性の「専門②：医療法曹系」「専門③：教員系」は、基本的に将来の夢の中核に位置してきた。

そのうえで、変化した部分に着目したい。大きく二つのタイミングがある。第一に、戦前から戦後すぐ生まれにかけての変化である(表1-1)。男性では「輸送・機械運転、建設・採掘」と「農林漁業」で希望する割合が減り、反対に「専門①：技術者系」や「生産工程」「事務・販売」で増えた。また女性は、「専門②：医療法曹系」「専門③：教員系」に加えて「事務・販売」も人気で、「サービス職」や「専門④：芸術系」も希望されるようになっていく。

第二の変化は、続く高度経済成長期に生まれ育った世代にある。ここで、本書で夢追いと呼ぶ新たな将来の夢が出現する。ただし、その後の展開については調査データによって異なる結果が得られた。まず、三節で検討したJGSS-2006(表1-1)では、「専門④：芸術系」と「専門⑤：芸能・スポーツ系」がますます希望されるように推移していた。一方、四節で用いたいくつかのデータ(表1-2、表1-3)からは、この傾向は確認できない。むしろ、①他の職業への希望が全体的に低下する中で、相対的に夢追いの職業への希望が高まったようにみえる可能性や、②その中でも「公務員」をはじめとする安定を期待できる職業に希望が集まっていることがわかった。現在もこの傾向は基本的には変わらない。

ここで、そのどちらがより正しいのかをさらに検討することは、データの制約もあってできない。本章では、将来の夢のトレンドが移り変わってきた社会的背景へと考察を進めよう。将来の夢の変遷は何によってもたらされたのか。本書で注目する夢追いの職業は、どのようにして若者たちの将来の夢になっていったのか。

まず押さえるべきは、若者たちが実際に就く／就いてきた職業との関係である。新規学卒者の就職先を職業別にみると、将来の夢の変遷とおおよそ一致していることがわかる。『学校基本調査』を用いて確認するならば(図は省略、以下職業分類は同調査のもの)、たとえば中卒就職者は、男女ともに生産工程や労務・運輸等従事者になる者が多く、一九六〇年代前半にかけて農林漁業や販売に従事する者は減少した。一方、高卒就職者だと、男性＝「生産工程、労務・運輸等従事者」、女性＝「事務従事者」の傾向が顕著である。そして大卒就職者は、男女ともに専門・技術者や事務職に就いている。新規学卒就職のメインが中卒から高卒へと移り変わったのは一九六〇年代前半で、戦後すぐに生まれた団塊世代においてである[12]。このとき、若者の将来の夢も「生産工程」や「事務・販売」で増加していた。その後は、大卒就職者が漸増するのと軌を一にして、若者たちの将来の夢も各種専門職や事務が中心になっていく。各人が自らの学歴で就職することになる、あるいは就職できる職業を将来の夢にしてきたと解釈できよう。

そして、それを可能にさせたのが〈教育〉であった。特に、高卒就職が一般的になる高度経済成長期にかけて、学校が若者の職業への移行に積極的に関与するようになったことが、かれらの希望する職業自体にも影響を与えたと考えられる。端的には、「学校に委ねられた職業選抜」(苅谷 一九九一)、「学校経由の就職」(本田 二〇〇五)、「「日本型」移行」(堀 二〇一六)などと呼ばれた就職システムである。その端緒は戦前にまで遡るが、中卒就職については職業安定所との連携というかたちをとったのに対し(苅谷・菅山・石田編 二〇〇〇)、高卒就職は学校が企業との実績関係に基づく直接のやりとりによって就職斡旋を行い、少なくとも一九八〇年代までは機能したとされる(苅谷 一九九一、本田 二〇〇五)。このシステムが確立し、成熟する中で、若者たちの将来の夢は方向づけられていったのではないだろうか。たとえば、高卒就職において、学校内で望ましいとされる進路が「事務職」「技能職」「技術職」であったとすれば(苅谷 一九九一:八九)[13]、それは実際の就職先だけでなく、かれらの将来の夢とも一致している。つまり、学校を経由することで到達できる職業が将来の夢とされたのである。

このように、学校を経由して就職するシステムが確立する中で、その先に到達できる職業が将来の夢とされ、そのために〈教育〉の社会領域が重要な意味を持つようになっていく。当時の若者たちの夢は、〈教育〉を介することで追求なり実現が見込まれるものとなる。将来の夢が〈教育〉と不可分の関係になることを指して、将来の夢の〈教育〉化と呼んでおこう。移行ルートの確立は、それにふさわしい将来の夢を呼び込んでいったと考えられる。

ただし、より重要なのが、ときをほぼ同じくして、本書で夢追いと呼ぶ新たな将来の夢も登場している点である。「専門④：芸術系」や「専門⑤：芸能・スポーツ系」は、必ずしも〈教育〉を介さなくてもその夢を追求できるところに特徴がある。事実、表1-3でみたように、これらの職業の多くは希望する進路によって回答に差が表れていなかった。荒川（二〇〇九）が、ASUC職業の要件として「学歴不問」を含めたとおりである。(14)

以上をまとめるならば、将来の夢の〈教育〉化が進むまさにそのときに、〈教育〉化されざる将来の夢も生み出されている。この一見相容れない二つの動向はどのように説明できるだろうか。

一つには、学校経由の就職ルートが確立し、成熟していった時期だからこそ、それに囚われない若者も一定の割合で輩出された可能性がある。学校経由の就職自体も一部の学校や企業、地域に限定されたものであったことがすでに指摘されている（本田 二〇〇五、堀 二〇一六）。将来の夢も同様に、〈教育〉化の趨勢が強まっていく中で、すべての若者を捕らえたわけではない。むしろ、望ましい職業という規範性も相まって、〈教育〉化された将来の夢が多くの若者に受け入れられればこそ、それに決して与しない若者もまた現れたのではないだろうか。将来の夢の〈教育〉化を抜け出た先に出会うのが、〈教育〉化されざる将来の夢だったというわけである。

もう一つには、さらに別の社会状況の影響を考えることができる。再び陣内の指摘を参照しよう。そこでは、「現代のテレビを中心とするマスコミ文化の影響」と「自分の趣味とか、楽しみ（遊び）の要素をそのまま仕事の中にもち込もうとする姿勢」が指摘されていた（陣内 一九七六：二〇七）。つまり、高度経済成長期を通して、学校から職業への移行ルートが制度化され、学校を通じて到達できる職業が将来の夢になる一方で、それが確立し、成熟していく段階になって、情報社会化、消費社会化という別の社会状況が介在するようになった。そうして、必ずしも学校を経由しない形での将来の夢の展望が生まれていったのではないだろうか。

中西新太郎は、青少年の育ち方が「振り子型成長」から「トライアングル型成長」に変わったとする興味深い議論を行っている。前者は、「家庭(および地域)と学校とのあいだを振り子のように往復して育ってゆく成長のすがた」を指し、後者はそれに消費文化世界が加わったものを指す(中西 二〇〇一:四二)。この変化の背景には、青少年文化の広がりがあり、マンガやゲーム、音楽など「子どもたちの関心を引き寄せるこれらの「サブカルチャー」には、場合によっては彼らの一生を左右する力がある」(中西 二〇〇一:五二)。そして、成長のトライアングル構造が生まれたのは、「だいたい七〇年代初頭から半ばにかけてで、八〇年代にはそのかたちが確立した、というのが私の推測です」と述べられている(中西 二〇〇一:六七)。以上の指摘が、本章の分析結果と考察に内容的にもタイミング的にも合致している点は、何ら偶然ではあるまい。夢追いの職業は、こうした文脈によって新たな将来の夢になっていったのだと考えられる。

以上の考察は、あくまでも仮説として提示するものであり、今後さらなる検討が必要なことは言うまでもない。そのうえで、次章以降の分析に向けて、本書の研究参加者たちを将来の夢の変遷の中に位置づけておこう。最年長は一九八六年生まれのタクヤである。研究参加者全員が不況を前提とする社会に育っている。この世代を特徴づけたのは、「公務員」など安定を期待させる将来の夢であった。

しかし、本書の研究参加者たちは、それとは大きく異なるライフコースを歩んでいる。たとえば、学校経由の就職は行わず、自らフリーターとなって夢を追い始める者が多い。同世代の者たちが安定を希求する中で、かれらはなぜ、またどのようにしてそこから外れ、夢追いへと突き進んでいくのか。第Ⅱ部では、バンドマンたちが夢を追い始める段階に焦点をあてて、その選択プロセスと背景を明らかにする。

（1） 具体的には、専門①（医師・弁護士・薬剤師・科学者など）、専門②（技術者・小中高の教師・記者など）、専門③（保育士・看護師・デザイナー・カウンセラーなど）、専門④（歌手・タレント・スポーツ選手など）である（多喜 二〇一八：六六）。

（2） 原則的に、すべての調査データでこの一五類型を用いて分析を行うが、ケース数が十分に確保されない場合などには、これらをさらに統合して使用する。

（3） 使用したのは、希望職業に関する設問がある留置調査票A票（n＝2124）である。具体的には、「あなたは中学三年の頃、将来なりたい職業を考えていましたか。旧制の学校を卒業された方は尋常小学校や国民学校の最終学年の頃について、お答えください」という設問に対し、「具体的に考えていた」「漠然と考えていた」「まったく考えていなかった」「職業につこうと思っていなかった」の四段階で回答を得た。そして、「具体的に考えていた」「漠然と考えていた」と答えた者に対して、さらに「そのなかで最もなりたかった職業の内容を具体的に記入してください」と自由記述で職業名を尋ねている。詳細な調査方法や回顧的に職業希望を尋ねる方法の妥当性に関しては、相澤（二〇〇八）を参照。

（4） 一九一六〜一九二五年生まれは有効回答数が一五と少なく、分析から除外した。

（5） そのほとんどが「職業軍人」希望である（一五名で、当該世代全体の二三・一％を占める）。

（6） 一九二六〜一九三五世代の男性に特徴的だった「職業軍人」に相当するのが、女性では「看護師、看護婦」であり、全体の二九・八％（一四名）を占める。

(7) このほか、たとえば「①エンジニアないし技術者」「②土木、建築、設計」が上位であるのに対応して、「専門①：技術者系」は最も希望されていた(第二の指摘)。「④医師(歯科医を含む)」「⑧弁護士、検事、裁判官」の人気を裏付けるように、「専門②：医療法曹系」もたしかに増加している(第一の指摘)。
(8) 二〇〇三年調査に際していくつかの職業選択肢に修正が加えられている。「「一流企業のサラリーマン」は「一流企業の社員」に、「ポピュラーの作曲家」は「J-POP のアーチスト」に、「大きなレストランのチーフ・コック」は「一流レストランのシェフ」に、それぞれ変更されている」(岩田 二〇〇四：二八)。
(9) 利用できる最新のデータであった二〇一八年調査(高校生は二〇〇〇〜二〇〇二年生まれ)でも同様の分析を行ったが、基本的な傾向は変わらなかった。
(10) 将来の夢は二段階で尋ねられている。まず、「あなたには、将来なりたい職業(やりたい仕事)はありますか」という質問に対し、「ある／なし」で回答を得、「ある」と答えた者には、さらに「あなたが一番なりたい職業(やりたい仕事)を、具体的に書いてください」と、今度は自由記述で具体的な職業名を聞いている。本節で分析するのは、この自由記述の職業名である。「事務」と「販売」、「輸送・機械運転」と「建設・採掘」をまとめ、「その他」から「会社員」と「公務員」を独立させて一五類型とし、学校段階による分布の違いもみるために小学生(四〜六年)、中学生、高校生の希望割合を男女別に示した。
(11) 男子の「専門⑤：芸能・スポーツ系」でみられるはっきりとした差は、「職業スポーツ従事者」希望による。小学生で三七〇人(三三・二％)、高校生で一七人(二・〇％)であった。
(12) 一九六〇年卒の中卒就職者は六三万三二二四人(四八・七％)、高卒就職者は五六万六六一八人(四三・六％)で、一九六一年はそれぞれ四五万八八六三人(三九・三％)、六〇万五六一六人(五一・八％)であった。その後数年は拮抗するものの、一九六五年以降は中卒＜高卒が決定的となる。
(13) 苅谷(一九九一：八九)では、学科と性別にわけて、かつ企業規模も含めて望ましいとされる進路を集計しているが、ここではその共通項を示した。なお、分析に使用された「生徒調査」は、一九八三年六〜七月(高一〜三)と一九八四年一〜二月(高三のみ)に実施され、生年は一九六五〜一九六七年である。
(14) もちろん、たとえば美術家や音楽家になるために、専門の大学・学科に進学することは半ば慣習化している（相澤ほか 二〇二〇、喜始 二〇二二）。あるいは近年、「文化・教養関係」の専門学校数・生徒数ともに増加傾向にあることが指摘されている（内田・都島 二〇一六）。これらの職業においても、将来の夢の〈教育〉化が進んでいるのかもしれない。

II　夢を追い始める

第2章 来歴と条件——夢追いの選択に踏み切る

1 夢追いの幕開け——〈教育〉と〈若者文化〉の関係から

——初めてライブした日のこととか覚えてます？　ライブハウスで。
サトシ：はい。○○で、あのときは全部カバー曲というかコピーで出て、鮮明に覚えていますね。
——それが何年生のとき？
サトシ：高校一年の、ライブハウスデビューは九月ですかね。
——自分の曲作る前？
サトシ：そうですね。軽音楽部の先輩が「ライブハウスでやってみない？」っていう道を作ってくれてて、みんなできるんですけど、それで頑張って。「出てみない？」「出ます出ます」って。

本章では、バンドマンたちが夢を追い始める過程を明らかにする。研究参加者たちのライブハウスデビューは全体的に早い。高校生のうちにライブハウスに出入りし、サトシのようにイベント出演を果たす者もいる。こうした経験は、夢追いの選択にとってどのような意味を持つのだろうか。特に着目したいのは、〈教育〉と〈若者文化〉の関係である。前章の分析で示したように、本書で夢追いと呼ぶ職業には必ずしも〈教育〉は必要とされない。バンドマンも基本的には同様である。

しかし、サトシの語りが示唆するのは、すでに学校段階において、学校外部にあるライブハウスという〈若者文化〉の空間に出入りするバンドマンの姿である。そして、その中継点には学校内部の軽音楽部があった。だとすれば、夢追いの選択を理解するためには、〈教育〉と〈若者文化〉が交差する様相を丁寧に繙《ひもと》いていく必要がある。

先行研究を確認すると、〈教育〉と〈若者文化〉の関係は次のように捉えられてきた。すなわち、若者文化とは、基本的に学校外における消費文化と重なるものであり、学校内における学校文化や生徒文化とは相容れない。にもかかわらず、消費社会化が学校の外側に若者を魅了する文化を次々に創り出し、また情報社会化が興味・関心に即した情報へのアクセスを容易にするために、たとえ反抗的でなくとも、学校文化や生徒文化から逸脱し、学校から物理的にも心理的にも離れていく若者を生み出している（藤田 一九九一、伊藤 二〇〇二）。若者文化は、学校から離脱する者たちの準拠先として、またそうした離脱を促すものとして位置づけられ、学校内に居場所を持たない者たちが、学校外に自らの居場所を発見・形成して、学校を離れていく様相が繰り返し論じられてきた[1]（新谷 二〇〇二、池本 二〇〇七）。ここに指摘できるのが、〈教育〉と

〈若者文化〉を対立的に捉える説明図式である。

一方、学校内部に若者文化の要素を積極的に持ち込んで、自分たちの秩序を作り上げる若者がいる（宮崎 一九九三、上間 二〇〇二）。若者文化は必ずしも学校からの離脱を招くとは限らない。また、より制度的なレベルで、生徒文化と若者文化の境界が融解し始めている。かねてより部活動や学校行事が、近年では「武道・ダンス必修化」などを通して、学校内部でも若者文化に触れられる機会が増大しているからである（小泉 二〇〇三、筒井 二〇一二、有國 二〇二〇）。

したがって、〈教育〉と〈若者文化〉を単に対立図式で捉えるのでは不十分である。本章では、ロックバンドのミュージシャンという、それこそ対抗文化の旗手とされた事例を用いながら、しかし単に学校に反抗するのではなく、だからこそ夢追いの選択が導かれるような実態を明らかにする。そして、〈教育〉と〈若者文化〉をめぐる新たな視点を提示したい。

まず次節では、夢追いの選択にとって初発の経験である、バンドに限らない音楽活動[(2)]を始めたきっかけを明らかにする。そして、三節でかれらの進路形成の特徴を指摘したのち、四節で夢追いの選択へと踏み切らせる条件を確認する。最後に、五節で〈教育〉と〈若者文化〉の関係について考察する。

2 音楽活動を始める

バンドマンが音楽活動を始めるきっかけには、大きく二つある。一つ目が、音楽文化に親和的な家庭環境である。日頃からよく音楽を聞いていたり、保護者やきょうだいに音楽活動をする者がいたりする。実際、次のレンのように、親やきょうだいの所有する楽器を借りて音楽活動を始めた者が、研究参加者三五名のうち一七名いた。(3)

――バンドは最初何から始まったの?
レン:最初はギターだね。なんか、お父さんのアコースティックギターみたいな。
――家にギターがあったとか?
レン:そうそうそう。押し入れにね。
――いつぐらいから弾いてたの?
レン:小六から弾いてたかな。

ただし、該当するのはあくまでも半数程度で、家族の影響のみに還元することはできない。もう一つ、家族の影響を受けて音楽活動を始めた者がそれをさらに発展させ、また新たに音楽活動を開始させる者を生み出す装置になっているのが学校教育である。そこにもいくつかの「入口」がある。

まず、大きなきっかけとなるのが軽音楽部である。いずれかの時点で軽音楽部に所属していた(している)者は二三名に上り、過半数を超えている。(4) 特に、高校進学と同時に軽音楽部に入った者が目立つ。なかには、次のハルカのように、軽音楽部に入るためにその高校を選んだ者も複数いた。

——音楽始めたのは、いつぐらいなの？

ハルカ：本当にギターを一人で弾き始めたのは、小学校三年生です。

——それ、どういうきっかけで？

ハルカ：お父さんがバンドやってて、それで、ずっとギターは弾いてみたいと思ってたんですよ。で、誕生日か何かに、『タイヨウのうた』っていう映画見て、すごいギターが欲しくなったんですよ。女の子が弾いてるじゃないですか。……そのときは、アジカン（ASIAN KUNG-FU GENERATION）とか、BUMP OF CHICKENとかにはまって。お兄ちゃんがすごい好きで、家にCDがあって、それを聴きまくって、バンドがやりたいみたいになって。で、「高校、どこに行きますか」ってときに、「軽音楽部に」みたいな感じで。バンド始めたのは、高校入ってからですね。［……は中略を示す。以下同］

もちろん、こうした意図的な進学は一部である。多くはもっと偶発的に軽音楽部への入部を決めている。

——なんで軽音楽部に入ろうと思ったんですか？

サトシ：僕は、中学で野球やってて、だけどなんか、中学の野球で満足してしまって。まあ、丸刈りにするのも嫌だしって思って(笑)。で、何やろうってなったときに、その、体験入学に行ったときバンドやってるのを見て、「あ、楽しそうだな」って。高校入ったらバンドやろうと思って。それがきっかけですね。

このように、音楽活動を始めるきっかけは、学校教育にも深く埋め込まれている。軽音楽部のほかにもう一つあげるとすれば、学校行事がある。文化祭や卒業生を送る会などで初めてバンド演奏を見たり、有志でバンド活動をしたりといった経験が音楽活動を始める直接の契機になっている。

マサト：中学上がったときに、僕野球部だったんですけど、野球部の先輩でドラムを叩ける人がいたんですけど、文化祭やるよみたいな。中一で初めて文化祭でバンド演奏があって、じゃあ見ようかって見たら、めっちゃかっこよかったんですよ。それが人生の一番の衝撃だったんですよ。そこからですね、一番最初は。……僕たちも中三になって、野球も終わって、「バンド演奏やる人がいないかもしれない」みたいな話を聞いて。これはいかんと思って、で、バンドを初めて組んだんですね。文化祭で演奏したのが始まりでした。

3 音楽活動を中心とした進路形成

出身家庭や学校を起点に音楽活動を始めたバンドマンたちは、その後、夢追いの選択へと向かっていく。このとき重要なのは、かれらの学校生活が音楽活動を中心に組み立てられていること、そしてそれがそのまま音楽活動を中心にした進路形成へとつながっていることである。早い者では、高校進学時点において軽音楽部の有無が基準になっている。先のハルカのほかに、次のアツシのようなケースもある。彼の場合、軽音楽部の存在が高校選択の決め手になったわけではないが、バンドをするための高校選択の様相がはっきりと見て取れる。

——もう高校入る段階で音楽やるって感じ？

アツシ：あ、そうです。三者面談あるじゃないですか。そのときに、母親と先生いる前で、「バンドやりたいんすけど、勉強しなくていい高校ありますか？」って。「じゃ、〇〇高校だったら行けんじゃない？　バイトもできるだろうし」「じゃ、そこで」。今でも覚えてます。「じゃ、そこで」って言った記憶(笑)。「そこでいいっす」って。入学してたまたま軽音楽部があって。

ほとんどすべての研究参加者が、少なからず高校時代には音楽活動を始めている。その中で、進路が大きく分化していくのは高校卒業以降である。①大学進学、②音楽専門学校進学、③就職の三つに分けて検討しよう。

最も多かったのは、①大学進学である。三五名中二二名が大学に進学しており、その後中退した者が四名、調査時点で在学中の者が七名であった。かれらはどのような考えのもとで大学進学したのか。

まず、バンド活動に資するように大学や学部学科を選択する者がいる。しかもそれは、音楽に関連するものとは限らない。バンド活動には、たとえば広報用のフライヤー(5)やCDジャケット、アーティスト写真など音楽以外の部分で何かしらの技術が求められる場面がある。そうした技術を身につけるべく、特定の学部学科に進学するのである。

シンジ：僕はメディアデザイン専攻で、一応映像とか、それこそイラストレーターとか。

ハルマ：僕はどっちかっていうと、デザインするっていうよりは、映画とか、そういう何か写真とか、そういったのが多いんです。

シンジ：僕は多分、(画像編集ソフトの)Illustratorとか使った授業のほうが多い。

——何でその学部に入ろうと思ったの？

ハルマ：僕は完全にバンドに役立つだろうなと思って。自分が作れなくても、大学の友達にPV(プロモーション・ビデオ)作れるやつとかできるし。結構、自分たちの楽曲がアニメーションとか、そういうのに合いそうな、自分の中でイメージがあるんで。うちの大学は、手描きアニメーション作るやつもいれば、CGアニメーション作るやつもいるんで、これは結構いいなって。あと、僕の大学は音楽が結構勉強できるんです、専門的に。なんで、音響のこととか、自分が学ぶために行こうみたいな。

シンジ：僕は完全に、普通にあの、数学とかは勉強したくねえっていう。だからもう、何ていうの、絵とか描くの好きだったんで、そういう実習的な授業をたくさんやって単位もらえれば一番いいなと思って。

もちろん、すべてのバンドマンが積極的な理由を持つわけではない。たとえばレンは、大学進学した理由を「親を安心させるため」だと語った。

――（大学は）何年まで行ったの？

レン：えっとね、三年の夏休みまでかな。

――就活はやった？

レン：やってない。その就活のガイダンスとかがちょうど始まってて、三年に入ってから。で、受けたりもしたけど、夏休みで、まあ二カ月あるじゃん。そこでもうやる気が感じられなくなって、夏休み明けに。やめるつもりなかったんだけど、夏休み明けにまったくもう行く気にならなくて。で、やめたの。

――なんで行く気にならんかったの？　もうそのころからライブで生活していくみたいな？

レン：まあそれはあったよね。バンドが一番やりたいってのがあったから。別に大学と結びつかないじゃん。特に意味はないけど、親を安心させるためにはとりあえず行っとくかみたいな感じだったんだけど。最初専門(学校)かどうか悩んだんだよね。音楽の専門か大学行こうみたいな。でも音楽の専門出ても、大してあんまりプラスにならんだろうなと思って。就職先もそんなないだろうし。「じゃあ、まあ大学行ってバンドやるか」みたいな感じだったんだけど、大学がまったくつまんなくって。友達もそもそもできなかったし。

ここで注目したいのは、レンがバンドを「一番やりたい」ことだといい、それが「別に大学と結びつかない」とし、結局は「大学がまったくつまんなくなって」中退した点である。大学に通う意味を見いだせない消極的なバンドマンの多くが、バンド活動に専念する、つまり夢を追うために大学を中退している(6)。大学中退者四名のうち三名がこの消極的な層に該当する(残りの一名は後述のリク)。

大学進学以上に、自身の夢を意識した進路選択がある。②音楽専門学校進学である(九名)。かれらは音楽活動をやりたいことだとみなし、音楽に関連する夢を実現するために音楽専門学校へと進学した。

リョウ：(専門学校に)最初入ったときは、バンドとか特に考えてなくて、単純に「音楽で飯を食いたいな」と思って入ったたって感じだったんで。で、その後、なんすかね、バンドっていうよりも音楽でってイメージがあったんで。まあ、バンドに興味がなかったって言ったら、ちょっと極端な話ですけど、でもそこまでバンドって感じではなかったですね。

――どっちかっていうとミュージシャンとか？

リョウ：って感じですかね。幅広く音楽で食えればいいみたいな。

ここで重要となるのが、高校や専門学校で催されるさまざまなイベントの存在である。進路指導の一環として用意される学校説明会や専門学校で開催される体験入学などが決め手となっている。

――専門学校は自分で調べて行ったんですか？

トオル：俺ね、たまたま出会って。それも学校説明会で音楽系のパッて見たときに、なんか気になるなって思った学校があって、三校行ったら、すごい俺が知ってる超有名なアーティストの、アーティストっていうかスタジオ系ミュージシャンの人がそこで講師やってるって書いてあって。そのパンフレットもらったときに「えっ」て、「この人に習えるの？」みたいな。で、話だけ聞こうと思って聞きに行って。

――オープンキャンパス的な？

トオル：そうそう。「よかったらうち体験入学もできるから、遊びに来るだけでもいいから来てみて」って言われて。で、そのスタッフさんと話して、高校のとき。その人が今でも一番仲いいスタッフさんなんだけど、専門学校の。そのスタッフさんに学校説明を受けて、だから最初その何個かあるさ、集まりの中で、「この人の話してること、俺信じれるな」って思ったの。なんかこう、「うちはいいとこはここだけど、悪いとこはここだよ」っていうのをしっかり言ってくれて。……「この人話してること、あ、ほんとだな」と思って。だから「俺ここにしよう」と思って。で、俺、学校説明会一回しか行ってなくて。

トオルは、高校二年生のときに行われた学校説明会で、自分が進学する専門学校を決めた。そこは無認可の専門学校で、最終学歴は高卒になる。しかし、そうした部分も含めてきちんと説明してくれた専門学校のスタッフを信用して、また、教育内容や講師陣にも惹かれて、当時の担任教師の反対を押し切るかたちで進学先を決めている。かれらにとっての夢追いは、音楽専門学校への進学を決めた時点ですでに始まっており、元をたどれば高校時代にまで遡ることができる。

最後に、大学にも音楽専門学校にも進学しなかった者たち、③高卒のバンドマンにも注目しよう。本書の研究参加者には三名と少ないが、かれらもまた音楽活動と関連させて自身の進路を語っている。端的には、音楽活動をするために、それ以上の学歴は必要ないと判断している。

ユウタ：僕は音楽で飯を食ってくっていう目標があるのに、まあ音楽の専門学校とかに通うんなら、また別なんですけど、別に変な話、ね、関係ないじゃないですか。大学行こうが、音楽の経歴には。まあそのとき、ちょうど高三の進学のタイミングで一番お金なかったんで。変な話、僕の頭で国公立(大学)なんて絶対無理だったんで、行くなら私立。エスカレーターで行くと○○大学なんですけど、○○大なんて遠いわ学費高いわで。で、別に行く必要ないと思ったんで。

ここで重要なのは、大学に進学しない主たる理由が、将来の夢にあるのか家庭の経済状況なのかを特定することではない。そうではなく、家庭の経済状況という大きな要因がありながらも、「音楽で飯を食ってくっていう目標があるのに……関係ないじゃないですか」と、あくまでも自身の夢と関連させて進路を選択したことが述べられている点である。このようにバンドマンたちは、いずれの進路であっても音楽活動をその中心に据えているといえる。

出身家庭や学校を介して音楽活動を始めたかれらは、早い者では、高校進学の段階で軽音楽部の有無を基準に進路を選択する。そうでない者でも、たとえばバンド活動に資するように進学する大学・学部学科を選択したり、消極的進学層からはバンド活動に専念するために大学中退する者も現れたりする。また、早期に夢を抱いた者たちは、より専門的なトレーニングを受けるべく音楽専門学校に進学したり、高卒フリーターとなって夢を追い始めたりしている。

ただし、こうした進路を歩む者のすべてが、最終的に夢追いライフコースへと至るわけではない。なぜなら、学生時代に何かに夢中になることは広く確認できることであり、バンド活動にのめり込んだ者のすべてが夢追いを選択するとは限らないからである。

では、最終的に夢追いの選択へと踏み切るためにはどのような条件があるのだろうか。次節では、この点を検討することで、夢追いの選択メカニズムを明らかにする。

4　夢追いの選択に踏み切る条件

条件①——ライブハウス共同体への参加

先ほど、早い者では高校選択の段階で、軽音楽部への入部を希望していることを示したが、かれらは、その軽音楽部を足掛かりにして積極的に学校の外へと活動範囲を広げていく[7]。軽音楽部とそこに所属する先輩バンドマンがライブハウスとのつながりを有することで、ライブハウスデビューがスムーズに行われるのである(冒頭のサトシの語り)。

そして、夢追いの選択にとって重要なのは、ライブハウスに参入する過程で、ライブハウススタッフと顔なじみになり、多くのバンド仲間と出会うことがあげられる。つまり、ライブハウスという活動場所が、一つの共同体として意味を持ち始めるのである。

——○○(ライブハウス名、以下同)は居心地がいい?

アヤノ：居心地はいいですね。高校生のときからずっとそこで、初めてやったところなんで。ライブハウスで。

——あ、そうなんだ。それはどうやってライブすることになったの?

アヤノ：高校の軽音楽部の卒業イベントみたいなもので、ライブハウスでやろうかって。せっかくだから。で、○○でたまたまここでやろうって。特に決めてはなかったんですけど、たまたま○○で卒業ライブをやって、で、そこからずっと仲良くなって、お世話になって。

とりわけ、同じような夢を持ち、同じように活動しているバンド仲間の存在は大きい。本書では、ライブハウスを拠点に、ライブハウススタッフやバンド仲間から構成される人間関係の束を「ライブハウス共同体」と呼ぶ。〈若者文化〉の相互行為レベルは、まさにライブハウス共同体を中心にしている。ここでは、高校時代という早いタイミングで、すでにライブハウス共同体において共に夢を語り、夢の実現を目指して刺激し合える関係性ができあがっていることを確認しよう。次のサトシの語りは、離学以前に、学校を超えたバンドマン同士のつながりが形成され、それが離学後にも引き継がれて、仲間であると同時にライバルでもあるような特別な意味づけがなされていることを示している。

サトシ：今はわりと「この世代がいっぱい頑張ってるバンドいるね」っていうふうには言われてて。結構なんか、「バンド今熱いよね」っていう声は聞いたり聞かなかったり。

――**仲良いバンドとかいる？**

サトシ：普通に○○(以下、バンド名)は仲良いし、○○も高校から知ってるから仲良いし、まああの辺、その二つのバンドは僕らが高校卒業して、やろうってなったときに、もう相当頑張ってた子たちなんで。その子たちに僕は影響されて、火が付いたっていうのはあるし。あとは○○も仲良いし。○○も知ってて、○○は年下だけど仲良いし。

——一つの層だよね、本当に。

サトシ：僕もそんな意識はあります。仲間意識もあるし、ライバル意識もあるしっていう。

——ライブでも結構一緒にやったりとか?

サトシ：うん。今は結構たまたまになっちゃったけど、やっぱりみんなの集まるイベントは、なんか同窓会みたいな雰囲気になって。それはすごいやってて毎回、「あー、続けてきたよさってこういうのかな」ってのは思いますね。

そして、ライブハウス共同体に深く埋め込まれるほどに、かれらの生活全体がバンド活動を中心に組み替えられていく。このことをリクの経験から確認しよう。

リクは、大学進学にあたって国際系の学部を選択した。それは、当時洋楽をメインとするバンドを組んでいたためであり、軽音楽部があることを条件にするなど、バンド活動に資する大学・学部選択が行われている。しかし、大学二年で中退した。その理由を次のように語る。

——なんで大学はやめたの?

リク：もともとすごい動機が不純じゃないですか。本来なら大学ってちゃんと何かを学びに来てる人、何かを突き詰めようとしてる人が一定数いて。でも、それよりも人生のモラトリアムというか、そっちっぽい感じで来てる人が多いじゃないですか。で、僕みたいなちょっと謎の方向性のやつがいてみたいな。僕の周りのやつは空気が合わなかったんですよ。何ていうんですかね、僕はライブハウスだから。ライブハウスに集まる人って、結構変な人ばっかりだと思ってるんですけど、ただ大学を全うする気にならなかったですね。一年ぐらいで「これは早めに見切りつけよう」みたいな感じになって、やめてって感じですね。

――もう空気が合わないみたいな？

リク：うん、そうっすね。まあ僕もちゃんと仕事してる人とかからしたら遊んでるように見えるかもしれないんですけど、結構僕は、そのころとかは、本当バンドをいかにしてかたちにするか、なんか言い方あれかもしれないですけど、ライブとか音源とかどういうふうに商品にするかみたいなことをめちゃくちゃ考えて、そういう感じになっちゃったところがあって。授業出んくなって、みたいな。

――いつぐらいから？

リク：うーんと、大学入って、そっから僕がギターボーカルでやってたんですけど、そのバンドで○○(ライブハウス名)に出たんですよ。そのときに、バイト募集してるみたいな。それでバイトし始めて。でもそのとき、まだ実家に住んでたんで、ライブハウスの終わりって遅いじゃないですか。終電も普通に逃すんですよ。なので、めちゃくちゃライブハウスに泊まり始めたのが多分二一歳とかのときですかね。

バンド活動に資するように大学進学したにもかかわらず、最終的に中退したリクのケースから浮かび上がるのは、夢追いの選択にとってライブハウス共同体に参入することがもつ影響である。つまり、ライブハウス共同体が学校生活以上に重要な場所となり、そこに足しげく通っているうちに、バンド活動を中心とした生活が営まれるようになっていく。そうして、夢追いを選択する障壁がいつの間にかグッと下がっているのである。程度の差こそあれ、夢追いを選択したバンドマンたちのほとんどが若くしてライブハウスに通い、さまざまな他者と出会い、関係性を築いていた。そこには、モデルとなる先輩バンドマンや、互いに切磋琢磨できる同世代のバンド仲間、親身になって夢追いを支えてくれるライブハウススタッフがいる。かれらの存在こそが、夢追いの選択を導く第一の条件になっていると考えられる。

条件②――自分のやりたいことがバンドであると認識できる

ただし、ライブハウス共同体への参入だけをもって夢追いが選択されるわけではない。なぜなら、ライブハウスに通い、イベントにも出演したことはあるが、実際に夢を追い始めなかった若者もいるはずだからだ。したがって、ほかの条件を考える必要がある。

ここまでの分析では、主としてすでに夢追いを選択したバンドマンの語りを用いてきた。つまり、回顧的にこれまでの音楽経験を尋ねることで、夢追いの選択に至る過程と条件を記述してきたのである。

それに対し、以下では調査時点でまさに夢追いの選択を迫られていたバンドマンの語りを参照しよう。特に、大学卒業間近になって就職活動の時期も迫り、自身の進路をどうすべきか悩んでいたシンジの語りを中心に検討することで、夢追いの選択を躊躇《ためら》わせる要因を指摘し、翻って夢追いを選択するために乗り越えなければならない条件を明らかにする。

まず、シンジについて紹介する。彼は中学のときに同級生とバンドを組むことを決意し、高校進学後に実際にバンドを結成してライブハウスで積極的に活動するようになった。高校卒業後は、バンド活動に資するようにデザイン系の学部に進学している。こうして大学教育にも意味を見出しながらバンド活動中心の生活を送っていたが、就職活動の時期が迫る大学三年生になって、自身の進路に悩むようになった。

——(ライブが)最近少なくなってる?

シンジ:そうですね。

——何か意図があるの?

シンジ:いや、僕はしてもいいかなって思ってるんですけど、他のメンバーがあんまりしたくないっぽいのはあって。うーん、何か、ライブ以外に売れる方法とかも考えてるけど、僕自身がもうバンドに対してそこまで、「バンドで食っていくぞ」っていう思いが薄れてきちゃってる部分もあるから、こうなってるみたいなところがありますね。みんなそうだと思います。その、就活にもう来年なってくんで。メンバーが就活とか大学がやっぱ忙しくなってくるから、そこでバンドがあんまりできてない状況ではあるって感じですね。

――シンジはバンドしたい？

シンジ：うーん、そうですね。ライブはしてもいいかなって思います。バンドするなら。だけど個人的には、もう何か、そこまでバンドに対して、何ていうんだろう、「仕事にしよう」とか「これで食ってこう」っていう思いが、もうなくなったに近いというか。他にやりたいことができたっていうのが大きいですね。

――たとえばどんなこと？

シンジ：デザイン、趣味でやってるんっすよ。そういうのをもっと、ほんとにちゃんと学んでやりたいなって。で、大学は映像研なんですよ。そこで俺らのＭＶ（ミュージック・ビデオ）撮ったんですよ。最近までずっと作ってて、それが割といい、自分の中で納得できる出来だったんで、そういう映像業界とかも興味あるしみたいな。何かどっち、まあ、そこでもまだ迷ってるんですけど。

「バンドで食っていくぞ」という夢が重要でなくなったり、「他にやりたいことができた」と、やりたいことの優先順位においてバンド活動の重要性が下がったりすれば、それはそのまま迷いにつながる。つまり、バンド活動が自分の本当にやりたいことではないと気づいたり、バンド活動以上のやりたいことを見つけたりした場合には、夢追いに向かうことが難しくなる。自分のやりたいことがバンド活動であると疑いなく思える状況においてのみ、夢追いは選択されるのである。このことを、すでに夢追いを選択したバンドマンの語りからもみておこう。

――〇〇（バンド名）は大衆受けする方向に向かっていきたいみたいな？

サトシ：うん。そうですね。

――そういうことっていつぐらいから考え始めたの？

サトシ：どうだろう。高校のときは、もうただただ大会出て賞とったりして、調子にのっとっただけだと思うんですけど、大学入ってライブの頻度が増えて周りに揉まれたときに、やっぱみんな（力を）持ってるし、僕らがやってる音楽って気がついたら自分の好きな音楽だったたし。てことは、目指す場所はそこなのかなっていうふうに。周りに感化されたっていうのが多いかな。一年前とかそのあたりぐらい。

サトシは、バンド活動に伴う意識の変化を語っている。つまり、「ただただ大会出て賞とったりして、調子にのっとっただけ」の高校時代から、「僕らがやってる音楽」が「自分の好きな音楽」で、「目指す場所はそこなのかな」と「気がついた」大学入学以後というように、現在やっていることが「自分の好きな音楽」であると自覚できたタイミングがあったという。それは、「ライブの頻度が増えて周りに揉まれたときに」得られるなど、ライブハウス共同体への参入を通して成し遂げられるものでもある。

自分のやりたいことではないにもかかわらず、また他にやりたいことがあるにもかかわらず、それを夢として追求することは難しい。自分のやりたいことが本当にバンド活動であると認識できたとき、夢追いは選択可能になるといえる。

条件③——自分にはできると思える

加えて、自分にはできると思えなければ、夢追いはそもそも始まらない。つまり、夢追いを選択させる条件として、「自分にはできると思えること」が指摘できる。

シンジ：もうわりと下積み期間っていうか、まじ鳴かず飛ばずな期間っていうのが、あんまりなかったというか。高校生ってやっぱりやってる人少ないし、みんな来てくれるんですよ。チケットも、ライブハウスが安い値段で設定してくれるし。だから、始めて半年くらいでライブハウス埋まるくらいには、いい感じになってて。そっから大学受験で活動休止して大学入って今までが、わりと下積みじゃないけど、しんどい期間っていうか。

——大学入ってから思うようにいかないみたいな？

シンジ：うん。なんかそれまではバンドの典型例、ライブめちゃくちゃして、お客さんと仲良くしてみたいなのを続けてたら、やっぱりお客さんは増えるけど、そのやり方かっこよくないよねって。大学入ってそのスタンスでいったけど、うまくいかなくて。でも俺たちのやりたいのはそのスタンスなのに、客がつかないっていうところで、すごい難しい。バンドで売れるってほんと難しいなと思いますね。

シンジは大学に入ってから調査時点までを「下積み期間」と表現した。その背景には、自分たちのスタンスを貫いてきたが、思うように集客が増えていかなかったことをあげた。「バンドで売れるってほんと難しい」とも語られている。

こうした状況において、実際に夢追いに踏み切ることは困難である。自分の信念をもって活動してきたが、それが実らないという経験をすることで、「バンドで売れる」という夢の実現可能性に疑問符がつけられたからである。できそうにないという感覚が、夢追いの選択を思いとどまらせる障壁になっていると考えられる。

では、すでに夢追いを選択したバンドマンたちは、この問題をどのように乗り越えてきたのだろうか。

――じゃあ○○(バンド名)自体は、ほんと○○さん発信で始まったんですか?

ナオト:もう、あいつがすごいやる気があったから、ここまで続いてると思ってます。今はほんとにもう、みんなで同じ方向向けてると思いますけど、大学二年ぐらいまでは、ほんとにダラダラやってたのがあって。ここ二年ぐらいっすね。ビチっとやろうみたいな。

――なんかきっかけがあったの? みんなで同じ方向でみたいな。

ナオト:まず大きかったのは、オーディションで主催者の人たちに、「曲がいい」みたいな(ことを言われた)。最後に全バンドが終わったときに、俺らだけCDちょうだいって声かけられて。みんなの前っすよ、しかも。これ絶対、俺ら優勝するやんみたいな(笑)。もうその時点で確信して。で、あとは、同じ世代のバンドにめっちゃかっこいい人いるとか、頑張ってるとか。俺らを認めてくれる人いるから、もっと頑張らなきゃとか。○○(バンド名)に近づきたいとかもありました。

ナオトの所属するバンドは、大学時代に「ダラダラやってた」ものから「ビチっとやろう」というように変わったという。そのきっかけには、あるオーディションへの参加があった。ある種の成功体験を積み重ねることで、自分にはできると思えるようになっていくのではないだろうか。

加えて、ここでも同世代のバンド仲間や憧れのバンドに言及されている。同世代のバンドに感化されて、また憧れのバンドに近づくために、「もっと頑張らなきゃ」という思いを強くする。そうして夢追いは選択されるのである。

5 〈教育〉から〈若者文化〉へ――「適応-離脱モデル」の視点

どのようにバンドマンは夢を追い始めるのか。本章ではかれらが夢追いを選択するまでの過程と、夢追いに踏み切るための条件を検討してきた。

前者については、出身家庭と学校が音楽活動を始めるきっかけになっていた。その後は音楽活動を中心にした進路をたどっている。軽音楽部に入ることを目的として高校を選択する、バンド活動に資するように特定の大学や学部学科へ進学する、自分のやりたいことを追求するために音楽専門学校へ進む、高卒後フリーターとなっていち早く夢を追い始め、そしてバンド活動に専念するために中退する。いずれも音楽活動が進路形成の中核に位置している。

ただし、こうした進路を歩む者のすべてが夢追いの選択へと至るわけではない。そこにはいくつかの条件が存在する。本章の検討で明らかになったのは、第一にライブハウス共同体に参入すること、第二に自分のやりたいことがバンド活動であると認識できること、第三に自分にはできると思えること、の三点である。少なくとも以上のすべての条件を満たした者だけが、最終的に夢を追い始めることができると考えられる。

前章では、夢追いの職業を〈教育〉化されざる将来の夢として位置づけた。たしかに、バンドマンという職業は、〈教育〉化された将来の夢のように、〈教育〉を介することで到達可能な職業ではない。しかし、それでも〈教育〉がまったくの無関係というわけでもない。〈教育〉は夢追いへと至る重要な入口として存在しているのである。

そのうえで、〈教育〉と〈若者文化〉の関係を考察しよう。これまでの研究では、両者の対立点に主眼が置かれてきた。たとえば、学校教育への不適応が若者文化に通じる回路となり、若者文化に夢中になることが学校教育からの離脱を招くといった見方である。しかし、本章の検討から浮かび上がるのは、単に対立するのではない、両者が相補的に作用する側面である。

まず、学校教育は若者文化と出会う重要な場になっている。部活動や学校行事を通して若者文化に触れ、音楽活動を始める契機が存在していた。つまり、〈教育〉の社会領域に〈若者文化〉

が埋め込まれることで、前者に対抗したり、そこから離脱したりすることなしに、後者に身を置くことが可能になっているのである。

しかも、学校教育の中で若者文化に触れた若者たちは、さらなる活動機会を求めて積極的に学校の外へと進出していく。学校に対抗したり不適応を起こしたりするから離れるのではない。むしろ、学校の中に埋め込まれた若者文化に強く惹きつけられるからこそ、より一層の活動を希望して学校外部へと展開していくのである。

そして、そこで出会うのが、同じく夢を追おうとする同世代のバンドマンや少し先をいく先輩バンドマン、活動の支えとなってくれるライブハウススタッフであった。ライブハウス共同体という新たな準拠集団を獲得し、そこに深く埋め込まれた者ほど、生活全体がバンド活動中心に組み替えられていく。多くの他者と出会い、さまざまな相互行為の中で、夢追いの選択へと踏み切るための準備が行われていると考えられる。

このようにまとめるならば、〈教育〉と〈若者文化〉の関係について、次のように考えることができよう。つまり、学校の外側に若者文化が存在し、学校に居場所を持たない者が若者文化に引き寄せられて学校から離脱するという「不適応－離脱モデル」ではなく、学校教育に埋め込まれた若者文化を起点にして、学校教育にも適応しつつ、しかしさらなる活動の場を求めるがゆえに学校外へと離脱していく「適応－離脱モデル」である。最終的に学校から離れる点では同じだが、そこに至るプロセスが正反対である点に特徴がある。本書の研究参加者に大学進学者が多いことも、学校教育への適応、あるいは親和性の証左として指摘できるだろう。

もちろん、すべてのバンドマンが「適応‐離脱モデル」で説明できるわけではない。特に、夢を追うために専門学校や大学を中退した者たちからは、学校教育に対する期待はほとんど聞かれず、むしろ夢追いの障壁になるものとして否定的に評価されていた。しかし、そのようなかれらですらも、学校を離れて夢追いに至っている点では同じである。つまり、本章の検討から明らかになったのは、夢追いの選択を導く要因が学校内外に存在することであるが、さらに時間軸を設定してみてみると、活動場所が学校内部から外部へと広がっていくのに対応して、カギとなる社会領域も〈教育〉から〈若者文化〉へと移り変わっているのである。

こうして〈若者文化〉の影響を強く受けたバンドマンたちは、ある特徴的な仕方で学校から職業への移行を経験している。つまり、夢を追うために自らフリーターとなって、夢追いライフコースを開始させるのである。〈教育〉から〈若者文化〉へと主たる社会領域が移り変わる中で、〈労働〉はいかなる位置づけにあるのか。次章では、バンドマンたちの積極的なフリーター選択・維持プロセスを検討することで、実際に夢が追い始められる場面をみていきたい。

(1) ここで描き出される若者文化の多くは、特徴的な頭髪やファッションといった次元にとどまっており、本書で検討する〈若者文化〉とは異なる点に注意されたい。たとえば、知念渉は、若者文化・階層文化・生徒文化の複合的な力学のなかで〈ヤンチャな子ら〉の移行過程を検討した。そこでの若者文化とは、学校内で見せる〈ヤンチャな子ら〉に特有のスタイル＝「外見や服装へのこだわり」(知念 二〇一八：九二)である。しかし、それは〈ヤンチャな子ら〉と他の集団を分ける境界になり得ても、かれらの移行過程を方向づけていく要因とはいえない。むしろ強調されるのは、〈ヤンチャな子ら〉内部における家庭環境を中心とした社会空間上の位置の差異であり、それが社会的亀裂を生み出すと結論づけられている。ただし、第5章で登場するヒロキの事例は、本書で論じる内容と近く、知念(二〇一八:二〇八)も「ヒロキは、メディア・ストリート空間の力学を利用しながら、学校空間での自分のポジションを確立していった事例」と位置づけている。本書は、それをさらに発展させて、若者文化が進路形成を規定する様相を詳細に検討しようとするものである。

(2) 以下、複数メンバーによる、いわゆる「バンド」という形式で行われる活動を「バンド活動」と呼び、それ以外の形式も含めた活動の全体を「音楽活動」と呼ぶ。

(3) 保護者が(元)バンドマンであるという者も九名いた。

(4) 家族の影響を受けてすでに音楽活動を始めていた者が一四名で、残りの九名が新たに音楽活動を始めた者たちである。

(5) 各バンドの情報が記載されているB6からA4サイズの紙。

(6) ただし、大学に消極的なバンドマンのすべてが中退するわけではない。大学中退者は、一つの極端なケースであり、多くは軽音楽部やサークル活動に居場所を見出して、ときに留年を繰り返しながら大学にとどまり続け、卒業している。

(7) ここでは出演者としてのライブハウスデビューに絞って議論しているが、観客としてライブハウスに通い始めた時期についてみるならば、それよりもずっと早い者が多い。たとえば、ヒロトは中学生のときに初めてみたライブイベントに衝撃を受けて、バンド活動を始める決心をしたという。

第3章　フリーターか正社員か——夢追いに伴う働き方の選択

1　フリーターとして夢を追い始める

アッシ：○○(バンドマン名)は一個下ですね。でも、歴《レキ》はあんま変わらない。高校からの付き合いで。俺が高三で向こうが高二のときに知り合って。で、僕も○○もフリーターなんですけど、高三のとき、僕はフリーターになるって決めてたんで、「アッシ君、フリーターなるんすよね」って初対面のときにいわれて、「そうだよ」って。「なんでそう決めたんすか、なぜそう決めれたんすか」みたいな。(○○)「そうしようと思ってんすけど」、(アッシ)「何か、何かあったんすか?」って(笑)。そういうかわいい感じです。今でもたまにちょくちょく(ライブ)やったりしてます。

本章では、バンドマンたちが夢を追い始めるにあたってする、もう一つの選択に焦点を当てる。それは、夢を追うためにいかなる働き方を選択するのかという論点である。

アッシは、高校卒業後すぐにフリーターとなって夢を追い始めた。前章で検討したように、バンドマンたちは早い者だと高校時代にはライブハウス共同体に参入して、多くのバンド仲間に出会う。アツシと後輩バンドマンとのやりとりもその一つである。かれらはこうして卒業後の進路について相談し合っている。

本章の目的は、この後輩バンドマンから発せられた問い――「なんでそう決めたんすか、なぜそう決めれたんすか」――に答えることである。かれらは、なぜ夢を追うためにフリーターになるのか、なぜフリーターでなければならないのか。

すでに述べたように、本書の研究参加者では、離学直後にフリーターとなった者が最多で、三五名中二八名であった(学生でフリーター希望の四名を含む)。夢追いバンドマンの多くが夢追いフリーターでもあるわけである[1]。

この点を考えるにあたって、本田由紀(二〇〇四)による「特殊労働市場要因」の指摘が参考になる。「特殊労働市場要因」とは、夢を追う際にフリーターという働き方が選択される背景を説明したものである。つまり、副次的にフリーターとして生活費を稼ぎながら参入するしかない職種の労働市場が、「特に文化・芸術活動の中心地である大都市圏」において「一定の規模で成立して」おり、「これらの職業はいずれも何らかの「才能」や特殊スキルを必要とし、多くは雇用されることなく自由業の形態をとる」(本田 二〇〇四:九八)。だからこそ、夢を追おうとする若者たちはフリーターへと水路づけられるというのである。

本書で対象とするバンドマンも、文化・芸術活動の一つとしてバンド活動に携わり、かつ大都市圏で活動している点で、本田の指摘と重なっている。しかし、本田の議論は、さまざまな文化・芸術活動の全体に当てはまる説明にとどまっており、特定の文化・芸術活動に固有の文脈を踏まえた、さらなる検討が可能である。

そして、ここで重要となるのが、本書で重視してきた〈若者文化〉の視点である。先行研究では、学校による就職斡旋機能の弛緩や不況による求人数の減少、雇用慣行の変化(例：高卒から大卒への学歴代替や非正規代替)、親への依存期間の延長など、主として〈教育〉〈労働〉〈家族〉の側面が取り上げられてきただけに、〈若者文化〉に焦点を当てた検討には独自の意義があると考える。[2] それはまた、本田(二〇〇四)の指摘する「特殊労働市場要因」をより精緻に検討することにもなろう。

本章では、バンドマンという事例の特徴にも触れながら、次のように議論を進めていく。次節では、バンドマンたちが夢を追うにあたってフリーターを選択する背景を検討する。特にバンドという集団で活動していることの意味が明らかとなる。続く三節では、フリーターであることによって被る金銭的困難に着目し、それへの対処戦略からフリーターであり続けられる理由を論じる。そして、四節でフリーターを選択しなかった者たちを取り上げ、夢追いバンドマン＝フリーターという認識を、かれら自身の語りから捉え返してみたい。最後に、夢追いの選択に伴う雇用形態の分化を示したのち、それぞれの働き方が選び取られる背景を、〈若者文化〉の視点から総括する。

2 なぜフリーターを選択するのか

(1)バンドという活動形態の集団性

バンドマンのフリーター選択理由で最もわかりやすいのが、バンド活動を「やりたいこと」だとみなす意識である。先行研究でもフリーターの「やりたいこと」志向の強さが指摘されているが(下村 二〇〇二、小杉 二〇〇三)、それは本書の研究参加者にも当てはまる。

——普通に就職したくなかったとかあるの?

カズマ:いや、そんなことはない。別にバンドでやりたいって気持ちが自分の中になかったら多分普通に就職した。

——普通に働くよりはバンドをやりたいって感じ?

カズマ:あー、そうだね。それは、なんでだろうね。バンドのほうがやってみたい気持ちが強かったから。

しかし、こうした意識からのみフリーター選択を捉えるのでは不十分である。なぜなら、かれらにはフリーターでなければならない理由があるからである。カズマは次のようにも語っている。

――正社員しながらバンドやっとる人もおるやん。そういう人たちのことはどう思うの?

カズマ:それでちゃんとできればいいんだけど。

――フリーター選んだ理由には、何かあるの?

カズマ:正社員だと、絶対中途半端になっちゃうだろうなあって思ったから。

――中途半端って何かができなくなるとか?

カズマ:ライブもたぶん限られてくる、できる日にちが。みんなの予定も合わせられない。とにかくバンドに制限がたくさんできちゃうから。

ここで、「みんなの予定も合わせられない」であることに注意したい。つまり、カズマ一人に時間の融通がつけばいいわけではない。バンドはあくまでも個人ではなく集団で活動するものだからである。音楽に関する何らかの夢の実現を目指して、バンドという集団で精力的に活動するためには、バンドメンバー間で活動スケジュールを柔軟に調整し、活動日数を確保する必要がある。そこで、日中の時間が大幅に制限され、日程の融通が利きにくくなる正社員ではなく、フリーターが積極的に選択されるのである。このことを、レンの語りからも確認しよう。彼は、飲食店のほかにライブハウスでもアルバイトをしていた。

――飲食店のバイトはどれぐらい入ってるの?

レン：だいたい週五ぐらいでは入ってんだけど、時間がね、人件費が割と厳しくって、四時間とか五時間とか、ほんとちょこちょこ入るみたいな。だから、朝行って夕方からライブハウスみたいなのがたまにある。

——気持ち的にもっと働きたいけど入らせてくれない感じ？

レン：んー、でもね、これ以上働いても別に仕方ないかなとは思う。その、やっぱバンドを中心にやってるから。それだと社会人とあんまり変わんないし。バランス的には、まあ贅沢はできないけど、当然。たばこと酒買えるくらいの金があればいいかなぐらい。あとはもう音楽に充てたい、みたいな感じかな。

——生活が維持できるぐらいでいいんだ。

レン：やっぱ、どうしてもバンドがおろそかになるのが一番嫌だから。その、自分が金持つよりかは、もう普通にバンドのことちゃんとできる時間が欲しいし。あと、そうだな、正社員、でも四人とも正社員になるとさ、休みが合わないじゃん。ほぼ働いた後にライブなんてできないわけよ。てなると、ほぼライブできる日がないから。

——集団で動いてるからこそフリーターじゃないと、みたいな？

レン：そうそうそう。逆にだれか一人が就職すれば、みんな就職すると思うのよ。だれか一人が就職すると、休みがこの日しかないってなっちゃうから。それだとフリーターやってる意味もあんまりなくなってくるじゃん。

このように、かれらは集団で活動するからこそ、メンバー間でスケジュール調整のしやすいフリーターを積極的に選択する。メンバーで働き方が異なることは、バンドとしての足並みを乱すことにつながり、だれかが正社員になれば、直接的に活動の制限を生んでしまう。ゆえに、メンバー全員をフリーターに誘う力学が、一つのバンド内において働くのである。

――大学生のときは普通に就職するつもりだったの？

ユウキ：僕は、それ難しいんですよね。やりたいことがほんとになくて。ほんとにないっていうか、バンドがほんとにやりたかったんですよ。全然メンバーが見つかんない状態で、それでずっと探してたから。僕は別に就職、このままメンバーが見つかんなかったら就職するなぁぐらいに思ってて。でも、最初に(今のメンバーに)会ったときは、なんか、「自分たちはフリーターでやってくつもりです」みたいなのを言われて。で、「まだ大学三年生だから、まあどうするかは一緒に組んでから決めていいよ」みたいな話で。そのときは、僕はとりあえず「やってって、活動してってから決めます」みたいなことを言ったけど、入った途中あたりで、もし就職するならさっさと抜けないと、たぶんまた新しいメンバーを探さないといけないじゃないですか。さっさと抜けないと邪魔になるだけだなって思って。だから就職するかしないかは、わりと早く、もうバンド一本で行こうってのは、入って数カ月ぐらいで決めてて。

(2)バンドマンの活動スケジュールとその集団的調整

どのように活動スケジュールのすり合わせは行われるのか。かれらは個々にアルバイトや学業があり、そのうえでバンド活動を行っている。その中で集団で活動するために、他の何よりもバンドのスケジュールが優先され、かつ他の予定もバンドに支障が出ないように調整される。

――一週間のスケジュールだとさ、どんな感じなの?

ユウキ:月・木が(バンドの)スタジオ練習なんですよ。で、水曜日はアルバイト先が定休日で、月・火・木・金は九時から一五時で入って、金曜日がたまに一日やる。で、土・日は九時から一七時。僕、バイト先が平日昼間は一四時でお店が閉まっちゃうので、一五時以降はバイトできなくて。でも、土・日は一日通しだから九時から一七時で入る。一週間に金・土・日のどれか一日が丸一日バイトで、一一時間ぐらい働いてる(九時~二〇時)。

――ディナーは行ってない?

ユウキ:ディナーは行かない。一日バイト入れすぎると練習できなくなるから。月・火・木・金は全部半日で、水曜日だけなんもない日だけど、だいたいライブがあったり、何かしらあったりするから。で、金・土・日の、なんかほんとまちまち、一日やる日もあるし、九時から一七時の日もあるしって感じです。

すぐにわかるのは、一週間のほとんどがアルバイトで埋まっていることである。ただし、

「一日バイト入れすぎると練習できなくなるから」と、あくまでもバンド活動に支障が出ない範囲でなされている。バンド活動にはさまざまな出費がかかるため、ほとんどの時間をアルバイトに充てる者も多い。

ここでの要点は、スケジュールの決まり方である。ユウキの語りを確認すれば、まず月曜日と木曜日がバンドの練習日として固定されている。したがって、両曜日はスタジオ練習に間に合うようにアルバイトが調整される。それ以外の曜日についても、「一日バイト入れすぎると練習できなくなるから」と、半日のアルバイトである(=「ディナーは行かない」)。ここでの「練習」には、個人練習も含まれるが、いずれにしてもバンド活動が優先されている。

こうしたスケジュール管理には、ライブイベントの決まり方も関係している。次のカズマの語りから、曜日固定のスタジオ練習よりも先に、ライブイベントの日程が押さえられていることがわかる(次の語りは、四月九日に実施したものである)。

カズマ:ライブハウスの連絡がだいたい二カ月前ぐらいに来て、(イベントが)決まるから。

——二カ月前にライブの予定が決まるってこと?

カズマ:そう。もう今五月のライブが決まってる。あと六月に東京行くことも決まってるから。で、ライブが決まった後に、スタジオの練習の日を決めるから、木曜日にライブが入っちゃった日は、金曜日に練習したりしよう、みたいな感じでずらしたりしてる。

——じゃあ、基本的に予定はライブ日程が先に決まって、それにスタジオ練習の日にちが決まって、バ

イトが決まる感じ？

カズマ：そうそうそう。バイトは一番最後。

先に先にとライブイベントが組まれるのに合わせて、バンドのスケジュールが決まり、その隙間を埋めるようにしてバンドマン個々の予定が立てられていく。ゆえに、「バイトは一番最後」なのである。次のトウマの場合でも、インタビューをした四月一日の時点で、すでに半年先の予定まで組まれていた。一年単位でライブスケジュールが決まっているバンドも珍しくない。

――目指してる方向性はみんな同じ方向を向いてるんですか？

トウマ：もちろんそうですね。それは毎回、今日も朝まで話し合ってたし。スケジュールっていうのも、イベントもいっぱい誘ってもらえるんで、今でいったら一〇月まで予定が入ってて。だいたいあの、年末、一二月の時点では、次の年の年末ぐらいまで決まってるバンドもいるし、一年先とかまで。

以上を時間と場所の共有という観点からまとめていきたい。バンドという集団で活動し、夢を追うバンドマンに求められるのは、メンバー間で時間と場所を共有することである。ライブイベントやスタジオ練習など、時間と場所を共有することで、初めてバンドとしての活動が可能になる。ゆえに、かれらはバンドの都合を自分の予定よりも優先してスケジュールを調整しなければならない。

しかも、そこにはライブイベントの日程が前もって押さえられる音楽業界のシステムが関わっている。ライブハウスや他のバンドから出演を打診される場合もあれば、自分たちで企画をしてライブをする場合もある。数カ月(バンドによっては数年)前から、イベント会場となるライブハウスを決め、出演者に打診し、と動き始める。こうして、おおよその年間スケジュールが組まれていく。あとはそれに従って、バンドで練習をしたり、音源の準備をしたり、グッズを制作したりする。この隙間を埋めるのが、アルバイトをはじめとする個人の予定である。かれらの生活リズムは、バンド活動を中心に構造化されているといえよう(3)。

そして、以上がフリーターという働き方を積極的に選択する背景になっている。かれらにとって、まさにバンドという集団で活動するには、メンバー全員がフリーターであることが最も合理的なのである。

ここで、一つ考えておかなければならない論点がある。それは、フリーターであることによるデメリット、つまりお金に関する問題である。バンド活動にはさまざまな支出が伴う。グッズを制作するにも、遠征をするにも、チケットノルマを支払うにも、ある程度の活動資金が必要である。生活費も含めて、それらを稼ぐにはアルバイト時間も長くならざるを得ない。

しかし、働けば働くほど、バンド活動に充てられる時間は減る。一方、バンド活動を優先すれば、今度はそれだけ収入が減って、バンド活動だけでなく生活そのものが立ち行かなくなる。

フリーターであることは、たしかにバンドマンにとって多様な恩恵をもたらすが、だからといって何の困難も生じていないわけではない。次節では、お金をめぐるバンドマンたちの状況を確認し、かれらがそれでもフリーターであり続けられる理由を考えてみたい。

3　なぜフリーターであり続けられるのか

バンド活動にはさまざまな場面でお金が必要になる。ゆえに、ハルマが語るように、アルバイト代のほとんどをバンド活動に充てても足りないという状況が慢性的に起こりうる。(4)

――バイトはしてるの？
ハルマ：ちゃんとしてますよ。カフェです、僕は。
――それで月いくらぐらい？
ハルマ：月七万とか八万ですね。
――週三とか週四？
ハルマ：とかで入ってます。
――結構、稼いでるんだね。
ハルマ：稼いでるんですけど、でもあの、結局全部飛んでくんですよね。いろいろやっぱ、楽器買ったりするじゃないですか。で、僕今ローンも楽器で組んでたりするんで。

——何に使うの？

ハルマ：それこそライブハウスでライブ出たら、一人四〇〇〇円から五〇〇〇円はたいていもってかれたりとかして。あと、親にもまだ借金してる。パソコン買ったお金も残ってて。それとかで毎月親には二万返して。で、楽器のローンは毎月七〇〇〇円ずつ。で、ほかに欲しい楽器とかもあるし。何かね、どんどん無くなってく。

こうした状況の中、かれらはどのように対処しているのか。大きく三つの観点からみていこう。

①負担の少ない活動の仕方の模索

一つ目は、そもそも金銭的負担の少ない活動方針を立てることである。これは、個々のバンドやバンドマン単位での工夫とも呼べる数々からなる。たとえば、バンドメンバーに録音や映像、デザインといった何らかの専門的技術を身につけた者がいれば、それだけ経費を節約できる。実際、音源やＰＶ・ＭＶの制作、ＣＤジャケットのデザインを自分たちで、もしくは知り合いのバンドマンに安く外注して行う者は多い。

さらに別の側面として、バンドや個人の練習に使用されるスタジオがある。リョウが語るように、スタジオをできるだけ使わずに、個人練習を主とした活動方針を立てることで、金銭的負担を減らした活動が可能になる。

――一週間のスケジュールってどんな感じなの？

リョウ：バンド以外はほぼバイトっす。バイトが週五とかで、僕らスタジオでやるバンド練習は、たぶん他のバンドに比べたらすごい少なくて。週に一回か二回しかやらないんすよ。週一がたとえばライブ練習で、もう一日が完全なオフっててふうになってて。で、あとはもう、バンドメンバーみんな個人練(習)がめちゃくちゃ好きな集団で、うちのバンドが。なんで個人練ばっかりやって、曲とかもスタジオで作るんじゃなくて、打ち込みで音源を作ってそれをみんなに送って、個人練である程度固めてからやるって感じなんで。効率化みたいな。お金かかんないようにやるっていうのがスタンスだったんで。週一スタジオ、あと全部個人練、一日オフみたいな。

――個人練は、スタジオ借りてやるんじゃなくて基本家で？

リョウ：家でやってました。スタジオで、たとえばでかい音出さないとわかんないこととかあって、個人練やってるときももちろんあったけど、ほんとに少ないっす。月に一回あるかないか。

また、ライブイベントへの出演時に発生するノルマ代(5)も節約の対象となる。たとえば、ユウタの所属するバンドは、ノルマのあるイベントを避け、ノルマのない「ギャラ制」のイベントを中心に活動していた。

――今は赤字なの？

ユウタ：赤字ですね。だから○○（ライブハウス名、以下同）とか○○とかだと、ギャラ制なんで、呼んだ分だけバックがあるんで、そういうところは出るようにしてますね。そんな頻繁にはないですけど。そういうところ以外だとほとんどノルマなんで。○○もノルマは一五枚です。

――ちょっと多いんだよね？　○○って、たしか。

ユウタ：うん、多いと思う。○○とかだと一〇枚かな。だから、えー、二〇〇〇円の一〇枚で、結局二万円バンドの支払いで、（ユウタを含めてメンバーが四人のため）一人五〇〇〇円。大体それが基本ですね。

さらにいうと、これらの負担は、ある程度の実力さえつければ問題でなくなる。ノルマ以上の集客が見込まれるようになれば、次のカイのように、バンド活動での収益が発生し、それをもとに活動を回していくことが可能になるからである。また、集客数が伸びて安定してくると、ライブハウス側からノルマがかけられなくなることもある。

――赤字はほぼない感じですか？

カイ：もう、ほんとにバンドでお金は最近、まったくかかってないですね。レコーディングとかでは使いますけど。もうほとんど売上でやってます。

――グッズとかもありますしね。

カイ：そうですね。ほんとにありがたい話で。昔からしたら、ありがたいなと思います。

――結構じゃあ、苦しかったときとかもあったんですか？

カイ：いや、めちゃめちゃありましたよ。だって、まず「ライブ出る出演料ってなんだ」みたいな。最初なんて一人、二人しか呼べないじゃないですか。で、一万、二万くらいライブハウスに払って。嫌になりますよね。

ただし、カイ自身がそうであったように、すべてのバンドがそうした状況にあるわけではない。「最初なんて一人、二人しか呼べない」など、バンドマンにとってノルマをはじめとする金銭的負担は大きなものである。

②バンド単位での料金システム

改めて、先のユウタの語りに着目したい。そこでは、ライブイベントのノルマが「一〇枚」で、バンドとして合計「二万円」の支払いになること、したがって「一人五〇〇〇円」であることが示されている。つまり、バンド単位でノルマがかけられているために、その負担がメンバーで共有ないし分割されているのである。次に指摘するのは、こうした「組織／環境レベル」に関わるものである。バンドの練習場所となるスタジオの使用料金も、基本的には「部屋料金」だという。

――スタジオっていくらぐらいするの？

カズマ：部屋料金が一時間二〇〇〇円ぐらい。だから三時間入ったら六〇〇〇円で、それを四人で割るから一人一五〇〇円ぐらい。

バンドマンの金銭的負担を考えるとき、ノルマやスタジオ使用料がバンド単位で課せられていることの意味は大きい。なぜなら、それがバンドマン一人当たりの金銭的負担を、少なからず小さいものにしているからである。

――ライブに対してはそんなにお金かかってないの？

ワタル：いや、かかりますよ。まだ今んとこノルマ代払ってるんで。でも四人で割ったらそんな、ね、痛い額ではないです。

以上のことは、メンバー数に応じて負担が変わることを意味する。たとえば、次のミズキは三人でバンドを組んでいるため、一人当たりの負担が他のバンドよりも大きくなるという。

――スタジオってバンド一ついくらなの？

ミズキ：一つの部屋、部屋代としてなんで、それを割るみたいな感じで。なんで人数が多ければ多いほど（一人当たりの金額が）少ないんですよ。ノルマもそうなんですよ。一バンドいくらで、一人当たり割ったらいくらだなっていうので。まあ、三人なんで一人当たりの分が多くなるんで。

もちろん、多くのバンドマンが語るように、一つ一つの金額がそれほどでも、その総量となれば決して無視できるものではない。しかし、一人で活動するシンガーソングライターなどと比べれば、相対的に多くの人数で活動するバンドマンたちは、フリーターであっても、その金銭的困難のうち、いくらかを免れることができていると考えられる。[6] よって、金銭的困難を抱えながらもフリーターとして夢を追い続けることが可能になっているといえよう。[7]

③実家暮らしであること

ここまでの二つが、バンド活動に関する内容であるとすれば、最後に指摘するのは、より日常の生活レベルでの特徴である。研究参加者三五名のうち、実家で生活する者は一八名であった。[8] 特に、年齢の若いバンドマンで顕著である。かれらは、生活にかかる費用の多くを家族と共有することで、[9] フリーターであることに伴う収入の少なさや、バンド活動にかかる金銭的負担の大きさを背負うことが可能になっている。

（遠方からライブハウスに通っていたミズキに対して）

――**こっちに住むとかは全然考えてないの？**

ミズキ：いや、住みたいとは思ってるんですけど、今そっちに費やすお金がないっていう。スタジオ代だったり、ノルマ払ったりとか、そういうのでもう手一杯なんで。まだ実家にお世話になってます。

――**実家にいくらかお金入れてる？**

ミズキ：お金は、そうですね、多少は入れてますね。あとは、奨学金を自分で払ったりとか、できる限りは。（親に）負担かけないように。

では、実家暮らしでないバンドマンはどうかといえば、次のトウマの語りが象徴的である。彼は、音楽専門学校卒業後に、バンドメンバーとルームシェアをして生活していた。

――**実家を出たのは、高校卒業したタイミングですか？**

トウマ：いや、専門学校卒業してからですね。

――**それはもう実家出るって決めてたんですか？**

トウマ：いや、そういうわけではなくって、やっぱ甘えになるんで、それは。まあ、やる以上は、あんまりよくないかなあっていうので。昔から思ってたんですけどね。でも、甘えられるうちに甘えといたほうがよかったなっていうのはある（笑）。逆にその、ね、泥水すすってっていう生活が。

――あったんですか？

トウマ：うん。ツアー出て、米とガスコンロだけ持って行って、100円LAWSON(ローソン)で缶詰買って、それで食べるみたいな。公園で。そういうのを毎日してたんで。

――そんな時期があったんですね。え、家もなく？

トウマ：家に帰れないんですよ。ずっとツアーしてるから。で、バイトもできないし、交通費はバカにならないしって。すさまじい生活してましたね(笑)。地獄としかいいようがない。

ここで重要なのは、精力的に活動すればするほど生活が苦しくなるというジレンマである。つまり、ツアーのように各地を渡り歩く活動をしていると、「家に帰れない」、「バイトもできない」。ところが「交通費はバカにならない」など活動費用はかさむ一方である。ゆえに、「地獄」とも表される「すさまじい生活」になる。アルバイトをしなければ生活費を賄えないが、アルバイトに時間を割きすぎると今度はバンド活動に支障が出る。こうして生活かバンド活動かの選択に迫られるのである。

一方、実家暮らしのバンドマンたちは、家族からのさまざまなサポートを受けて生活の保障がなされるため、このジレンマから逃れることができる。したがって、実家暮らしであることが、フリーターであってもその金銭的困難を抱える中で、夢の実現に向けて精力的に活動することを可能にさせていると考えられる。

ただし、すぐさま次の二点で留保をつけたい。第一に、実家暮らしのすべてのバンドマンがそれに甘んじているわけでは決してない。むしろ、バンド活動にかかる金銭的負担の大きさゆえに、一人暮らしをすることが困難だといったほうが適切である。また、バンドマンの中には、たとえ同居していたとしても家族に頼れない／頼りたくないがゆえに、借金をしてまで活動を続けている者もいる。事実、第6章で示すように、夢を追っていることに対して家族が好意的であるとは限らない。「家族に依存している」と強調するのでは、見逃してしまう実態がある。

第二に、言うまでもなく、実家で生活していたとしても、バンド活動にかかる金銭的負担が無くなるわけではない。ハルマにしてもミズキにしても、実家暮らしであるにもかかわらず、語られたのは金銭的負担の大きさであった。つまり、実家暮らしはたしかにバンドマンの生活を支えているが、だからといってバンド活動に伴う費用が減るわけではないのである。だからこそ、先に検討した第一、第二の対処が重要になってくる。

4 そもそもフリーターになるべきなのか——正社員バンドマンの存在

(1)「バンドマンはフリーターでなければならない」という規範

ここまでに引用した語りの端々にも確認できるのだが、実はもう一つ、バンドマンにフリーターを選択・維持させる要因が指摘できる。次のリクの語りからみていこう。

――結構、バンドマンの人っているじゃん。「いや、フリーターじゃないとダメだ」みたいな。

リク：それね、本当ね、僕も一時期めっちゃ思ってました。なんか、もうバンドにどんだけ時間割けるか。バンドっていうものに対して、めちゃくちゃシビアに時間を使っていける。たとえば、バイトとかなら融通が利いちゃうわけじゃないですか。そういう立場であることがめちゃくちゃ大事やって、もうなんとなくそうやって思い続けてた時期があって。バンドにどんだけ尽力するかみたいな。

ここに示されているのは、「バンドマンはフリーターでなければならない」とでも呼べるような規範の存在である。前節で指摘した機能的側面以外に、文化的にもフリーターであることが求められているのである。たとえば、次のマサのような認識は広く確認できるものである。

マサ：やっぱね、その実際、社会人、別に悪くいうつもりはないけど、社会人になったら、そこで絶対何か気持ちが捨てられるんだよね。情熱もそうだし、クリエイティブなこととかも質が下がる気がして。下がってない人たちもいるけど、その命を懸けてやるって感じじゃなくなっちゃう。保険ができるから。

第2章では、バンドマンたちがライブハウス共同体に参入していくことを示した。そこで先のような規範が共有されていたらどうか。その影響は、特に進路選択を目前に控えた離学前のバンドマンに確認できる。

ナオト：まあ、どことはいわないっすけど、フリーターになったほうがバンドに時間割けるからみたいな。いやもう、たしかにそう。時間の選択は自由かもしれんけど、時間数でいったらそんなに変わらんのじゃないかと思って。なんか薄いなー、その理論ってずっと思ってたんで。

――周りのバンド、ほとんどフリーターでしょ？

ナオト：そうです。「就活してバンドできるの？」って。「いや、できるでしょ」みたいな。できるかできんかは、ねえ、できるっしょみたいな（笑）。それを言い訳にはしたくなかったんで。たしかに動きづらくはなりますけど、そこに見合ううまい動き方が絶対あると思うんで。

ナオトは、インタビューをしたとき大学四年生で、ちょうど就職活動を行っていた。その際、他のバンドマンから向けられた視線は否定的なものだった。「バンドマンはフリーターでなければならない」という規範のもと、フリーターとしてすでに活動しているバンドマンが数多くいるライブハウス共同体において、かれらとの相互行為は、フリーター選択へと誘う力学となる。冒頭のアツシと後輩バンドマンとのやりとりも、同じ磁場の中で行われたものである。

さらに、こうした規範を支える背景として、当時の労働市場が関係していると思われる。本書の研究参加者の中で最も早く学校を離れたのは、一九八七年生まれのリオであった(専門学校卒・二〇〇七年)。次の語りにあるように、そのリオでさえも、すでにフリーターの存在が社会的に認知された後に離学している。つまり、かれらはフリーターへのバッシングが落ち着き、先行世代にはフリーターが数多くいて、自分たちの周りにもフリーターになる者が一定数存在するような、そんな時代に夢を追い始めたのである。「バンドマンはフリーターでなければならない」という規範は、フリーターとしての働き方が珍しくなくなった世相を反映して、より強固に存在し得たと考えられる。

リオ：俺らと俺らのちょい上ぐらいって、多分フリーターっていう存在が市民権を得だしたころだと思う。だから、そんなにしんどさはなかった。社会に対してのしんどさはなかったかな。むしろやっぱり充実してるし、肯定的だなと思ってた。もうそれは、俺がもしかしたらその、いた環境が純粋に恵まれてただけかもしれないけど、基本的にバイトで関わった人は、みんなバンドを応援してくれてた。

(2) 夢を追うために正社員になる

ただし、この規範は翻ってフリーターを選択しないバンドマンにも影響を与えている。先ほどまでは、夢追いバンドマンにとってフリーターであることが機能的であり、かつ文化的にも承認されていることをみてきたが、それに反する者たちはいかなる状況にあるのか。最後に、夢を追うにあたって正規就職した、もしくは希望する七名についてみていこう。

まず、前項で引用したナオトの語りをもう一度確認したい。そこでは、フリーターをよしとする周囲のバンド仲間の存在が示される一方で、「なんか薄いなー、その理論」と批判的に捉えられている。

このように、バンドマンがフリーターであることを半ば当然視する規範がある中で、フリーター以外の働き方を希望する者たちに共通するのが、そうした規範自体を否定的に評価していることである。たとえば、次のカイトは大学卒業後に正規就職した一人だが、「バンドマンはフリーターでなければならない」という規範に対し、それが「一つのバイアスだと思ってて」と語る。

カイト：フリーターでないとってていうのは一つのバイアスだと思ってて。ずっと脈々と受け継がれてきた伝統なわけじゃないですか。じゃあみんなそうやってやってきたかっていうと、いやそうじゃないよねって。○○(バンド名)とかさ。もともと会社員でやってて、じゃあ自分たちでリスクとっていこうぜって。できるよね、別にっていう。……それはだから自分のタイムマネジメントをどれだけできるか。別にフリーターやっててもしっかりやってる子は全然、俺、否定しないし、むしろ素晴らしいことだと思うから。別にそれが悪いとは思わないけど、フリーターじゃないといけないとは思わない。

ここで論点となるのが、正規就職することによる時間の問題だろう。先述のフリーターバンドマンたちは、時間の融通が利かなくなることを危惧していたが、正社員バンドマンたちから語られたのは、それとは正反対の認識である。つまり、フリーターであろうと正社員であろうと働いているからには、残りの時間はそれほど変わらないというのである。次のリクは、メンバーの正社員化に伴って、それまでの認識(一二一頁)を大きく転換させた。

リク：むしろ社会人のバンド、こう、働きながらバンドをやるっていうことに対して、フリーターバンドマンより絶対有効に使える時間は多いと思います。そもそも金銭的余裕があって、そのうえで、会社によるかもしんないですけど、基本的に定時で帰れて、その後の時間を自由に使えるわけじゃないですか。土日もある程度って考えると、別に平日のイベントも出ようと思えば出れるわけじゃないですか。そう考えたら、フリーターである必要ってなんやろうみたいな。

では、正社員バンドマンが直面する問題とは何か。たしかに、フリーターバンドマンのような金銭的困難は少ないだろう。バンド活動に充てられる残りの時間もほとんど変わらないのかもしれない。しかし、その時間の使い方、つまりバンドという集団で活動するからこそ生まれる、メンバー間でのスケジュール調整という観点では大きな困難を抱えている。端的にいって、メンバー全員で集まれる時間が限られるため、多少の無理をしたスケジュールにならざるを得ないのである。

――なんか、やっぱフリーターと違って時間的にも縛られるし、みたいなのもあるじゃないですか？

マナブ：ありますね。

――工夫されてることとかあるんですか？　メンバー内でも活動面でも。

マナブ：んー、工夫というよりは、あの、努力してます(笑)。うまくやろうじゃなくて、もう前みたいにうまくできないんで。ちょっと身を削ってでもしっかり。たとえば、僕はいつも一〇時出勤の一九時半終わりの仕事だったりとか、職場が遠いので結構早めの八時ぐらいに出るんですよ、家を。朝八時に家出て、で、その一〇時から一九時半まで仕事しました、そっからまた帰ってくるとなんやかんや二一時になるんですよ。もう、最初に準備しておいて、車に。直接スタジオに向かうんですよ。で、二一時にスタジオ入って四時間入ります、で、一時になるんですよね。一時に終わって家帰ります、シャワーだけ浴びて寝ます。んでまた次の日朝仕事です、っていうのがたまにありますね。……工夫もくそもないですね。力わざで頑張ってるぐらいで(笑)。

マナブは、大学卒業後に正規就職したバンドマンの一人である。他のメンバーも正規就職したため、現在は正社員バンドとして活動している。そんな彼から語られたのは、「工夫」ではなく「努力」によって、「ちょっと身を削ってでもしっかり」やるしかない状況であった。メンバー全員のスケジュールが合うのは仕事が終わってから、自ずと練習は深夜に及ぶ。この「力わざ」によってなんとか活動は維持されていたのである。

正社員バンドマンの語りは、夢追いバンドマンをフリーターに誘う力学がどれほど強いかを物語っている。同時に、かれらの置かれた状況にはフリーターバンドマンとは異なる困難がある。つまり、フリーターのデメリットとして語られる金銭的困難をクリアできる代わりに、そのメリットである時間と場所の共有がやはり難しくなるのである。

バンド活動に充てられる時間の総量は、フリーターでも正社員でも、働いているからにはそれほど変わらないのかもしれない。しかし、本章で重視してきたのは、バンドマンたちがバンドという集団で活動していることであった。つまり、個人レベルでみれば変わらないはずの時間の総量を、いかにして集団で共有するかという点に特有の難しさがあるといえる。そして、それこそが、夢追いバンドマンたちにフリーターでなければならない理由を与えていると考えられる。

5　夢を追うためにフリーターになるか、正社員になるか

本章では、夢を追い始めるにあたって選択される働き方の側面を検討してきた。特に注目したのは、夢追いバンドマンの多くが、積極的にフリーターになっていることである。

この点を考えるうえで中心的な要素になっていたのは、バンドマンがバンドという集団で活動していること、つまり活動形態の集団性である。かれらはバンドという集団で活動するからこそ、メンバー間で時間と場所を共有する必要があり、そのためにはフリーターであることが最も適合的だった。そして、フリーターであることに伴う金銭的困難についても、いくつかの方法で軽減することが可能になっていた。フリーターになる必要性とそれを可能にさせる方法が組み合わさることで、夢を追うために積極的にフリーターを選択し、また維持することができるのである。

加えて、「バンドマンはフリーターでなければならない」という規範も見出せた。文化的にもかれらをフリーターへと誘う力学が存在している。そして、この力学に反するかたちで登場するのが、夢を追う正社員バンドマンたちである。かれらは、必ずしもフリーターでなければならないとは考えていない。しかし、フリーターにならないことへの周囲からの否定的な視線——規範からの逸脱に対するサンクション——はたしかに存在する。そして、バンドという集団で活動するからこそ、メンバー間での時間と場所の共有に困難を感じていた。仮に時間の総量が等しくても、それを集団で調整する際に限界が生じやすいのである。

以上の検討から、バンドマンの夢追いの特徴として「活動形態の集団性」が指摘できる。夢追いとは極めて個人的な営みのように思える。しかし、かれらはまさにバンドとして活動するがゆえに、その夢追いにも特有の集団性が帯びることになる。したがって、集団での夢追いを可能にさせてくれる特定の働き方、すなわちフリーターが積極的に選択・維持されるのである。

このとき、バンドマンにはさまざまなアクターが影響を及ぼしている。それを腑分けするならば、バンドマンを中心にして次のように考えることができる。まず、同じバンドに所属するメンバーがいる。ともに活動するからこそ、かれらとの相互行為が最も基底的に「どのように働くか」を方向づけている。次に、多くのバンド仲間がいる。かれらとの相互行為もフリーター選択を促すうえで重要な役割を果たしている。そして、最後に「組織／環境レベル」の要因である。「バンドマンはフリーターでなければならない」という規範や、金銭的負担をメンバー内で分散させるバンド単位での料金システムがある。こうした重層的な構造こそが、本田(二〇〇四)の指摘する「特殊労働市場要因」の中身であり、バンドという個別事例に基づく〈若者文化〉の特徴であるといえよう。

こうして、〈若者文化〉はバンドマンたちの夢追いの選択を導いている。次章では、さらに夢追いライフコースの段階を進めていきたい。夢を追い始めたバンドマンたちは、その後どのようにして夢を追い続けるのだろうか。

(1) フリーターとは、「フリー・アルバイター」の略称で、一九八〇年代後半に、アルバイト情報雑誌『フロム・エー』によって造られた言葉である。「念頭に置いていたのは、何らかの目標を実現するため、あるいは組織に縛られない生き方を望んで、あえて正社員ではなくアルバイトを選ぶ若者」であった(小杉 二〇〇三：一)。当初はまさに夢追いフリーターを想定して、あくまでも肯定的に語られていた。

(2) 繰り返すように、若者文化の影響がまったく明らかにされていないわけではない。「地元つながり文化」(新谷 二〇〇二)のように、本書とは異なる側面から取り上げられている。

(3) バンド活動を優先させるために、アルバイトを変える者やアルバイトをやめる者もいる。マサは、「遠征とか行って、東京行ったらもう二日休みもらう」中で、バンドメンバーからは「(バイトを)減らしてっていわれる」。仕方がないから減らすと、今度は「お金もカツカツだし、それでも時間がカツカツ」である。「そのうち生活スタイルを変えないとだめだと思」うようになり、バンドのスケジュールに合うようにアルバイトの時間だけでなく、アルバイトそのものを変えていった。

(4) 調査当時、ハルマが大学生であったことも踏まえる必要がある(学業によってアルバイト時間が制限される)。ただし、それでもほかのフリーターバンドマンたちと同じく金銭的負担の大きさを感じている点に変わりはない。

(5) ノルマ代は、ライブハウスの使用料から導かれる。たとえば、一晩の使用料が一〇万円のライブハウスの場合、出演バンドが五バンドとすれば、一バンドあたり二万円となる。チケット代を二〇〇〇円に設定すると、単純計算で一バンド一〇枚、二五〇〇円だと八枚がチケットノルマとなる。ノルマ以上の集客ができればバンドに利益が生まれ、それ以下の場合は不足分をバンドが支払うことになる。なお、イベントの種類や誰が企画をしたのかによってもノルマの枚数は変わるため、一概にいえない部分もある。ノルマ制度の詳細については、宮入(二〇〇八)を参照されたい。

(6) このことは、本書の研究参加者たちが比較的規模の小さいライブハウス(一五〇~二五〇人程度)で活動していることとも関係しよう。より規模の大きいライブハウスになると、それだけ収容可能人数が増えるため、ノルマ数も多くなる。

(7) ただし、この点には時限性がある。すでに述べたように、バンドマンたちの抱える金銭的負担の総量は決して無視できるものではなく、バンド活動で収益があがるようになるなど、何らかの変化が起こらなければ、フリーターを維持することや夢を追い続けることは難しくなる。詳細は第Ⅳ部で検討する。

(8) かれらの多くが、大学生であることも関係している。学業があるためアルバイトに時間を割けず、収入が少なくなりやすい。かつ、かれらの保護者は相対的に若く、稼得年齢にあると想定される。よって、収入が少なく金銭的負担が多い中であっても、実家に生活基盤を置くことで活動が続けられると考えられる。

(9) ここで「共有する」と表現したのは、実家で暮らすバンドマンの多くが、アルバイト代の中から生活費を収めているからである。むしろ、家にお金を入れることを条件として、実家での生活が許されている場合がほとんどである(学生バンドマンも例外ではない)。

Ⅲ　夢を追い続ける

第4章　夢の中身と語り方——夢を変えて追い続ける

1　バンドマンはいかなる夢を追うのか

——バンドをどうしていこう、みたいな話とかあるんですか？
ダイキ：そこはね、最初（筆者に）話したときからぶれてない。ワンマン（ライブを）やって、しっかり（バンドを）動かしていけるといいよねって。それが達成したら次の目標になるしね。
——今、そこに向けてみたいな？
ダイキ：何か、売れる売れないとかよりも、続ける続けないのほうが大事だと思うし。
——ああ、続けるの大変ですもんね。
ダイキ：うん。売れる売れないとか考えないな、あんまり。最近は。

ここまで十分に触れてこなかったことがある。それは、バンドマンたちがいったいいかなる夢を追っているのかという点である。本章では、かれらが何を将来の夢とし、それをどのように語るのかという観点から、夢が追い続けられていくメカニズムの一端に迫りたい。

その手がかりを得るために、冒頭のダイキ(二六歳)[1]の語りに着目しよう。そこには、研究参加者たちの夢の中身と語り方の特徴が端的に示されている。

ダイキは、家族からの根強い反対を受けてフリーターから正社員へと移行し、現在は社会人バンドで活動している。大学卒業後にメンバーの変更や活動の停滞などさまざまな転機を経てきたが、バンドの向かう先は「最初(筆者に)話したときからぶれてない」という。

注目したいのは、「売れる売れないとかよりも、続ける続けないのほうが大事だと思うし」と、「売れる」と「続ける」を対比的に語っていること、「ワンマンやって」、「それが達成したら次の目標になる」と夢を段階的に捉えていることである。これらをヒントにしながら、研究参加者たちの夢の中身と語り方をみていこう。

2　夢の中身が変わる

(1)「売れる」から「続ける」へ

ダイキが「売れる」と「続ける」を対比的に語ったように、バンドマンたちの夢には、大きく分けて、「音楽で売れる」ことに力点を置いたものと、「音楽を続ける」ことに力点を置いたものとがある。前者は、音楽を社会的・商業的成功のための手段とみなすものであり、後者は、音楽をすることそのものに目的がある。この二つの夢は、次のサトシ(二一歳)のように、同時に語られる場合もあった。

――今、バンドとしては、どういう夢っていうか、最終到達点みたいなのは？

サトシ：僕というか、メンバーもですけど、まあ、最終的には僕かな。僕の夢は、ドーム（で公演を）やれるぐらいのバンドになることが本当に最終的な目標で、続けられるもんなら音楽をずっと続けていきたいっていう。「音楽で食っていきたい」っていうのはみんなも思ってると思います。

しかし、本章で重要なのは、「売れる」か「続ける」かをめぐって、バンドマンの間で語られる夢の中身に違いがみられたことである。より正確には、年齢を重ねるにしたがって、「売れる」から「続ける」への変化が確認された(2)。たとえば、本書の研究参加者の中で最も若いハルマ（二〇歳）は、自身の夢を次のように表現する。

ハルマ：自分たちがいつも、僕が特に思うのは、もう売れるか売れないかだけでいいんですよ。自分の中の音楽人生、本当に売れるんだったらメジャーの一線で売れたい。もうそうじゃないんだったら、はなから諦めたほうがいいと思うんで。中途半端に売れるのは別に望んでないんですよね、自分の中で。

ワタル（二一歳）も、自身の「野望」を次のように語る。その内容は多岐にわたるが、いずれも「音楽で売れる」ことを前提にしている点で共通する。

――将来像というか野望みたいなのはある？

ワタル：めちゃめちゃありますよ。野望は、まずギターがプロレベルになって、ギターとしてはもう大好きなプロのバンドの人たちがいっぱいいるんですけど、そういう人のライブにゲストで呼んでもらって。で、自分専用のスタジオ作って、バーカウンターも作って。いつでも音楽やりながら、お酒も飲めるし、たばこも自由に吸えるしってところを作って、常に音楽漬けの生活がしたい。後は、今日もちょうどメンバーと「金持ちになりてえな」って話してて。「バンドで売れたら二人でハーレー買ってツーリングしようぜ」って(笑)。

一方、年齢を重ねたバンドマンたちから語られたのは、「音楽を続ける」という夢である。「音楽で売れる」という夢は、先のダイキのように語られなくなる。しかもそれは、同一個人内での変化としても指摘できる。レン(二七歳)は自身の夢を次のように語った。

――じゃあ今さ、バンド活動は売れたいとかではないの？

レン：じゃないね、俺はね。できるだけ上には行きたいみたいなところはあるんだけど、何か、ライフワークみたいな感じになって。自分たちが良いと思ったものを作り続けるだけみたいな。……いつも根底は同じなの。自分たちが良いものを作り続けたいと。で、売れたいっていうのでがむしゃらにやってたけど、売れないってのがわかり始めて。この音楽は求められてない、今の時代にね。じゃあどうしようかなって。前のバンドが解散して考えたときに、でも媚びた音楽やるぐらいなら、もうやめようかなと思うから、売れなくてもいいから必要としてくれる人に届けられるようなバンドをやりたい、続けたい。前のバンドのときは、ずっと理想を追い求めてたけど、今は何か現実的なところで。「こうなりたい」みたいなワクワクじゃなく、目の前の人が「やっぱいいよね」っていってくれる幸せを大事にしたいって感じかな。

ここでは、次のような変化が語られている。まず、「自分たちが良いものを作り続けたい」という「根底」は変わらない。しかし、前のバンドのときは「売れたいっていうのでがむしゃらにやってた」が、「売れないってのがわかり始め」た。ゆえに、「売れなくてもいいから必要としてくれる人に届けられるようなバンドをやりたい、続けたい」に変わる。まさに「音楽で売れる」から「音楽を続ける」へと変化したのである。

その一方で、レンが「音楽で売れる」という夢を完全には捨て去っていない点も重要である。「できるだけ上には行きたい」という思いも持ち続けている。では、「音楽で売れる」と「音楽を続ける」はどのような関係にあるのか。レンの語りを再び引用しよう。

レン：バンドを続けたいっていう俺の目標を叶えるためには、売れないと続けられないっていうのがあるわけだから、だから売れようと思ってるみたいな。

――目標があって目的があるとしたら、目標はバンドを続けることで、目的になるイメージ？

レン：そうだね、そうだね。

――その目標を達成するためには。

レン：そうそうそう。バンドを長くやるには売れなきゃキツイよねっていう。

バンドを続けるためには、「売れないと続けられない」。「だから売れようと思ってる」。このように、二つの夢は連続するものとして捉えられている。したがって、「音楽を続ける」という夢を語りながら、「音楽で売れる」という夢も決して手放されない。夢の力点が移り変わる中で、「音楽を続ける」という夢が前面に語られるようになっていくのである。[3]

(2)「やりたいことをやっているだけだ」

もう一つの変化の方向性として、「やりたいことをやっているだけだ」と主張する者たちがいる。たとえば、かつては「本当にバンドを売り物にしようとしてました」と語るリク(二六歳)も、現在では次のように考えを改めている。

リク：僕は、何だろう。何をもってして売れるとか売れないとか、そういうところとか、すごい日本っぽいというか。日本の音楽シーンで、すごいそうなってることが多くて。「別によくない？」みたいなところまで来ちゃってるんですよ、正直いうと。もちろん、やっていった先で、好きな人が増えてくれたりとか、大きいところでやれるようになったりとか、全国まわれるようになったりとか、それこそ音楽一本で食えるようになったりとかしたら、それは一番いいんですけど。でも、別に食うことを目標に音楽をやってるわけではなくて、ただ音楽がやりたくて音楽をやってる節がやっぱあって。そういう話をメンバーとめちゃくちゃしてます。

マサト(二五歳)も筆者の夢追いという見方に疑問符をつけながら、次のように語った。

——いや、大変だよね、バンドって。話を聞くたびに思うわ。

マサト：うん。それこそ可能性って何みたいな。野村さんの論文(4)でもありましたけど、すごいアバウトじゃないですか。僕もほんと○○さん(ライブハウススタッフ名)に会うまでは同じような状態だったんですけど、ちゃんとやっとけば運さえ良ければ上にいけるものだとは思いますね。……それに僕は、夢見るとかじゃなくて、なんだろ、俺がやりたいと思ったからこそ、だからやってるだけで。ただ売れる売れないは結果なだけであって、やりたいからやってるわけだから。別に今お客さんが五人でも一五〇人でも、たしかにうれしい、気持ちは変わりますけど、そこに対してあまりスタンスは変えないですね。

音楽で売れるためにバンド活動をしているのではない。自分のやりたいことをやっているだけだ。かれらは共通してこのように語る。そして、ここでも重要となるのが、先ほどと同じく「音楽で売れる」という夢の位置である。音楽で売れたいからバンド活動をしているのではない、とはっきり述べるかれらにとって、「音楽で売れる」ことは、あくまでもバンド活動をしていった先の「結果」として捉えられている。もちろん、「好きな人が増えてくれたりとか、……それこそ音楽一本で食えるようになったりとかしたら、それは一番いい」(リク)。この点で、「音楽で売れる」という夢も完全に否定されるわけではない。しかし、「売れる売れないは結果なだけ」(マサト)であり、夢として目指されるべきものではなくなっている。

(3)「売れる」を追い続ける

「音楽で売れる」という夢を追い続ける者もいる。たとえば、カイ(二八歳)は、年齢でもキャリアでもすでに中堅バンドマンに属するが、「ほんとに売れる以外考えてない」と、「音楽で売れる」という夢を全面的に語っている。

——今〇〇(バンド名)としては、最終的にどういうふうになっていきたいとか話したりします?

カイ：いや、ほんとに売れる以外考えてないっすね。

——やっぱ、最終的なゴールはそこなんですね。

カイ：そうですね。もう、どうしたいとかはないっすね。

また、コウジ(二四歳)の語りからは「音楽で売れる」という夢の具体的な中身について知ることができる。「意外にいなくないですか? そうやっていう人」とあるように、二四歳のコウジの周りには、すでに「音楽で売れる」という夢を語り続ける者が少なくなっていることも示唆される。

――最終的にこうなりたいとか目標みたいなのはあるの?

コウジ:Mステ(番組名)出たいですね(笑)。あとドラマの主題歌とかやりたいですね。映画の主題歌とか。意外にいなくないですか? そうやっていう人。

――たしかにいないね。

コウジ:なんかみんなアングラ系に行こうとするじゃないですか。謎じゃないですか(笑)。普通売れたかったら、売れたいって思ったらそっちじゃないですか。……たとえば、○○(バンドマン名)とかはバンドマンに憧れてる感じです。結構バンドマンっていったらこう、なんていうか、ギリギリで生きてますとか、俺そういうのどうでもいいんで。かっこいい曲をやって、みんなに聞いて欲しいですね。自分で作った曲を。バンドが好きな人だけじゃなくて。

このように、「音楽で売れる」という夢を持ち続けるかれらであるが、その変わらなさのみを強調するのでは、実態を見誤ってしまう。なぜなら、同じ「音楽で売れる」であっても、その含意は質的に異なっているからである。トオル（三一歳）も、「音楽で売れる」という夢を語り続ける中堅バンドマンの一人である。

――バンドとしてはどういう方向性に今向かってるんですか？

トオル：バンドとして、今、やっぱちゃんとね、大きいステージでやって、メジャーよくよく出たいよねって話はしてるけど、ただ単にこう、まあ、ひたすら模索だよね。だから他のバンドさんも一緒だと思うけど、どうやったら売れるかってことしか考えてないわけで。

トオル：もがけばもがくほどいいってわけじゃなくて、ちゃんとどうなりたいのかっていうのをまず一個前提に置いて、そうなるためには、ここをまずいついつにクリアして、いついつCD出して宣伝して、で、事務所入ってないなら、自分たちで広告に連絡して。それこそね、ライブハウスの対バンとかで、「あ、この人たち好きな音楽やってる」とか、その人のワンマンとかのビラ配り(5)に行くとか。で、「QR(6)に音源載ってますよ、よかったら聴いてください」。それか、サンプルCD刷りまくって。今やってる人全然いないもんね。今やればやるほど絶対効果あるはずなのに。人集まってるわけだから、そこに。集まってるとこに狙い定めて行かないと。闇雲にライブハウス行ってビラまけっていってるわけじゃなくて。……やっぱそこまで徹底してやってかないと。それが一歩広がるきっかけになるかもしれないし。

トオルは、「音楽で売れる」ために必要なことを指摘している。つまり、「音楽で売れる」といっても、単に「もがけばもがくほどいいってわけじゃな」い。「ちゃんとどうなりたいのかっていうのをまず一個前提に置いて、そうなるためには、ここをまずいついつにクリアして」と、その夢を実現するためにするべき事柄を段階的に達成していく見通しが語られている。「そこまで徹底してやってかないと」という語りからも、彼が単に「音楽で売れる」という夢を語るのではなく、具体的かつ段階的なプロセスを想定してそれを語っていることがわかるだろう。このことは、先に示した若手バンドマンたちの「音楽で売れる」という夢にはみられなかった特徴である。

以上、本節ではバンドマンたちの夢の中身を検討してきた。かれらの夢は、「音楽で売れる」から、「音楽を続ける」「やりたいことをやっているだけだ」「(具体的なプロセスを想定した)音楽で売れる」へと変化している。まずは、夢が決して一枚岩ではなく、多様な変化の方向性を含んで存在していることを確認しておこう。

そのうえで、もう一つの論点へと進みたい。それは、かれらが自身の夢をいかなるかたちで語るのかという語り方への着目である。たとえば、冒頭でダイキは、「ワンマンやって」、「それが達成したら次の目標になる」と語っていた。こうした具体的かつ段階的なプロセスとして夢を語るのは、直前のトオルも同様である。次節では、何を夢とするかだけでなく、その夢をいかに追求するかというビジョンの中にも、バンドマンによる違いと変化が確認できることを明らかにする。

3　夢の語り方も変わる

(1)具体的で段階的な夢の語り方

ダイキ(二五歳)は、別の箇所で自身の夢を次のように述べた。ここでの焦点は、彼が「売れる売れない」に対比させて何を語ったかである。

――流行りとかってやっぱ敏感になりますか？　バンドやってると。

ダイキ：俺はあんまりないかな。売れる売れないとかそもそもあんまり考えてないから。

――今って何を考えてやられてるんですか？　売れる売れないではなく。

ダイキ：あー、なんだろうな。そういうことあんま考えてないな。なんか目標達成に向けて日々頑張る。やることやる。で、目の前のこと一つ一つ片付けるってことをやってるかな。良くないと思うけどね。大勢をみてないから。大きな目標があるにせよ、そのための一歩一歩をただ今やってるってだけかな。目の前の一歩一歩を片付けていったら次第に大きなところに行けたらいいよねって感じかな。

遠い未来ではなく、もっと近い現在の時点においてやるべきことを一つずつクリアしていくイメージが語られている。「目の前の一歩一歩を片付けていったら次第に大きなところに行けたらいいよね」と、その先に夢の実現が想定されていることもわかる。

その一方で、若手バンドマンたちの語り方はより直球である。つまり、「音楽で売れる」という夢を臆することなく語るのである(シンジとハルマはともに二〇歳)。

——最終的には売れるっていうのが最大の目標で、みたいな?

シンジ：そうですね。でも、他のバンドと違うのは、売れるっていうところが、全然今の邦楽シーン、「ゲスの極み乙女」とかぐらいまで売れるよりも、もっと売れる。本当にドームでライブするぐらいまで売れたいっていう。

ハルマ：そう。スタジアムバンドになりたいんです、自分たちは。

シンジ：何十万人集めれる、本当にその時代のバンドになりたいっていう。

ハルマ：逆にそれ以外はもう、まったくみてない。

以上を対比させるならば、シンジとハルマが一足飛びに「音楽で売れる」という最終地点の夢のみを語っているのに対し、ダイキはより現実的に、現在の活動とその積み重ねにおいて夢を実現していく見通しを語っていることがわかる。言い換えれば、自身の夢を語る際に、若手バンドマンは将来に力点を置いて語りを展開するのに対し、中堅バンドマンは現在に力点を置いて、そこから将来までの道筋を展望するような語り方をしているのである。

後者について、もう少しみてみよう。「音楽で売れる」という夢を追い続けるリオ(三二歳)は、次のように述べた。

リオ：俺の中で一個目標があって、○○(バンド名)が大好きで、Zepp[7]にライブをみに行ったんですけど、そのときの衝撃が忘れられなくて。「ああ、俺もあのステージからこっち側(＝客席)みてみたい」ってのが、結構バンドの衝動としてあって。……だから、まずそこまで行けたら、俺ん中では目標は達成。そっからどういうふうにつながってくか。じゃあ武道館みてみたいとか、さいたまスーパーアリーナの満席をみてみたいとか、ドームツアーしてみたいとかっていうのに、たぶんつながってくのかもしれないけど、俺の中で一番明確にみえるのは、Zeppをソールドアウトさせる。正直まあ、Zeppをソールドアウトできたら、別に武道館みえるんですよね。だから行っちゃうだろうなみたいな。武道館は行こうと思うんだろうなと。

夢そのものの内容は、「スタジアムバンドになりたい」と語るハルマたちとそれほど変わらない。しかし、リオが強調するのは、まず「Zeppをソールドアウトさせる」ことであり、「武道館」などのより規模の大きいステージについては、その先のこととして明確に位置づけられている。このことを、レン(二四歳)は「一段上に登っていないのに三段上の景色なんてわかんないじゃん」と表現した。遠い未来ではなく、より近い現在に視点があることがわかるだろう。

――何歳までにどうしたいみたいなプランというか。

レン：んー、正直そこまでないかな。なんかね、いろんな人とも話して、いろんな意見を聞くと、やっぱり狙ってできるもんじゃないよね、バンドなんて。ほんと、運も必要だし、人脈も必要だし。

――そういう話って違うバンドマンの人とかライブハウスの人とかってこと？

レン：そう。だから、あんまりそうやって全部ガチガチに固めちゃうと楽しくなくなっちゃうっていう。

――目先の目標を一個だけ決めて向かう、みたいな？

レン：そう。だって一段上に登っていないのに三段上の景色なんてわかんないじゃん。それと同じ感じで、とりあえず登ったらどんな感じかなみたいな。

このように、中堅バンドマンたちは、具体的かつ段階的に夢を捉え、より現実的なプロセスで夢を語る。かれらがみているものとは、ずっと先の将来ではなく、それに連なるより手前の、目の前にある一つ一つの乗り越えるべき課題である。それらを達成していくことで、結果として大きな舞台への入り口が開け、「音楽で売れる」をはじめとする各自の夢が実現できると考えられている。

(2)「夢の実現には時間がかかる」

それに伴って獲得されるのが、「夢の実現には時間がかかる」という認識である。一足飛びに自らの夢を実現できるわけではなく、一つ一つの積み重ねが大切である以上、夢を実現するには必然的により長い時間が必要になってくる。

――バンド始めたころに「将来こうなりたい」って考えてらっしゃったと思うんですけど、それと今考えてることとって一致してますか?

タクヤ:してないかも。

――最初どんなことを思って始めたんですか?

タクヤ:最初はもっと早く売れるかなって思ってた。やり始めたときだよね? 二年くらいあれば売れるかなと思ってたよ。

――今はどんな感じですか?

タクヤ:今いるのは、もうすぐ売れるんだろうなってとこなんだけど、こんな時間かかったかって思う。

タクヤ(三一歳)は、調査時点でメジャーデビューを目前に控えていた。当初考えていた以上に、今の地点に到達するまでに時間がかかったと述べられている。タカ(二七歳)も、今後の活動に関する見通しの変化について次のように語った。

タカ：まあいろいろ、それこそ、ね。二七歳になっちゃいましたけど、三年後のことを考えて。別にすぐさまなれたら一番万々歳ですし、一年後すごくなってたらそれに越したことはないっすけど、もっと長いスパンで、三年後五年後っていうスパンで考えていくのもありなのかなって。ゆっくりやるわけじゃなくて、ちゃんと準備というか。

「一年後すごくなってたらそれに越したことはない」。しかし、「もっと長いスパンで、三年後五年後っていうスパンで考えていくのもありなのかな」と思うようになった。より長い時間をかけて活動していく見通しが獲得されたのである。

このように、バンドマンたちは夢の中身だけでなくその語り方も変化させていた。そのうえで、次に検討すべきは、これらの変化の背景であろう。実際、若手バンドマンに顕著だった、「音楽で売れる」という夢を臆することなく語る姿は、中堅バンドマンでは一切みられなくなる。なぜ「音楽で売れる」という夢を追わなくなるのか、なぜ具体的・段階的に夢を語るようになるのか。これらに答えることで、夢の中身を変え、夢の語り方を変えながらも、しかしだからこそ夢が追い続けられるメカニズムを明らかにしたい。

4　夢の変化の背景

(1)バンド仲間の選択的参照行為

ここで着目するのは、ライブハウス共同体の存在である。第Ⅰ部では、夢追いの選択に際してライブハウス共同体の影響を指摘したが、夢追いの維持には、それにも増して顕著な影響が確認できる。なぜなら、学校を離れた者たちには、ライブハウス共同体がほとんど唯一の準拠集団になっているからである。実際レンは、段階的に夢を語る際に、「なんかね、いろんな人とも話して、いろんな意見を聞くとやっぱり狙ってできるもんじゃないよね、バンドなんて」と述べていた。こうしたライブハウス共同体における、特にバンド仲間との相互行為は、かれらに夢の中身や語り方を変えさせる重要なカギになっている。

かれらの周りにはどのようなバンド仲間がいるのか。まず指摘できるのは、実際に夢を実現していく者たちである。その数は、おそらく私たちが想像する以上に多い。音楽事務所に所属したり、メジャーデビューをしたりする者がほんの身近に存在している。

——周りでメジャーデビューした人とかいない？　売れてきたみたいな。

ヒロキ(二三歳)：○○(バンド名、以下同)は何回か一緒にやったことある知り合いだったんですけど、今すごいですね、売れてますけど。あと、○○。一応、メジャーデビューしたんですけど、ボーカルが僕と同い年で○○くんっていう。○○ってバンドやってて、それもメジャーデビューしたんで。でもあんまり、そんなに知名度は上がってないですけど。最近は特に多いですよね。

ただし、言うまでもなくこうしたバンド仲間ばかりではない。もう一方には、夢を実現できないでいる者がさらに多く存在している。このことをレン(二四歳)は、自身のライブハウスでのアルバイト経験を踏まえて次のように述べた。イベントで設定されたノルマを達成できるバンドですら少数派なのである。

レン：俺もライブハウスで働いてるからわかるけど、ノルマ達成できるバンドは、ほぼいない(笑)。

――そういう状態でもやり続けるのって、どういう心境なの？

レン：んー、それこそほんと最近気づいたんだけど、その、待ってるんだよね。

――ん？　何が？

レン：俺たちが。なんか、そこでライブをすることによって何かが変わるかもしれないっていう想いがすごい強いの。で、そこにいるお客さんをとれるかもしれない、みたいな気持ちはすごいあるんだけど、実際そこにいるお客さんは、だれかのバイト先の友達だったりとか。……だから、バンドなんてさ、結局、これやったら売れるかもしれないっていうのが始まりなわけじゃん。すべて妄想なわけよ。自分の中ですごいストーリーを作っちゃって、でも現実とはかなりかけ離れてるみたいな。ライブハウスになんてお客さんまったく来ないし。妄想のレールの上をかなり行くような生活をしてるから。

一方には夢を実現していくバンド仲間がおり、もう一方には夢を実現できないでいるバンド仲間がいる。こうした状況において、バンドマンたちはかれらをどのようにみているのか。そこには対照的なまなざしが確認できる。

まず、夢を実現していくバンドマン仲間は、積極的に参照される。かれらとともに活動してきたという事実が、「次こそは自分たちが」とさらに夢を追い続ける動機を与えるのである。

――○○と○○（いずれもバンドマン名）は年下だっけ？

ハルカ（二一歳）：あ、同い年です。もう唯一のっていうぐらい。

――同い年、あんまいない？

ハルカ：いないです。でも、今、○○（バンド名）めっちゃいってる（＝注目されている）んで、燃えますけどね。

――やっぱ意識するんだ。

ハルカ：いや、しますよ、そりゃあ。でも、うれしいですけど。○○が売れてって、「やってくれ」っていうのはありますね。だから、「自分たちも頑張ろう」って。それはもういいライバルでもあるんで。

では、夢を実現できないでいるバンド仲間はどうか。ここでは、夢を実現できずにバンド活動から撤退していった者たちの影響を考えよう。バンドを解散させたり、やめたりしていくバンド仲間が数多くいることをカイト(三二歳)は語っている。

――わりともう長いことやられてて、バンドの解散とか、あとはほんとに音楽やめちゃった人とかもいるんですか？　周りで。

カイト：ああ、たくさんいる。全然いる。

――もうギター弾きません、歌いませんみたいな。

カイト：もいるし、楽器とかを売っちゃったとかもいるし。まあ、自分一人でやるって人もいるし。で、主としてやらなくなった人も全然いる。だからそういうのをみてきたのもあるし、「せっかく上手だったのにもったいないな」ってのもあった。

こうした状況において、バンドマンたちは、かれらを自分たちとは切り離して考えている。レン(二四歳)が率直に語るように、たとえ仲のいいバンドが解散し、夢を諦めていったとしても、あくまでもそのバンドの出来事として捉えることで、引き続き夢を追い続ける展望を語るのである。

――〇〇が解散して〇〇も解散して（いずれもバンド名）、レンたちに近い人が解散しだしてるじゃん。

レン：そうなんだよね。

――そういうのって、俺らのバンドも、みたいに考えることとかあるの？

レン：んー、そこはあったほうがいいのかもしんないけど、ぶっちゃけいうと、俺自身があんまバンドを解散させるつもりがないから、そこで揺らぐってことはほぼないかな。だれかがやめるってなっても、解散はないかもしんないね。俺がやめない限り。

このように、バンドマンたちは、夢を実現していくバンド仲間を積極的に参照してさらなる夢追いを語り、夢を実現できなかったバンド仲間については一線を引くことで自分たちは夢を追い続けると語る。参照すべき相手を選択し、かつそれぞれに異なる意味づけを与えることで、結果としていずれも夢追いの維持が導かれる。このことを本書では、「バンド仲間の選択的参照行為」と呼ぼう。特に、後者の存在はかれらに夢追いを立ち止まらせそうだが、自分は自分、他は他と捉えることで巧みに回避されていた。夢を実現していく者たちを積極的に参照して、自分たちの可能性を語るのとは対照的である。

(2) 夢を実現できないバンド仲間がもたらす夢の変化

ただし、夢を実現できないでいるバンド仲間の影響がまったくないかといえばそうではない。

特に、バンド活動から撤退せずに夢を追い続けているバンド仲間については、別の意味づけがなされている。そして、これこそが、かれらが夢の中身を変え、夢の語り方を変える直接の背景になっている。ケント(二八歳)の語りからみていこう。

ケント：やっぱ歳をとっていくにつれて、俺さ、長く音楽やる人がそんなに好きじゃなかった。なんか、一〇代のころに抱いてた理想は、もう二四、五歳ぐらいで、やっぱり一回有名になってるだろうなって思ってた。でもなんか時代背景とか、いろいろなこと考えて、自分の描いてた音楽がたぶん時代に合わないってことがどんどんあって。〇〇(バンド名)がそれですごい苦戦してたんだと思う。今でいうと、ああいうの人気あるかもしれないけど、ほんとに俺、先輩だったからさ、すっごい痛いほどわかるしさ。〇〇(バンド名)もそうだし。ああいうのってやっぱ、アクの強いバンドマンは絶対その局面にぶち当たる。

ここで参照されているのは、「苦戦」を強いられた先輩バンドマンたちの姿である。今でこそ人気のあるバンドが「時代に合わない」という理由で売れていなかった当時について触れられている。

夢を実現していった者たちの、夢を実現できないでいる下積み時代に言及したバンドマンは多い。しかしそれと同時に語られたのが、本来であれば夢を実現できるだけの実力がありながら、そうはなっていない者たちの存在である。タカ(二七歳)は、「普通にメジャーバンドよりうまい」にもかかわらず、「上に行けない」バンド仲間について指摘している。

——周りで有名になった人とかいるんですか？　バンドの知り合いとかで。メジャーデビューするとか、事務所に入るとか。

タカ：それこそ、○○（バンド名、以下同）だったり、○○だったりとか。あと、○○の○○くんとかは仲良くしてくださったり。○○とは対バンしたことはありますけど、ちゃんと面識があるわけではないです。でも、なんとなく対バンしたり、仲良いわけじゃないけど、出ていった方はたくさんいます。

——そういう人たちとライブやってた経験ってすごいですね。

タカ：悔しいけどね（笑）。まあでもやっぱり、出ていくバンドは、もうその前から兆しがありましたね。でもいってもあれじゃないっすかね。○○さん（バンド名）とか、めっちゃすごいと思うんですよ。普通にメジャーバンドよりうまいと思ってるんですけど、でもやっぱり上に行けないものがあるっていう。なんか、ね。「○○さんでなんでバイトせなあかんのだ」って思ったりしますもんね（笑）。

——名前だけで客とれる人たちじゃないですか。

タカ：ね。「どっから音楽だけで行けるんだろう」って思ったりしますよね。何その境線？　みたいな（笑）。僕らがまだ知らんだけで、メディアにいっぱい出てるやつらでも、きっとバイトしてるやついるんだろうなって思います。厳しいっていいますからね。

ここで述べられているのは、「音楽で売れる」ことの実現困難性である。研究参加者の周りには、人気も実力も兼ね備えた売れるべきバンド仲間が数多くいる。にもかかわらず、そんなかれらですら売れていかない。しかも、実際に音楽で売れた者たちにも、相当な下積み時代があり、かれらですら陰でアルバイトをしているかもしれない。

こうした状況を前にして、バンドマンたちは本当の意味で「音楽で売れる」ことの難しさを知る。そして、それゆえにこそ「音楽で売れる」という夢を純粋に追えなくなっていく。つまり、「音楽で売れる」ことの実現しがたさを悟って、「音楽で売れる」という夢を堅持できなくなるのであり、別のかたちでバンド活動を続ける方途を探した結果として、まずは「音楽を続ける」ことを目指したり、「やりたいことをやっているだけだ」と「音楽で売れる」という夢を掲げなくなったり、具体的で段階的なプロセスを設定して、より現実的に夢を追おうとしたりするのである。次のトウマ(二八歳)の語りからも、売れてしかるべきなのに売れないバンド仲間を参照して、夢の中身や語り方を変えていることがわかるだろう。

——もともと音楽で売れるっていう目標は持ってたんですか?

トウマ：もちろんもちろん。それありきでやってますね。

——今もそのままというか、変わらずというか。

トウマ：そうですね。まあそれも難しく、何ていうんやろ、どんだけかっこよくても、どんだけうまくても、売れない人は売れへんし、こんだけやってきてたら、なんでこのバンドが売れないねんっていうバンドがいっぱいいいて。……それが一バンドマンとして、仲間でこんなにかっこいいやつらが売れずに解散していくっていうのをずっとみてきたんで。ん ー、まあそこに関しては、音楽で飯を食っていく、イコール、昔は単純に、たとえば武道館でやるとかメジャーデビューするとかあったんですけど、そういうのを、まあ一〇年以上もみてると、何が売れるのかがわからないから、音楽で飯を食っていくっていうのにイコールとしてつながるものがわからないんですよ。だから、とりあえず今は目の前のことを、もちろん逆算して、次どうなりたいっていうのは必要なことなんで、それはしっかり予定を立てて、今とりあえず目の前にあることを全力でやるっていう。

(3)「音楽で売れる」という夢を臆せず掲げられる理由

最後に、若手バンドマンたちが「音楽で売れる」という夢を臆することなく語れる背景についても触れておきたい。まず、ヒロキ(二三歳)やハルカ(二一歳)が語っていたように、かれらの周りにも夢を実現している者たちがいる。特に同世代のバンド仲間が売れていく姿は、かれらにも「音楽で売れる」という夢が追求可能であると思わせるには十分である。

加えて、紛れもないかれら自身の経験が、夢を語る背景になっている。かれらは、何の根拠もなく夢を語っているわけではない。むしろ、「音楽で売れる」という夢を語れるだけの経験を積み重ねている。

たとえば、音楽事務所から直接声をかけられることがある。ナオト（二二歳）は、調査時点で、ある音楽事務所と契約を結んでいたが、それを更新する選択肢のほかに、別の音楽事務所からも契約の話が持ち上がっていた。

ナオト：一応、○○（事務所名）がダメになったとしても、あと二つぐらいあって。一つは○○（事務所名）。わかんないっす。なんかでも、新人発掘みたいな感じで、あんまりそんな大きい話ではないと思うんですけど。とかあと、○○（バンド名、以下同）ってわかります？

――あー、わかるわかる。

ナオト：の、事務所のマネージャーの方から名刺いただいて。なんか、○○の後輩バンドみたいな。○○を今すごいプッシュしてるから。

――すごいよね、あれね。

ナオト：はい（笑）。猛プッシュしてるから、その、デビューしなくても○○の弟分のバンド的なのを作りたくて、君たち年齢的にもばっちりだみたいなことといわれて。まあでも、○○（事務所名）と今契約の話があるんでっていって、ちょっと保留みたいな感じです。まあでも、やっとです、そういう話も。ほんとに今まで全然、ずっと自主だったんで。

アツシ（二一歳）は、調査時点で事務所に所属していなかったが、それに向けた準備が着々と進められていた。「音楽で売れる」という夢が実現可能なものとして立ち現れていることがわかる。もちろん、こうした経験がすべての若手バンドマンに当てはまるわけではない。しかし、周囲と自身の経験の両面から、「音楽で売れる」という夢を目指すに足る根拠を得られている者がいることもたしかである。

——レーベルの人とか事務所の人とかから声かけられてないの？

アツシ：一応、声かけられたというか、お話ししたことは何回か。

——今はそういうのはついてない？

アツシ：ついてないです。手伝ってもらってる、○○(事務所名)。○○(バンド名)とか、メジャーだと○○(バンド名)とかがいる。知ってます？

——わかるわかる。

アツシ：そこの社長さんが、それこそそこの間見に来てくれて。そういう関わりで、所属じゃないけど、ちょっと面白いことやろうって話、すごいいってもらって。

——でも、どこからか話が来たら、入りたいなとかあるでしょ？

アツシ：あります。今年一年、大人(業界の人)に向けたプロモーションとかを頑張って、来年の今ごろには、どこに入るっていえる状況を作りたいねっていうのはメンバーとも話してて。それに向けて今、来年までの動きを作ろうかなって感じ。

5　夢を変えるからこそ夢が追い続けられる

本章で論じたのは、バンドマンたちの夢の中身と語り方である。いずれも年齢を重要な変数として、バンドマンの間で差異があり、バンドマン個人の中でも変化していることがわかった。具体的には、「音楽で売れる」という夢を臆することなく語る若手バンドマンに対し、「音楽を続ける」「やりたいことをやっているだけだ」「音楽で売れる」を、より具体的で段階的なプロセスとして語る中堅バンドマンという違い、および変化である。そして、この背景には、ライブハウス共同体におけるバンド仲間との相互行為があった。かれらの周りには、実際に夢を実現していくバンド仲間と実現できずにいるバンド仲間がいる。前者を参照してさらなる夢追いの動機を得、後者を参照しないで自分たちは夢を追い続けるのだと語る。こうしたバンド仲間の選択的参照行為によって、夢追いの維持はもたらされているのである。

また、夢を実現できないでいるバンド仲間は、「音楽で売れる」ことの本当の難しさを体現して、バンドマンたちに夢の中身や語り方を変えさせる。「音楽で売れる」という夢を叶えた者たちの売れない時期を知っていたり、実力や人気もあって売れてしかるべきなのに売れていかないバンド仲間を前にしたりして、かれらは「音楽で売れる」という夢を高らかに掲げることができなくなる。そして、こうした状況に対応するからこそ、「音楽を続ける」ことが次なる夢になるのであり、「やりたいことをやっているだけだ」と「音楽で売れる」を前面には語らなくなる。加えてだからこそ、具体的かつ段階的なビジョンも必要になる。夢追いは、必然的に「夢の実現には時間がかかる」ものになるからである。

このように、バンドマンたちは自身の夢の中身を変え、語り方を変えながら、それを追い続けていた。ここでは次のように言い換えることができよう。すなわち、夢の中身や語り方を変えるからこそ、かれらは夢を追い続けることができるのだ、と。

たしかに、「音楽で売れる」というもともとの夢を当時と同じように追い続ける者はわずかである。その意味で、当初の夢追いは頓挫しているといえなくもない。むしろ、その夢を追い続けていたならば、「音楽で売れる」ことの本当の難しさを知って、夢追いは終了していたかもしれない。しかし、その時々の状況に合わせて、夢の中身や語り方を柔軟に変えることができたからこそ、調査をしたそのときまで、夢を追い続けることが可能になっていたのである。夢は変わる、夢を変える、だからこそ夢を追い続けることができる。本章で明らかになったのは、こうした当初の夢を追い続けるのではないかたちで、夢追いの維持がもたらされるメカニズムである。

以上の知見の背景には、ライブハウス共同体における多くのバンド仲間の存在があった。同時に、もう一つ考慮しなければならないアクターがいる。それは、ともに活動するバンドメンバーである。個々のバンドマンがそれぞれに将来の夢を持っているとすれば、それはいかにしてバンドという集団レベルで共有ないし調整されるのか。第3章で明らかにした「活動形態の集団性」にもう一度着目して、個人の夢追いと集団の夢追いが折り重なる過程を、次章ではみていきたい。

(1) 本章の検討では、バンドマンの年齢が重要な変数になるため、語りを引用する際に調査時点の年齢を併記した。複数回調査した者については、その時々の年齢を記した。

(2) ここでの結果は、バンドの経験年数による可能性もある。年齢とバンド経験年数は相関するため、本章では年齢による違いや変化として記述する。

(3) 先に語りを引用したサトシの夢の変化についてもみておこう。一回目の調査では「音楽で売れる」(音楽で食っていきたい)と「音楽を続ける」が同時に語られていたが、二回目調査(二二歳)では「売れることが夢ではない」と前者の夢がきっぱり否定されるようになった。そして、正規就職した後の四回目調査(二三歳)になって、「やっぱ同じのを続けるのが一番なんっすよ」、「難しいんですよ、続けることが」と、「音楽を続ける」ことに完全にシフトしている。ここにも「売れる」から「続ける」への変化が見て取れよう。

(4) 野村(二〇一八)を指す。このインタビューの前に、研究成果物として当該論文をマサトに送っていたため、それへの感想が述べられた。

(5) ビラには、バンドの詳細やライブスケジュールなどが書かれている。かれらは、自分の出演していないイベントも含めて、ビラを用意し積極的に配布するということを行っている。フライヤーと同義(2章注5)。

(6) QRコードを指す。ビラには音源へとアクセスできるQRコードが記載されていることがある。

(7) ライブハウス名。国内に九店舗あり、いずれも大規模ライブハウスとして有名である。リオの語りにあるように、「音楽で売れる」につながり、かつそれを象徴する会場として認識されている。

第5章 夢の調整と破綻——集団で夢を追う方法

1 バンドマンとしての夢追い、バンドとしての夢追い

Ａ：何なんだろうね、バンドって。不思議だよね。あんだけ頑張ろうっていってさ、みんな一丸となってやってきたつもりが一つひび入るともうさ、収拾つかないんだって。何かそれってさ、家族とも違うじゃん。メンバーって家族だなと思ってたけど、家族ではないな。結局他人なんだと思う。だからこそ理解せな、うん。

この語りは、本章で取り上げるバンドZのリーダーAが、バンドZの解散に際して述べたものである。ここには、バンドマンにとってバンドメンバーがいかなる存在であるのかが示されている。Aによれば、「家族」だと思って活動してきたが、結局は「他人」であり、だからこそ「理解」しなければならないという。バンドという集団で活動することの難しさが率直に吐露されている。

本章では、バンドメンバー間の相互行為に焦点を当てて、この集団による夢追いがいかにし

て達成されているのかを検討する。前章でみたように、バンドマンたちにはそれぞれに夢があり、その夢を実現するべく活動しているのであった。しかし、かれらは決して一人で活動するわけではない。第3章で取り上げた活動形態の集団性に改めて着目するならば、かれらはバンドマン個人として夢を追うのみならず、バンドという集団でも夢を追っているのである。

では、この個人としての夢追いとバンドとしての夢追いはいかなる関係にあるのか。本章では、バンドマンたちの夢追いが集団性を帯びる過程を描き出すことで、集団による夢追いを成り立たせる条件について明らかにしたい[1]。

そのために、本章ではある一つのバンドを集中的に取り上げる。バンドとしての夢追いの諸相に迫るためには、他の何よりも、バンドメンバー間の相互行為を詳細に検討する必要があるからである。ここでは、バンドの結成から解散までの経過について、すべてのメンバーにインタビューができたバンドZを対象にする。同バンドのメンバーは、先に示したA(ボーカル、リーダー)のほか、B(ベース)、C(ギター)、D(ドラム)の四名である。なお、本章ではバンドの具体的な編成に踏み込んで検討することから、より一層の匿名化が必要であると考え、本書全体の仮名とは別に、A〜Dの仮名を用いることにした[2]。

2 バンドZの来歴

バンドZは、Aが高校三年生のときに軽音楽部のメンバー三人で結成したものである。当時は、オリジナルの楽曲を制作したり、ライブハウスのイベントに出演したりすることもなく、コピーバンドとして部活動内でのみ活動していた。

その後、大学進学にあたってメンバーの一人が脱退したため、中学時代の同級生であるBと他一名が新たにメンバーとして加わった。この四人体制になって初めて、オリジナル曲を制作したりライブイベントに出演したりするようになる。そして、大学卒業後の進路について考え始める大学三年生になって、AとB以外の二人が就職を選択して脱退した。Aは、Bの「もうやめるか、しっかりやるかどっちかにしたい」という発言を受けて、バンド活動に専念するべく大学を中退し、Bも就職活動を中断して、夢を追う決意をする。両者とも、離学後はフリーターになった。

メンバーが脱退して以降は、サポートメンバーを迎えながら活動を続けた。転機は、二〇一六年の春である。バンドメンバーを募る専用サイトを介して、AとBが数名に連絡をとり、オーディションを兼ねたセッションを経て、最終的にCとDが新メンバーに加わった。筆者がバンドZと知り合ったのはちょうどこのタイミングで、のちにAを介して他のメンバーにも調査協力を依頼していった。

以後、バンドZが解散する二〇一九年まで、フィールドワークとインタビュー調査を併せて行った。なお、調査の限界として、バンドの結成からCとDの加入までの期間については、すべて回顧的なデータになっている。メンバー全員の語りを照らし合わせ、内容に齟齬がないか確認したうえで用いることにする。

バンドZは、ライブハウスでの活動を始めて二〇一六年の時点で約四年と、中堅バンドに差しかかっていた。それは、かれらの出演するイベントからも窺い知れる。当初は、年齢・経験年数ともに先輩のバンドばかりのイベントにトップバッターとして出演していたが、次第に後輩バンドが現れるにつれ、トリを任されるようになった。また、先輩後輩問わず、広くさまざまなバンドからイベントへの出演が打診されるようになる。二〇一九年に出演したのは、ほとんどがバンド企画のイベントか自分たちで企画したイベントであった。[3]

次に、集客面では、バンドZには固定ファンが一〇人ほどおり、ライブハウスのイベントでは一〇〜二〇人程度、自主企画ライブでは四〇〜七〇人程度の集客が可能であった。これらは、ライブハウスのチケットノルマの枚数とほぼ同数であり、[4] ライブスケジュールを計画的に組みさえすれば、赤字を出すことなく活動できる水準にあった。[5] また、かれらは自らの音楽ジャンルを明言することもあるが、基本的には広くロックミュージックであることを重視しており、楽曲のジャンルには多様性がみられる。

次節では、こうした特徴を持つバンドZのメンバーたちが、自身の夢と他のメンバーの夢をすり合わせていく過程をみる。そして、最終的に集団としての夢追いがどのように達成されているのかを検討しよう。

3　互いの夢を共有する

（1）古参メンバーによる夢の共有化――AとB

まず、メンバーそれぞれの夢の中身について確認する。バンドZのリーダーであるAと、結成してすぐの時期にメンバーになったBは、自身の夢を次のように語った。

――「俺はバンドで食ってくんだ」っていつごろから考え出したの？

A：なんかねー、「バンドで食ってく」っていう感じではないのかな、俺は。なんかその、仕事にはしたい、当然。したいけど、バンドで食ってくぞっていうよりかは、ただ単純に今楽しいことをしたいっていう。やりたいことをやりたい。それしかないかな。それが仕事になれば最高だなっていう。

――Bのバンド活動の最終的な目標みたいなのは、バイトのお金じゃなくて音楽の活動だけで生活できるように……。

B：まあ、そうなりたいね。

――結構具体的なんやね。なんか、スーパースターになりたいとかではなく。

B：でもそういう想いもあるけどね。すごいバンドになっていい音楽をたくさん作っていきたいみたいな。そういうのもあるけど、それとは別で、リアルな生活のことを考えた目標でいえば、音楽、バンドでちゃんと生活ができるような。

――そのリアルじゃない目標ってどんな感じ？

Ｂ：まあ、有名になりたいとか(笑)。バンドででっかくなって売れたいとか。

二人の語りを見比べると、両者の夢が相違しつつも緩やかに共通していることがわかる。まず、相違点はそれぞれの強調した部分にある。Ｂが「音楽、バンドでちゃんと生活できるような」と語っているのに対し、Ａは「バンドで食ってくっていう感じではないのかな」と語り、代わって「やりたいことをやりたい」と述べている。

ただし、重要なのはこの相違点ではない。むしろ、それと合わせて述べられている他の数々の夢のほうである。たとえば、Ａは「やりたいことをやりたい」と強調する一方で、「それが仕事になれば最高だな」と、バンドを仕事にしていく方向性も認めている。また、Ｂは先ほどの夢が「リアルな生活のことを考えた目標」であるとしたうえで、それ以外にも「すごいバンドになっていい音楽をたくさん作っていきたい」「有名になりたい」「バンドででっかくなって売れたい」といった想いがないわけではないとしている。夢にもより重視したい「中心」と、それに付帯する「周辺」があるとすれば、かれらの夢は「中心」部分では異なるものの、「周辺」部分まで含めることで共通し、同じバンドＺとして夢を追うことが可能になっていると考えられる。

そして、この夢の「中心」部分における違いは相互に認識されてもいる。Ａは先の語りに続けて、Ｂの夢を次のように述べた。

――バンドで食っていきたいってよりは、バンドをやりたくてその結果バンドで食っていければいい？

Ａ：あー、そうそうそう。ぶっちゃけそういう感じ。Ｂはわりと仕事にしたいみたいな感じだけど、俺はどっちかっていうと「バンドを続けたい」ってほうが強いかな。

――バンド活動をずっと継続することが目標というか。

Ａ：そうだね。その中でやっぱりちょっと高みを目指してく、みたいな。

自身の夢が「バンドを続けたい」と言い直され、Ｂの夢は「仕事にしたい」であると端的に指摘されている。そしてもう一つ、より積極的にメンバーの夢を共有していく過程も存在した。次の語りは、大学卒業後の進路をめぐって当時のメンバー（ＣとＤが加入する前）の間で行われたやりとりに関するものである。二節で述べたように、これを期に、ＡとＢ以外のメンバーは脱退する。

Ａ：俺もちょうど就活するみたいな感じになって、バンドを解散にするか、まあ就職しても続けられるペースに落とすかみたいな、どっちかみたいな感じになったんよ。で、一旦、ペースを落とすほうに傾いて。俺もぼんやり就職しないといけないかなみたいな感じになってたときに、Ｂが「俺は嫌だ」みたいな。……「もうやめるか、しっかりやるかどっちかにしたい」みたいなことをいってきたから、それで俺に火がついて、「じゃあ大学やめる」っていって（笑）。……よっぽどやりたいんだろうなと思って。だから売れなきゃってのも。あいつはやっぱ売れることにこだわってるから、あいつとやるためにはって思うと。

A自身は、「バンドで食ってく」ということに対して、そこまでこだわってはいない。しかし、Bは「やっぱ売れることにこだわってる」。「だから売れなきゃってのも……あいつとやるためにはって思うと」という語りに象徴されるように、AはBの「音楽で売れる」という夢を共有することで、ともに活動していくことを可能にさせているのである。

こうして、バンドZは「音楽で売れる」という夢を結節点にしながら、集団で夢を追うバンドとなった。では、新しく加入したCとDはいったいいかなる夢を持ち、バンドZの夢追いに加わっていったのだろうか。

(2) 新規メンバーによる夢の共有化――CとD

――今後こうなりたいみたいなのはある?

C：あー、普通にバイトせずに音楽やっていける人になりたい。もう、めっちゃ売れて金持ちになりたいとは思わないんですけど、バイトやめれたらいいなって。

Cの夢は、そのままBの夢(バンドで生活できるようになる)と重なる。「めっちゃ売れて金持ちになりたいとは思わない」が、AとBが共有する「音楽で売れる」という夢とも齟齬はない。

したがって、CはスムーズにバンドZの夢追いに加わることができたと考えられる。それに対し、三人とは明確に異なる夢を語ったのがDである。

D：目標があるんだよ。ソロで歌う人いるじゃん。そういう有名な人の後ろで演奏する人になりたい。スタジオミュージシャン。プロのバックで音出す人になりたい。

Dの夢は、「スタジオミュージシャン」、つまり「プロのバックで音出す人になりたい」というものであった。それは、前章で検討した「音楽で売れる」や「音楽を続ける」とも性質を異にしており、より楽器演奏に特化した夢（Dの場合はドラム）となっている。

この「スタジオミュージシャン」になるという夢は、Dの活動スタイルにも反映されている。あくまでもドラマーとしての立場からの発言が増えるのである。

――Dとか、こんなにドラムを愛して真面目な人だったんだって思った。

A：そうだよ。あの子はね、音楽を愛してるというよりはドラムを愛してるから。アーティスティックな感じ。機材もすごい大切にするし。

――（Aは）音楽だよね？

A：俺は音楽かな。ほんと曲としてみたいな。

――揉めたりとかはないの？

Ａ：そこはでもね、まあ、そういう話になると、Ｄはやっぱドラムばっか聞いてきてんのよ。俺は曲全体としてみてるから、視野の広さが違うわけよ。だから俺が全体のことを考えて「ドラムはこうしようか」っていうと、「いや、ドラムとしては」みたいな感じになっちゃうから、それはわりとあるんだけど、まあでも最近は少なくなってきたかな。Ｄがね、すごいバンドっていうものを意識し始めて、独りよがりをしなくなってきた感じがする。

ここで重要なのは、他のメンバーとは異なる夢を語ったＤの活動の仕方に変化が指摘されていることである。「ドラムとして」発言していたＤが、「すごいバンドっていうものを意識し始めて、独りよがりをしなくなってきた」。この背景には、いったい何があったのか。

――バンドＺ自体の目標って何？　「バンドＺをこうしていきたい」みたいな。

Ｄ：なんだろ、メジャーデビューとか、そりゃもちろんあるけど、それよりは自分たちの自由が利く範囲で音楽をやること。メジャー行くと、「今売れてる曲はこうだから、こういう曲作ってね」ってのがあるから、それに従えるような俺を含め四人じゃないから、だったら自分らの自由が利く範囲で音楽を続ける。たぶんめっちゃ大雑把にいうと、続けるっていうのが一番の目標だと思う。

「スタジオミュージシャン」になるという夢を語ったＤも、決してバンドとしての夢を共有していないわけではない。むしろ、「バンドZ自体の目標」が「自分らの自由が利く範囲で音楽を続ける」ことだとはっきり述べている。この「音楽を続ける」は、Aの夢とも重なるうえに、BやCが目指し、Aによって共有された「音楽で売れる」とも矛盾するものではない。バンドZにはあまり向かないという留保つきだが、「メジャーデビューとか、そりゃもちろんあるけど」と、「音楽で売れる」という夢に関しても触れられている。つまり、Dは「スタジオミュージシャン」という個人の夢とは別に、「音楽を続ける」や「音楽で売れる」といった他のメンバーたちの夢を、バンドの夢として共有することで、バンドZでの夢追いが可能になっているのである。

そして、さらに重要なことは、Dが単にバンドZの夢を共有するのみならず、個人の夢を追求するうえで、バンドZで活動することに積極的な意義を見出していた点である。実はDには、一度バンドZをやめようとした過去があった。「激しい音楽」が好きな彼にとって、バンドZの音楽が「苦手」に感じられたからである。しかし、Dはそれを思いとどまった。

——スタジオミュージシャンがやっぱりいいの？

D：そう、目標だけど、これいうとバンドZを捨てるってなるから、でもなんだろ、バンドZを続けてても自分の好きな音楽ができるって考えたら、それが一番。もしかしたら激しい音楽の人の後ろで叩けるかもしんないし。だからバンドとしても全然やめるつもりもない。

——一回やめようと思ったけど？

Ｄ：一回やめようと思ったからかな。

――なんでやっぱやめんとこってなったの？

Ｄ：なんか逃げだなって気分になって。自分、（バンドＺの音楽が）未だに苦手なジャンルなんだよね。小さい音だし、シンプルが一番合うバンドなんだよね。俺はシンプルなのがあんまり好きじゃなかったから。けど苦手だからこそやる意味があるっていろいろ考えたら、じゃあやめる必要ないじゃんって。むしろ自分個人の目標に近づくには、このバンドが一番いいんじゃないかって。

「スタジオミュージシャン」になるという夢を追求することは、「バンドＺを捨てる」ことにはならない。むしろ、「バンドＺを続けても自分の好きな音楽ができる」と考えることによって、バンドをやめる必要はないと語られている。そして、バンドＺが「未だに苦手なジャンル」だが、「苦手だからこそやる意味がある」と捉え直すことで、バンドＺで活動することに積極的な意義が見出されていく。「むしろ自分個人の目標に近づくには、このバンドが一番いいんじゃないか」。こうした意味づけが、「スタジオミュージシャン」になるという個人の夢を保持したまま、バンドＺでの夢追いを可能にさせているのである。

（３）バンドで夢を追うためには――二重の夢追い

以上の検討から、バンドマンたちがただ一つの夢のみを追っているのではないことがわかる。

たしかに、かれらには個々に実現したい夢があった。その中身や語り方が夢を追う過程で変化していくことは、前章でみたとおりである。

しかし同時に、かれらはバンドという集団で活動している。ゆえに、メンバー全員が足並みをそろえて同じ方向を向いて活動しなければならない。本章の検討から浮かび上がるのは、だからこそメンバー同士で個々の夢をすり合わせて、個人の夢とは別にバンドとしての夢を共有していく過程である。いわば、個人の夢とバンドの夢の両方を追求する、二重の夢追いとでも呼べる状況が確認できるのである。

もちろん、二つの夢が必ずしも異なるとは限らない。BやCのように一致するケースもあるし、その境界が明確でない場合もあり得る。しかし重要なのは、メンバー間で夢の中身が異なるとき、それを調整しようと他のメンバーの夢を共有したり(A)、個人の夢とバンドの夢を同時に追求できるように意味づけたり(D)していたことである。こうした実践の積み重ねによって、個人としてだけでなく集団としても夢を追い続けることが可能になっていた。

ただし、バンドで一つの夢を共有する作業は、それほど簡単なものではない。なぜなら、メンバーにはそれぞれにこだわりや譲れないポイントなどがあり、常にそれらに配慮して、調整し続けなければならないからである。先にバンドZが、「音楽で売れる」という夢を共有しているることを示した。Bが語ったのは、この夢に関して「どのように売れるか」という点で、メンバー間に認識のズレがあったというエピソードである。それは、バンドをやっていて辛い経験として真っ先に語られている。

――バンドやってて辛いなって思うときない？

B：あるよ。最近で一番しんどいなって思ったのは、四人でやるじゃん。その四人の考え、やりたいことがまとまらんかったら無理で、あんまりまとまってないなって感じたときは結構辛い。……まとまったときは結構うれしくて楽しいけど。

――まとまらないってどんな感じなの？

B：俺は結構売れたい。で、みんなはそんな急いで売れる必要はない、みたいな。まあ、そういう感じかな。

――そういうときってどうするの？

B：どうしたかな。そのときは俺が半分諦めて、「そっかー」みたいな。そしたら、○○さん（ライブハウススタッフ名）に「お前らには軸がない」みたいなことといわれて、みんながちょっと焦り始めたのかわかんないけど、なんか意識が変わって。で、まとまったのかな。

このように、バンドZはメンバー個々に夢を持ちつつ、それを相互に調整し、バンドとして夢を共有することで、集団での夢追いを達成していた。それは、バンドマン一人一人の夢の個別性を保持したまま、バンドという集団での活動を可能にさせる点で極めて巧みなものだといえる。こうして、かれらはバンドマン個人としてだけでなく、バンドという集団としても夢を追い続けていくのである。

ただし、バンドZはその後解散する。それは何によってもたらされたのか。そこには、本節で検討した夢の調整と共有が、修復できなくなるほどに破綻していった過程が見出せる。

4 解散とその後——共有された夢の破綻、そして別々の人生へ

バンドZの解散は、あまりにも突然だった(少なくとも筆者にはそう感じられた)。Bの語りはそのときの状況を克明に表している。

B：解散の話し合い自体は、そんなにしてなくて、ほんとにDの不満が爆発したときに、その後に俺とAが二人で会って、そのときにはお互い解散を決めてたみたいな。

——Dが爆発したってのは、何があったの？

B：もともとAとCが曲作りでぶつかることが多くて。で、スタジオで曲作ってるときにぶつかって、俺が止めに入って、「もうちょっと時間をかけてもいいんじゃない？」みたいなことをいったら、Dが「俺はもっと上に行きたいから、そんなことで足踏みしてる暇はない」みたいな。「もっとみんな死ぬ気でやれよ」みたいなことをいったって感じかな。

引き金になったのは、Dの「不満が爆発した」ことであった。具体的には、スタジオ練習の際にたびたび衝突していたAとCの仲裁をしようと、Bが時間をかける提案をしたことをきっ

かけにして、Dが「爆発」したのである。このときのことをD自身も次のように語っている。

D：たぶん解散の引き金を引いたのは、俺。スタジオでブチギレたの。曲を作ってるときに、Cが「これはあんま弾きたくない」みたいなこといってて。前だったらイラッとしたけど、まあメンバーは尊重しなきゃと思って、「じゃあどういうのが弾きたい?」っていわれたときに、「いや、今は」とかいって。なんか全然ダメやった。それにブチッと来て。……俺は曲作るときに、案を何個も持ってきて「これはどう?」っていえる状態が一番楽ってずっといってたの。それができないってことは、なめとんなと思って。Cにとはいわないけど、メンバー全員に対して。「旅行に行きたい」とか「酒飲みたい」とか「女と遊びたい」とか。「俺の邪魔になるようなことはもうしんといて」ってブチギレた。

Dも「たぶん解散の引き金を引いたのは、俺」と認めている。曲作りに際し、代案を持ってこなかったCへの苛立ちがこの場面の発端になっている。特に着目したいのは、「俺の邪魔になるようなことはもうしんといて」という発言である。それは先のBの語りでも示されており、「俺はもっと上に行きたいから、そんなことで足踏みしてる暇はない」とDがいったという。

この語りが重要なのは、前節で示したDの夢と大きく関わるからである。つまり、DがバンドZで活動できていたのは、とりもなおさず「スタジオミュージシャン」になるという彼自身の夢の実現につながると思えたからであった。「苦手だからこそやる意味がある」と捉え、「むしろ自分個人の目標に近づくには、このバンドが一番いいんじゃないか」と意味づけることで、バンドZで活動することに積極的な意義が見出されていたのである。

ところが、こうした解釈は、代案を持ってこないCや、「旅行に行きたい」「酒飲みたい」「女と遊びたい」などというメンバーの存在によって維持できなくなった。「俺の邪魔になるようなことはもうしんといて」と、個人の夢を実現できる見込みがバンドZからは得られなくなることで、バンドZで活動し続ける意義までもが失われたのである。

だが、一つ疑問が残る。たしかにDの不満はバンドメンバー全員に向けられたものであったが、だとすればなおさら、DがバンドZを脱退すれば事足りるはずである。つまり、解散となる必然性はなかった。では、なぜバンドZは、Dの「爆発」を発端にして解散するにまで至ったのだろうか。それには、D以外にもバンドの夢を共有しなくなったメンバーがいたことが関係している。

A：(解散を)切り出したのは俺かな。今までにも、まあ、それぞれメンバーから、「もう、ちょっと何か、やめたい」みたいなことを聞いてたんだけど、俺が引き留めてて。俺は解散っていうかたちには絶対したくなかったから。けど、どこかのスタジオでめちゃくちゃ爆発しちゃって、みんなの溜まってたものが。で、Bと「もうやめよう」って。Bは「二人でやろう」っていってくれてたから、「じゃあ二人でやるか」っていったら、今度はBが折れちゃってて。折れたっていうか、もう疲弊してて。あいつが一番おちゃらけて、空気を和ませたりとか、疲れ果てて燃え尽きて。俺が「じゃあ二人でやる?」っていったときに、「そこに俺は要るのかな」みたいな。こいつもダメやと思って、「じゃあ解散で」って。

Bは、バンドZが結成したあとすぐにメンバーとなり、Aとともに長らくバンドZを率いてきた。ゆえに、AはDの「爆発」の後、Bとともに活動を続けるつもりでいた。A自身はバンドZを「解散っていうかたちには絶対したくなかった」からである。

ところが、当のBは「疲れ果てて燃え尽きて」いた。バンドを続けること自体に消極的になっていたのである。実際、バンドZの解散後にも、Aは別のバンドを結成しようとBに声をかけたという。しかし、Bはそれを断った。「もっとガツガツやっていきたいと思って」いるAに対し、「そこに俺はついていくことは厳しいと思っとるから」である。

B：みんな名残とかはなく、そうやね。

——あ、名残ないの?

B：んー、あるかないかでいわれたら難しいところやけど、どうやろ。でも結構もうやれることはやった感じがあるし。その、最初はほんとできんかったけど、今では夢のような時間とか、自分たちが満足いくライブが作れるようになったっていうのもあって、その、後悔とかはもうないのかな。どっちかっていうと「やり切ったでしょ」みたいなのがあるかな。……Aはもう一個バンドを作ろうとしとる。で、そこにも一応「やらんの？」みたいなのをいわれはしたけど、Aとしても、もっとガツガツやっていきたいと思ってて、そこに俺はついていくことは厳しいと思っとるから、「俺はいいわ」って。

バンドZが解散した後、かれらはどのような人生を歩んでいるのだろうか。Aは、本当に別のバンドを結成した。そこにBはいない。まったく異なるメンバーで新たな活動を始めている。一方、Bは完全にバンド活動から撤退した。今ではベースを弾くこともない。そして、一児の父親になった。Cも、解散後に新しいバンドを組んだり加入したりといった話は聞かない。どうやらそれまでのアルバイトを現在も続けているようだ(6)。Dは、ドラマーとしてのキャリアを着実に歩みつつある。バンドZ以後は、特定のバンドに所属することなく、さまざまなバンドにサポートメンバーとして加わりながら活動を続けている。

5　集団で夢を追い続けることのリアリティ
——「音楽性の違い」とは？

本章では、バンドZという一つのバンドを取り上げて、その結成から解散までの過程を描いてきた。その結果、明らかになったのは、バンドマンたちの夢追いが個人としてだけでなく集団としても営まれていく過程である。

かれらは、個人の夢のほかに、バンドとしての夢を共有している。個々に実現を目指す夢はあるが、それを強調するばかりでは、バンドという集団で活動ができない。他のメンバーの夢を共有したり、異なる夢を同時に追求できるように意味づけたりしながら、個々の夢を追いつつ、バンドとしても夢を追うことを可能にしていた。バンドマンの夢追いは、バンドとしての夢追いの側面を併せ持つ、二重の夢追いとして記述できる。

ただし、それはバンドマンたちの意味づけに依拠していることもあって、非常に不安定で脆いものでもある。バンドZの解散は、まさにこの二重の夢追いが破綻していく過程として捉えられる。つまり、メンバー相互の夢の調整に亀裂が入り、個人の夢とバンドの夢が両立できないと認識されたとき、共有していたはずのバンドの夢から降りていくメンバーの存在によって、バンドはその集団性を保てなくなって、解散へと至るのである。

前章では、バンドマン個人の夢に焦点をあてて、その中身と語り方の変化をみた。かれらは、ライブハウス共同体のバンド仲間を選択的に参照することで、夢を変え、夢を追い続けていた。それに対し、本章で明らかになったのは、バンドマンにとって最も身近な存在といえる、所属バンドそれ自体の影響である。かれらは、バンドという集団で活動するからこそ、バンドメンバー同士の相互行為によって夢を交渉するのであり、そうして個人としてだけでなくバンドとしても夢を追い続けていく。夢の共有や調整といったメンバー間の不断のやりとりが、夢追いの維持を支える根源的な条件になっている。〈若者文化〉に導かれる夢追いの維持は、ライブハウス共同体のバンド仲間に加えて、それよりもずっと手前にいるバンドメンバー相互の影響関係の中で達成されているといえよう。

以上の知見は、あくまでもバンドZという一つのバンドに基づくものである。言うまでもなく、バンドはこのほかにも無数に存在するし、それこそ解散に至る経緯はバンドごとに事情が異なるだろう。

しかし、それでもなお筆者が本章の知見に、かれらの重要な一側面を捉えていると確信するのは、そこにバンドの解散理由としてたびたび言及される、「音楽性の違い」を理解する手がかりがあると考えるからである。バンドそのものに興味があったり、「推し」のバンドがいたりする方には身近だろうが、バンドは解散するときに、さまざまな媒体で解散理由を公表する。その際に頻繁に登場するのが「音楽性の違い」という理由である。では、「音楽性の違い」とはいったい何を意味するのだろうか。

本章の検討から考察するならば、次のようにいうことができるだろう。バンドマンは、バンドという集団で活動するからこそ、個々の夢やこだわりを、あるときには多少の妥協を伴って、メンバー間ですり合わせなければならない。この相互調整がうまくいく限りにおいては、バンドは一つの方向に向かって安定して活動することができる。しかし、相互調整が修復できないレベルにまで揺らいだり、限界に達したりしたとき、かれらは「音楽性の違い」という言い方をしてその理由を説明し、解散しているのではないだろうか。このように考えると、冒頭でAがメンバーは「結局他人」であり、「だからこそ理解せな」と語っていたことも頷けよう。

以上、ここまでバンドマンたちの追求する将来の夢それ自体に関心を寄せて、夢追いが維持される側面を検討してきた。ときにさまざまな困難を抱えながらも、それでもメンバーを含む多くのバンド仲間に囲まれて、夢を追い続けるバンドマンたちの姿が捉えられたように思う。

しかし、かれらの日常に目を向けるならば、必ずしもこうした現実ばかりではない。ライブハウス共同体の外に出れば、夢追いを否定されたり、批判されたり、嘲笑されたりする経験で溢れている。また、ライブハウス共同体の中でも、さまざまに失敗や挫折を経験して、ときに立ち直れないほどに傷つくことがある。次章では、こうした数々の否定的経験を経てもなお夢を追い続けるプロセスへと接近し、それを支える構造を明らかにしたい。

（1）山田真茂留は、「集団」を「一定の境界によって区切られた人々と彼らが繰り広げる相互行為や関係から成り立つ独特な意味空間」と定義する(山田 二〇一七：一)。本章では、バンドという一定の境界を有した「集団」を対象に、そのメンバーによって行われる相互行為や意味付与に着目することで、バンドの「集団」としての側面が維持・解消されていく過程を検討する。

（2）いずれも二〇代前半の男性で、Dを除く三名は大学進学している。また、全員が離学後すぐにフリーターとなっている。

（3）ライブイベントには大きく三つの種類がある。第一に、ライブハウスが主催する「箱企画ライブ」、第二に、イベント企画を専門に行う「イベンター」の「イベンター企画ライブ」、第三に、バンドが主催する「バンド企画ライブ」である。おおよそバンドを始めたばかりのころは箱企画ライブに出演し、バンド仲間ができてくると「イベンター企画ライブ」や「バンド企画ライブ」に呼ばれるようになる。加えて、自らイベントを企画することも増える(自主企画ライブ)。

（4）バンドZが主に活動していたのは、キャパシティが一五〇〜二五〇人の小規模ライブハウスである。そのため、チケットノルマは、複数のバンドが出演するイベントでは、おおよそ一〇〜二〇枚程度であった。

(5) 筆者の観察範囲では、この集客力は他のバンドと比べても、平均もしくは平均を少し上回る程度である。それは、注(4)で記したライブハウスのキャパシティとも大きく関連している。いずれにしろ、集客面で活動が続けられないほどに困窮していたわけでも、また逆にそれのみで生計を立てられるほどでもなかったと考えられる。
(6) バンドZ解散後、BとCには、Aの新しく組んだバンドのライブで再会した。ここでの記述はそのときの会話に基づいている。バンドZは無くなったが、かれらのつながりはそれなりに続いているらしい。

第6章　批判と抵抗——ライブハウス共同体の機制と陥穽

1　批判されても夢を追い続ける

——今、夢追ってるわけじゃん。社会的にはさ、「夢を追うことはいいよ」っていわれるじゃん。

ミズキ：でも、結局夢追ってる人はあんまりいいふうには思われないですよね。「就職するのが偉い」みたいな風潮ですよね、わりと。

——そういうの日ごろ感じるの？

ミズキ：感じますね。なんか、就職してる友達とかに「就職はせんのー？」みたいなのを、たぶん向こうは悪気なく聞いてるだけだと思うんですけど、それだけで結構、それしないとダメなのかって思うことはありますね。

「就職してる友達」からの、それも「悪意なく聞いてるだけ」に思えるような「就職はせんのー？」という声かけ。ほんの些細なことに思えるかもしれない。

しかし、研究参加者たちの語りに目を通すと、程度の差こそあれ、全員が似たような経験をしていることに気がつく。つまり、夢を追っていることを否定されたり、批判されたり、あるいは見下されたと思えるような経験を積み重ねているのである。ミズキも「結局夢追ってる人はあんまりいいふうには思われないですよね」と語っている。

本章で検討するのは、こうした否定的経験の数々と、それでも夢が追い続けられる背景である。たしかに、バンド活動には固有の楽しさややりがいがあり、それらに駆り立てられて夢を追う者も大勢いるに違いない。しかし、それだけではバンドマンたちの夢追いは捉えきれない。「なぜ夢なんか追うの?」。そうした否定的なまなざしの中で、かれらが夢を追い続けていることを問う必要がある。本章では、夢を追う過程で直面するさまざまな否定的経験を取り上げて、それらが夢を諦めさせるのではなく、逆に夢を追い続けさせる方向に作用していることを示して、夢追いの維持の新たな側面を明らかにしたい。

ここで、夢追いが否定的に評価される背景を確認しておこう。それは、社会的に望ましいとされる生き方――標準的ライフコース――から大きく外れるからだと、ひとまずは考えることができる。標準的ライフコースとは、「学卒後すぐに正規就職し、適齢期における結婚を経て、自らの家庭を築く」という筋道をたどり、男性にはサラリーマンとなって一家の稼ぎ手としての役割を、女性には専業主婦となって家事育児に従事する役割を課すジェンダー化されたものである。現在は、ライフコースの個人化や流動化が指摘される一方で、未だに日本型雇用の中核には正規雇用者が位置づき(小熊 二〇一九)、特に稼得役割が期待される男性において、フリーターの増大が既存のサラリーマン的生き方の特権性を高め(多賀 二〇一八)、若者全体の安定志向が高まる(田靡 二〇一七)など、標準的ライフコースの「標準性」は、今なお強く残り続けているといえる。ライフコースの多様化も、結局はジェンダー化された枠内にとどまっていることが示されている(香川 二〇二二)。

さらに、それが望ましい生き方だとされている点では、標準的ライフコースの「規範性」も強固である。たとえば、正規就職できない若者が問題になると、不安定な移行は避けるべきものとされ、フリーターから正社員への移行が政策課題になる(堀編 二〇〇七、児美川 二〇一三)。各種の若者支援政策の中心には就労支援が位置づき、スムーズな移行や就労による職業的自立を通して安定した生活や人生を送ることが、自立支援の名の下に広く目指されるようになる(宮本・小杉編 二〇一一、岡部 二〇二二)。特に、標準的ライフコースの入り口部分にあたる(正規)就労への規範は未だ根強い(正社員として働かなければならない!)。

こうした「標準性」と「規範性」を併せ持つ標準的ライフコースに対し、本書で検討する夢追いライフコースは、根本的に相反する性質を持つ。たとえば、バンドマンの中には、夢を追うために自ら学校を中退する者がいる(第2章)。学校経由で、あるいは就職活動をして正規就職した者は少なく、代わって自ら積極的にフリーターになる者が多い(第3章)。親元に留まることで、自分の「やりたいこと」を追求できている者もいる。いずれも、先行研究が批判的に論じてきた内容と重なっている[1]。

そして、この批判こそが、バンドマンたちが日常的に対峙する否定的経験の中身にほかならない。標準的ライフコースは、その「標準性」と「規範性」によって、現在も大きな正当性を獲得している。だからこそ、それから外れて夢追いライフコースを歩もうとするバンドマンたちは、多かれ少なかれ何かしらの否定的まなざしの中で夢を追わざるを得ない。夢を追うミズキが「就職はせんのー？」と問いかけられるのも、こうした背景があるからである。それでは、実際にバンドマンたちはどのような経験をして、夢を追い続けているのだろうか。

2　標準的ライフコースとの攻防

(1) 批判される夢追い

バンドマンたちの経験の中でとりわけ多いのが、正規就職しないことへの批判である。第3章でフリーター選択・維持プロセスについてみたが、ライブハウス共同体の外側にまで視点を広げるならば、まさにその点がさまざまな他者との間で軋轢を生んでいる。

たとえば、標準的ライフコースを望む家族との対立がある。ハルマとシンジは大学二年生で、就職活動を控えていた。二人の親はともに就職することを望んでいる。「将来安定した仕事に就いて結婚して子どもを授かってほしい」とは、標準的ライフコースそのものである。

――親御さんとかバンドやってることに対して何もいわないの？

ハルマ：いや、やっぱ期待してくれてる反面、心配なことも思ってて。本当僕の母親とかは、結構そういうところ気にするじゃないけど、「将来安定した仕事に就いて結婚して子どもを授かってほしい」みたいな。まあでも、僕はもう知ったことかっていうふうに思っちゃうんですけど。

――いわれるの、結構？

ハルマ：いわれますね。「もう大学二年終わるまでにある程度目途が立ってないんだったら、あんた、ちゃんと三年だから、就職のこと考えなさい」みたいなこといわれて。「えー」みたいな。

シンジ：僕もいわれますね。「いい会社に就職しなさいよ」みたいな。「わかった」とは表面上いってるけど、腹の内では「だれが就職するか」って思ってる。

こうした家族とのやりとりは、夢追いを選択した後にも続く。夢追いに反対する親との衝突を避けるようにして一人暮らしをし、家族と疎遠になっているケースも複数みられた。

――（家族が）応援してくれてる感じではないの？

リク：ないっすよ。ないというか、遊んどると思ってます。それはもう仕方ないとは思いますけど。別にそれを理解してくれとかいうつもりもあんまりないし。

夢追いに否定的な反応をみせるのは、家族に限らない。それ以外にも、かれらはさまざまなところで否定的な反応を受け、またそれを敏感に感じ取っている。マサの経験は象徴的だろう。

マサ：ゼミの先生とかともいろいろ揉めたんで。どうせお前なんかできないだろみたいな雰囲気だったんで。

――みなさんそういう経験あるんですね。

マサ：そうですね。先生もそうだし、世間一般的な人たち。もともと僕が、地元が田舎っていうのもあって、やっぱり就職する流れが、みんなするんですよ。みんなしてることとしたら普遍的っていうか、普遍的な幸せを求める人ばっかりだったんで、外れたことする人を批判する傾向にあったんですね。それも肌でずっと感じてて。そいつらを見返してやるっていう。でもお前らと一緒で、別に社会でもやっていけるけどっていうのを、みんなにみせたかった。

「ゼミの先生」だけでなく、「世間一般的な」「普遍的な幸せを求める人」にとって、就職せずに夢を追おうとするマサは、批判の対象であった。それを彼は「肌でずっと感じて」いた。こうした中で彼がとった行動は、就職活動をして内定を取ることだった。「お前らと一緒」だということを証明するためである。内定獲得後すぐに辞退して、結局はフリーターとなって夢を追い始めている。

（2）「正社員にはなりたくない」

このように、研究参加者たちは、さまざまな他者から明示的にも暗示的にも、標準的ライフコースをたどるよう勧められ、特に正規就職せずに夢を追うことに対して否定的な反応を受けていた。ところがバンドマン側からしてみれば、この正規就職こそが批判の矛先になっている。

――就活どうしようかなとかは？

ハルマ：僕とシンジは、本当にもう、そういう就職関係っていうのは考えたくないところがあって。だからこそ、大学で特技か何か、もっとね、自分たちの将来に希望を持てるようなところまで持っていかんとねっていうのがある。ねえ、もうようわからんじゃん、就職。

シンジ：就職だけはしたくねえなって思ってる。バンドがもしダメだとしても。

――どういうイメージなの、就職するって？

シンジ：なんか就職活動自体がもう俺は気持ち悪いなって思ってて。リクルートスーツで。

ハルマ：ロボットみたい。

シンジ：そうそう。リクルートスーツで、髪整えて、みんな同じ格好してっていう。あそこの一員になりたくねえなっていうのは、すげえある。

ハルマ：デジタル人間みたいな格好。

シンジ：そうそう。

ハルマ：決まりきった管理社会で生きとるイメージが。

シンジ：だから僕はデザインも今は勉強してるから、じゃあインスタグラムに、結構毎日ぐらい、それなりにアップしてて。それで個人的にお金につながればいいなと思って。そしたら別にそれ続けながら、そっちでお金もらえてバンドを続けられるしって。だから今は一応、その、就職しないために、毎日デザインのほうでもちょっとお金になればいいなっていろいろ活動してる。

カイも「普通に卒業して就職して家庭持って」という標準的ライフコースを、複数の理由を挙げて次のように批判した。

カイ：僕の偏見なんですけど、普通の企業に勤めます、月曜から金曜で休みは土日だけ、で、六〇歳で定年迎えます。そっから何ができるんだと思うんすよね。六〇歳までいかなくても、病気になって死ぬ人もいます。絶対死ぬ間際に後悔すると思うんすよ。ただ働いてしかないって。なんかそれが僕ちょっと怖いなと思って。だったらもう、リスク背負ってでも、たぶん人生なんてどうにかなると思ってるんで。最悪、後は自分が辛い思いして頑張るだけなんで。だったら一番若くて、何でもできるときにやりたいことを好きなだけやるほうがいいんじゃないかって。ほんと同級生とかみてると、子育てして鬱になる人もいますし。ある意味、人間の生き方って一般的、まあ一般的っていいたくないですけど、一般的な生き方って、普通に卒業して就職して家庭持って、っていうやつじゃないですか。それって僕、人間っぽくないと思ってんすよ。なんか宗教じゃないですけど、ちょっと怖いなって思うときがあって。まあそりゃ安定はあるかもしんないすけど、自分の自由を捧げてまで、そんなに将来って不安なのって。流れが怖いですよね、卒業してとりあえず就職するみたいな。

こうした正規就職への忌避感は、本書でこれまで引用してきた語りの端々にも確認できる。そのうえで、次の二点を押さえておきたい。

第一に、全体の傾向としては、たしかに正規就職への忌避感が見出せるが、もちろんその程度にはグラデーションがある。たとえば、実際に正規就職したサトシは次のように語った。

――周りの先輩ってほとんどフリーター？

サトシ：大学卒業してる方で、（バンド活動に）一生懸命、精力的な方はほぼ。就職してたとしても工場とか、そんなに残業とかもない。仕事に対してそんなに欲がなくて、バンドのために仕事をやる人が多いですね。

――フリーターになることに抵抗はない？

サトシ：僕ですか？　ないっていったら嘘になりますね。なんか、それがダメって思われる世の中じゃないっすか。それに対して何でだろうって疑問はあるんですけど、でも周りの目を気にしてしまうっていうのは本音で。なんか、すごいそういう意味で就職しないとっていう気持ちもあるし、もちろん就職したらしたで、そっちの道もやりがいあるし、したほうが寄り添える曲も書けるかなって。たとえば、サラリーマンをやってたからサラリーマンの気持ちがわかるとか。それにはやっぱり一般的な生活っていうのにも馴染んでおきたいってのはある。

サトシが正規就職したのは、フリーターが「ダメって思われる世の中」で「周りの目を気にしてしまう」からであった。もちろん、就職した先での「やりがい」や就職したからこそ「寄り添える曲も書ける」といった積極的な理由もある。その中で強調すべきは、彼の周りの「精力的な方はほぼ」フリーターで、正規就職者であっても「バンドのために仕事をやる人が多い」こと、正規就職したサトシでさえも、フリーターが「ダメって思われる世の中」に対して、「何でだろうって疑問はある」と語られていることである。つまり、たとえ正規就職したとしてもバンド活動を中心に生活を組み立てる者が多く、正規就職それ自体を強く忌避することはないが、それのみが正当な生き方とされる点については、はっきりと疑問が述べられているのである。この点で、ここまで取り上げてきたバンドマンたちとの共通点も見出せる。

第二に、翻ってそんなかれらも、標準的ライフコースが「望ましい」とされることについては一定の理解を示している。つまり、その「標準性」や「規範性」を認識していないから夢を追うのではない。むしろ反対に、認識してなお夢を追い続けているのである。たとえば、マサはみんながする「就職する流れ」を「普遍的」と表現した。カイも「普通に卒業して就職して家庭持って」という標準的ライフコースを「一般的な生き方」としている。サトシは、「サラリーマン」を指して「一般的な生活」と呼んだ。このことの含意は、次章で改めて取り上げる。

以上、本節ではバンドマンたちの否定的経験の中身をみてきた。ただし、こうした経験によって夢を追わなくなるのかといえばそうではない。次節では、批判されてなお夢を追い続ける力学について検討する。

3　夢追いは反動的に維持される

バンドマンたちは、いくつかの方法で夢追いへの批判に対処していた。まず、批判してくる相手が家族である場合には、説得したり、条件を付けたりして何とか夢追いへの糸口をつかもうとする。レンは、大学を中退して夢を追い始める際に、家族からの制止が当然のようにあったという。

――親に「夢を追います」っていうわけじゃん。

レン：うん。

――反対とかされた？

レン：最初はね。その、親として大学やめてそりゃ不安定なほうに行くってことは当然阻止しなきゃいけないじゃん。役割として。その役割を果たすぐらいの制止はあったんだけど、でも俺が全然ぶれなかったから。「俺はこうしたい」みたいなことをいったから、そっからもうほんと応援してくれるようになったね。

——あ、今もう応援してくれてるの？

レン：もうすごい応援してくれる。ほんと、「あんた、たとえばメンバー全員が抜けたとしても音楽続けなよ」みたいなこともいってくれるし。

——それはありがたいね。

レン：うん。なかなかね、やりたいことができる環境っていうのを得られる人と、そうでない人もいるからね。やりたくてもやれない人っているから。

一方、カズマはずっと家族からの反対を受けながら夢を追い続けている。特に、大学卒業後にフリーターとなって夢を追うと告げた際には、猛反対された。そこで彼がとった方法は、三年以内に結果を出すという「期限」をつけることであった。

カズマ：父さんも最初は反対したけど、「そんなにいうならとりあえずやってみろ」みたいな感じで許してもらえて。期限つけるって約束だけして。今実家帰ったときも父さんだけは……。

——味方？

カズマ：味方ってわけじゃないけど、「最近どうや？」ぐらいの、やめろとか早く帰ってこいみたいなことはいわない。母さん、ばあちゃんは「いつやめるんや」みたいな脅しをいってくる(笑)。

――「いつやめるんや」とかいわれると、「はぁ?」ってなる?

カズマ:ならんよ(笑)。俺が落ち着いてるときは、「そのうち帰ってくるで大丈夫やって」とか適当にいい返して、落ち着かせるって感じかな。

もう一つ注目したいのは、カズマが家族からの反対を受ける中で、それを巧みに受け流しているることである。このことは、アルバイト先のマネージャーからの「嫌味」に対するミズキの反応にもみてとれる。

――周りの目キツイなとか思ったことある?

ミズキ:あ、それはいつも思います。

――一番何いわれるのが辛いの?

ミズキ:バイト先のマネージャーに、その人、なんかすごく嫌味ったらしい人で、「へー、音楽でやってこうと思ってるんだー」みたいな感じで、「もうやめようとか思わないの?」とかわりとガツガツきて、それが結構きつかったです。「そこまでいう?」みたいな。

――それに対してさ、「ふざけんな」みたいなのある?

ミズキ：いや、それはないですね。笑ってあしらって。まあ、「年齢は決めてますけど」とか「親も応援してくれてるんで」とか。正直別に自分がよければなんでもいいですよね。なんでそんなに人にいわれなきゃダメなんだろうって思いますね。

このようにバンドマンたちは、夢追いへの批判に対し、説得を試みたり巧みに受け流したりして、夢を追い続ける方途を見つけ出していた。しかし、すべてのバンドマンにそれが可能なわけではない。説得できない家族がいる場合や、受け流すにも限界がある。

このとき、かれらは直接立ち向かうことで対応しようとする。つまり、先にマサが「普遍的な幸せを求める人」に対して、「そいつらを見返してやる」と語っていたように、批判への抵抗を試みるのである。

――親にお金借りようとかそういうのはなかったですか？

マサト：ないですね。親には借りれないので。まあ僕もプライドがあって親に借りたくねぇって。

――そのとき一番親御さんとの関係がよくなかった感じですか？

マサト：よくないですね。それこそ「今にみてろよ」って。……「何をしてるんだお前は」ってのがあるから、「みてろよ」みたいな。「わかった、じゃあライブに呼ぶときは、ワンマンライブで客一〇〇〇人ってときに呼ぶから」みたいな話をしました。「わかった、行ってやろうじゃねえか」って(言われた)。

マサトには、消費者金融で借金をするほどに生活に困窮していた時期がある。しかし、「親には借りれな」かった。親への反発心があったからである。「何をしてるんだお前は」と夢追いを否定する親に対し、「今にみてろよ」と逆接的に夢を追い続けている。

「見返してやる」「今にみてろよ」。これらの言葉に象徴されるのは、夢追いへの批判がそれをとどまらせるどころか、反対にバンドマンたちの抵抗を招いて、夢を追い続けさせる方向に作用していることである。しかもそれは、マサトのように直接の抵抗というかたちをとる場合もあれば、次のレンのように腹の内で沸々と湧いてくる「反骨精神」のような場合もある。夢追いへの批判は、夢を追い続ける動機に転換されて、夢追いの維持へとつながっているのである。

――わりと正社員の人たちも反発の対象であったりするんだ。

レン：そりゃあ、だって見下してくるでしょ。

――なんかあるの？　そういう経験。

レン：いつだったけな。ちょうど大学やめたぐらいのときに、高校の同窓会があって、そんとき高卒で就職してる人もいるわけよ。で、一〇人ぐらいで飲んだりしてて、「どうすんの？」みたいな話になって。「いや、俺大学やめちゃって、バンドやるよ」みたいな話をしてたときに、何ていわれたんだっけな。あれだ、「Mステ出てね」みたいな。「Mステ出たらサイン頂戴ね」みたいな、お決まりのセリフをいわれて。まあ、むかつくというよりかは、「はいはい」っていう感じ(笑)。なんだろ。確実にあんまりもう話したいって意思がお互いないから、そういう上辺だけの会話になっちゃって。そこに自分の夢というか、なりたいことが上っ面だけの会話に終わっちゃうっていうのが、すごい辛かったかな。

――その人たちに対する反骨精神みたいな？

レン：いや、でもそれはね、俺らのバンドはわりとそれが強くって、「見返してやろう」みたいな気持ちがすごいあんのよ。今まで馬鹿にしてきたやつらとか、どうせできないだろうとかいってきた人たちを見返してやろう、みたいな気持ちがわりとあって。

――みんなそれぞれそんな感じのことといわれてる？

レン：そうそうそう。なんか、んー、その、劣等感っていうのがそこにあんのかもしんない。自分がその、別にそういうこと言葉にしてるわけじゃないけど、見下されてるって思っちゃうのよ。就職してないってことに対して。だからそこが、「就職したからって偉そうにしてんじゃねーぞ」っていうのが、勝手に自分たちの中で完結しちゃうっていうのもあんのかもしんないね。劣等感が勝手に生まれちゃうっていう。

4　ライブハウス共同体という準拠集団

では、夢追いへの批判に対して奮起できる背景には何があるのだろうか。再び着目するのが、ライブハウス共同体である。というのも、バンドマン一人の力だけで、家族を説得したり、批判をやり過ごしたり、抵抗したりすることは容易ではない。「望ましい」と理解している標準的ライフコースから自ら外れる逸脱《アウトサイダー》的な自己を正当化するためにも、その基盤となる準拠集団が決定的に重要になってくる。ここでは、バンドマンたちのもう一つの否定的経験である、ライブ中の失敗や挫折経験も取り上げて、ライブハウス共同体の機能を明らかにしたい。

まず、同じく夢を追うバンド仲間は、他に代えがたい存在である。ダイキは「仲間」の重要性を率直に語っている。

ダイキ：バンドマンとかはもう、なんか仲間だからね。同じようなことをやってて、同じような人たちと出会って、仲良くなれるのは必然かな。で、一緒に頑張ってこうぜってなるのがやっぱりね、活力になる。「あー、バンド頑張ろう」って気持ちになるのが、心が折れそうなときにね。やっぱそういう人たちがいるおかげかな。だからバンドマンとかライブハウスの人と仲良くするのは、うん、仲間だし単純に仲良くなりたいし。一緒に頑張ろうっていうエネルギーをくれるから、やっぱり仲良くなるかな。

次に、ライブハウス共同体の他のアクター――客とライブハウススタッフ――にも注目しよう。以下のエピソードは、いずれもライブでの失敗に関わるものである。

コウジ：京都でライブしたときに、その日のブッキングが失敗してて、お客さんが五人くらいしかいなかったんすよ。京都まで来たのに、最初萎えたんすけど、もう全力出し切ろうと思って、一生懸命やってたんすけど、全然反応がなくて。そのときに、曲やってるときに、小っちゃい女の子がぴょんぴょん飛び跳ねて、曲にノッてくれてたんですよ。一人だけ。そんときに感極まって泣きましたね。ライブで初めて泣いて、すげえうれしくて。「あ、聞いてくれとる」と思って。その前日が大阪で、大阪は客パンパンだったんすよ。でも全然反応してくれなくて、失敗みたいな。しくったみたいな。その次の日、京都で客スカスカだけど、一人だけでもすごいノッてくれて、うれしいと思って。あれが自分の中で一番いいライブですね。客スカスカでしたけど(笑)。そのときに、○○(バンド名)のボーカルの人が「絶対売れるからバンドやめないでほしい」みたいな。「歌を続けてほしい」みたいなことをいってきて。

――結構そういう一人のお客さんに救われるみたいな。

コウジ：くそ救われますね。あれほど、ああ、ほんとに大事なんだなって思いました。

バンド活動は常にうまくいくとは限らない。その中で、たった一人の客との出会いによって「救われる」ことがある。かれらはこうしてさらに夢を追い続けていく。

一方、ハルマとシンジを立ち直らせたのは、ライブハウスの店長であった。活動休止明けの復活ライブを、仲の良い同世代バンドと行ったかれらは、大勢の客とバンド仲間の前で手痛く失敗し、ひどく落ち込んでしまう。そんなかれらを何度も励まして、「ああ、ちゃんともう一回バンドやり直さなきゃいけない」と思い直させてくれたのである。

ハルマ：そこで一回ずんって落ちて。で、大学入ってから〇〇（ライブハウス名、以下同）でよくやるようになって。そしたら〇〇の店長が僕らのことを結構面倒みてくれたんですけど、かわいがってくれて。

シンジ：（活動休止したことを）心配してくれてたみたいで。「何であんな勢いあったのに活動休止しちゃったの」って。

ハルマ：「もったいない」ってずっといってて。

シンジ：「俺が面倒みてやれてたらたぶん、もっといいとこまでいってたのに」みたいなこといってて、ずっと。

ハルマ：そこからも結構気にしてくれるようになって。で、何か、「お前らはこんなもんじゃない」とか。

シンジ：もっとね、ケツ叩いてくれて。

ハルマ：「お前らはこんなもんじゃない、もっとできるだろ」みたいな。一年間ひたすらいわれ続けて。急に電話かかってきたりするんですよ。
シンジ：電話かかってきた。
ハルマ：でも、その無理やりのおかげで、僕ら「ああ、ちゃんともう一回バンドやり直さなきゃいけない」みたいなの、徐々に思い始めて。で、僕が作る音楽のスタイルを変えたのが大学一年ぐらいなんですよ。みんなが、こう、ずんって下がってたぐらいから、徐々に自分の音楽スタイルが変わってきて。それが徐々に固まっていくごとに、自分たちにも自信が湧いてきて。そのときに「ああ、これだ」みたいな。メンバーみんな思い始めて。そこからだね。

ライブハウス共同体には、夢追いを否定する者はいない。ともに夢の実現に向けて刺激し合える関係性ができあがっている。こうした共同体に準拠するからこそ、かれらは夢追いの批判に対して屈することなく夢を追い続けられるのではないだろうか。つまり、ライブハウス共同体は、共同体外部の他者による否定的作用からかれらを護り、たとえライブで失敗したとしても再起まで導いてくれる「シェルター」として機能しながら、同時に否定的作用に抵抗していくための「寄る辺」にもなって、夢追いの維持を支えていると考えられる。
そして、それだけでなく、ライブハウス共同体は、共同体内部でのバンドマン同士の相互行為を触発することで、さらなる夢追いの維持をもたらしている。通常のライブイベントは、複数のバンドが出演する対バン形式をとる。つまり、公演中に自分たち以外のバンドの演奏を直接見聞きする場面が存在している。

したがって、かれらはライブイベント中にたびたび他のバンドの圧倒的な演奏を目の当たりにする。それは一種の挫折経験でもある。たとえば、ジュンは、あるバンドと共演したライブイベントで「初めてあんなに凹んだかも」と語っている。

ジュン：○○（バンド名）ってわかる？

――うん、わかるよ。

ジュン：（○○）とやった、○○（ライブハウス名）の一〇バンドぐらいのフェスみたいなのがあって、……そんときに、俺何してんだろうって。たぶん初めてあんなに凹んだかも。ライブみてて泣きそうになった。

――それは感動とかじゃなくて？

ジュン：じゃなくて。悔しいほう。

――どういう？

ジュン：いや、同い年、結構歳が近い人が多かったの。で、なんでみんなこんなうまいのに、俺はこんなに下手なんだろうって。

――あ、傷ついたの？

ジュン：まあ、傷はつかなかったね。結局思い返したら全部俺のせいだったから。「じゃあ練習増やそ」みたいな感じだったから。ちなみにその日、○○くんもライブハウスの近くの公園で、「はぁ」ってなってたらしい(笑)。……俺らがこの辺(下のほうを指す)で、みんなこの辺(上のほうを指す)にいるぐらい。

――それは技術的なもの?

ジュン:技術も場数も。技術とか経験とかが全部違う。考え方も。

――考え方ってのは?

ジュン:たとえば、「音楽で売れるぞ」っていう考え方が俺らと全然違う。

――もっと本気みたいな?

ジュン:そうそうそう。みていられなかった。

こうした挫折経験は、ともすると夢を諦めさせる方向に作用しそうだが、現実にはそうはなっていない。むしろ、ジュンが「結局思い返したら全部俺のせいだったから」と、挫折の原因を自らに見出して、「じゃあ練習増やそ」とさらなる活動の動機を得ているように、かれらは挫折経験を経て、さらに夢を追い続けている。そして、こうした環境そのものが、バンドマン同士の競争心を煽る構造にもなっている。

――○○(バンド名)も最近、名前みない日ないよね。

ヒロト:まあ、でも俺らのほうがかっこいいですからね。

――まだ負けてない？

ヒロト：うん。ちょうどいい。あいつらがいると燃えるんですよ。「あいつら最近頑張ってるけど俺らのほうがまだかっこいいな」って。で、あいつらは俺らに勝ちたいところもあるから、ライバルですね。

以上をまとめると、バンドマンたちはライブハウス共同体に準拠することで、外部の否定的作用から護られつつも抵抗することが可能となり、その内部でも失敗や挫折を経てさらなる動機を得、結果的にそのどちらによってもますます夢を追い続けている。では、こうしたライブハウス共同体はどのように生まれ、いかにして準拠集団になっていくのか。次節では、この点を明らかにすることで、〈若者文化〉が夢追いの維持をもたらすメカニズムを詳細に検討したい。

5　ライブハウス共同体の生成・波及・限界

(1) 打ち上げ

一つには、ライブイベントの対バン形式がある。複数のバンドが出演することで、自ずとバンドマン同士の関係性ができあがる。しかし、それ以上に重要だと、特にバンドマンたちから語られたのは、イベント終了後に行われる打ち上げである。特別な理由がない限り、打ち上げは行われる。そして、出演したバンドを中心に、ライブハウススタッフなども加わって、深夜遅くまで開かれることも多い。かれらは、ライブイベントの緊張から解放されて打ち上げに参加し、バンドマン同士あるいはライブハウススタッフとの関係を築くのである。

トウマ：打ち上げでバンドマンは仲良くなります。それはもう絶対に。打ち上げって絶対にあって。ミュージシャンって結構人見知りだったりするんですよ。ほぼ全員が。で、まあ、「どんな人と一緒なんやろう」、いったら全員敵なんでね。ライブ出てる人なんかは。お客さんの取り合いやから。それで終わって、ちゃんとお互いに見合って、「めちゃかっこいい、このバンドは」「このバンドはそんなだったな」とか感じるんですよ。で、その後に打ち上げって感じなんですよね。昔から教えられる、ちっちゃい子が寝る前に歯磨くのと一緒で、なんか絶対やらないといけない行事。

——**打ち上げには必ず出るように。**

トウマ：絶対出ますね。絶対出て、そこでみんな、肩の荷が下りた状態でお酒を飲むと、もう友達なんすよね。それがすごい面白くて。

——**どんな話するんですか？**

トウマ：どうなんやろな。人によるんですけど、たとえばほんまに音楽の話ばっかりしとる子もおるし、ずっとダメ出ししてくれるおっさんもおるし、まったく関係ない話も、下ネタとか（笑）。ただ盛り上がってる、酒の飲み比べ、これが大体多いですね。

そして、ここでできた関係性がさらなる関係性へとつながっていく。つまり、打ち上げでの出会いをきっかけにして、互いをイベントに呼び合うようになり、そこで新たな関係性が生まれて、という循環である。こうしてライブハウスを中心に絶えず関係性がつくられていき、より多くのバンドマンとライブハウススタッフからなる関係性の束＝共同体ができあがる。

マナブ：ライブハウスにいるっていうのは絶対大事なことだと思ってるんですよ。……好きなやつがおるから行くっていうのがすごく自分の中で大きくて。「今日は○○（バンド名、以下同）おるわ」、「あ、○○と○○おるやん、じゃあ行こう」みたいな。ほかのバンドさんちょっと知らんけど、まあ機会があったらしゃべるやろうみたいな。この二つがおるんやったらおしゃべりしようぐらいの気持ちでライブハウスに行って。そしたらもうお酒も飲みたくなるし、「打ち上げも出ていいっすか」ってなって、打ち上げ出させてもらったら、一緒に出てたバンドさんと仲良くなったり。そしたら向こうが知ってくださったり。「○○実は知ってたんですよ」って。「あ、そうなんですね、ありがとうございます」って。「僕もお名前は」って挨拶してたら、「今度絶対また一緒にやりたいです」っていってくださって。で、関わりができたりとか。だからライブハウスにおるってすげー大事なことなんやなって。だから僕は空いとる日はなるべくライブハウスに行こうかなって。

さらにこの共同体は、拠点となるライブハウスがある限りにおいて(2)、次世代を巻き込みながら再生産されていく。それは、各地域に根づいたバンドシーンの再生産にもつながっているのだが、ヒロトが語ったのはそれとは反対の現状であった。

――今の△△(地名、以下同)のバンドシーンに思うこととかある?

ヒロト：もっとみんなバンドやろうぜって。今いるバンドがどうこうできる問題じゃないんですよ。どうこうできるというか、今いるバンドをみてバンドやりたいって子たちが、俺がそうだったように、バンドみてバンドやろうって思わせられてないなって。

――そっか、まずは(バンドの)人口的な問題。

ヒロト：単純に△△はそうですね。(バンド)人口増やせてない理由に僕らがいるんで。

――ちょっと上の世代は結構いたってこと?

ヒロト：僕らが、僕とか○○とか○○(いずれもヒロトと同世代のバンド)が、頑張ろうと思えた先輩たちが絶対いたわけじゃないですか。○○(バンド名)がこっちに出てきてバンドしようって本気で思えた理由がいるわけじゃないですか。その人たちがいなかったらこれだけバンド頑張ってないわけですし。だから、僕らが次は後輩に△△で頑張ろうって思わせれるシーンを作らなきゃなって思うんすよね。

ヒロトが憂慮するのは、バンドシーンの停滞である。彼をはじめ、同世代のバンドマンたちがバンドを始めたのは、その少し上の世代に「バンドやりたい」と思わせてくれる魅力的な先輩バンドがいたからであった。しかし、自分たちは先輩バンドのように次世代の若者を呼び込めていない。ライブハウス共同体が世代を超えて引き継がれなければ、「△△で頑張ろうって思わせれるシーン」も先細り、継承されてきた文化も途絶えかねない。こうして、ライブハウス共同体は長らくバンドマンたちが活動する場を用意し続けてきたのである。

(2)ライブハウス共同体に埋め込まれることが夢の実現を遠のかせる?

ここまで、ライブハウス共同体が果たす積極的な役割をみてきた。しかし同時に、一部の研究参加者から語られたのは、ライブハウス共同体に埋め込まれすぎることの問題である。かれらは、次のワタルのように、バンド仲間をそれほど重要視してはおらず、特定のライブハウス共同体に準拠することも避けようとする。

――バンドやっててよかったなって思うこととかある?

ワタル:一番思うのは、高二からバンドやってたんで、打ち上げもずっと参加してたんで、目上の人との関わり方(笑)。

――そういうことなの(笑)?

ワタル:あー、そうですね(笑)。普通のバンドだったらなんていうんですかね。バンドやっててよかったこと、いい仲間と巡り合えてとか?(笑)。そんな仲良ししょーもない。仲良しグループでやってるわけじゃない。

その理由は、特定のライブハウス共同体に埋め込まれると、逆に夢の実現から遠のいてしまうと考えられているからである。調査時点で音楽事務所に所属していたリオは、これまでの活動を振り返って次のように述べた。

リオ：最初○○（ライブハウスA、以下同）で闘ってたんだけど、ここにいたら、ただの楽しいサークルの状態で終わっちゃうと思って、ちょっと一個上のライブハウスに出る、□□（ライブハウスB）、△△（ライブハウスC）とかそういう。だから○○いったん卒業するねっていうかたちで離れて。まあそっからは、ほとんど○○に戻るってことはなかったな。

――あ、スタートが○○なだけで。

リオ：スタートが○○で、バンドの楽しさも○○で学んだんだけど、ここに居続けたらツアーバンドとかみてるとレベルが違いすぎて、これじゃ闘えないと思って。もっとツアーバンドとバチバチ当たって勉強ができる場所に行こうと。

「これじゃ闘えない」。ときにバンドマンたちは、自分が主として活動するライブハウスを「ホーム」と呼ぶ。ここで取り上げた者たちにとっては、一つの「ホーム」に留まるのではなく、より規模が大きく威信の高いライブハウスに進んでいくことが重要だと考えられている。それこそが、夢を実現していくプロセスにほかならないからである。

レン：結局○○（ライブハウス名、以下同）は——系のジャンルの箱だから。横のつながりが大事な部類だから、別にそれはそれでいいのかなとは思うんだけど。……まあ○○は完全にバンド始めたての子が、バンドのイロハを教えてもらう箱だから。でも、あまりにもそのつながりっていうのを作りすぎて、そっから出れなくなっちゃってる、バンドが。もう一段階上の箱があるのよ。同じ感じのジャンルでってなると、あそこ行って、次はあそこで、その次はあそこみたいな段階的なライブハウスの流れがあるのよ。でも若い子たちは居心地がよすぎちゃって。

——ライブハウスとのつながりも、出演依頼を結局断れなくなって次の段階に行けないって感じなのか。

レン：あー、でもそれはバンドが選ぶことだからね。ただあの箱だったらそういうのちゃんと伝えなきゃいけないじゃん。「うちはこういうとこだから、君たちもう次のライブハウスに行ったほうがいいんじゃない」っていうのを伝えるべきなんだけど、それを伝えないから（先に）行けないっていうのと、バンドがそれに気づいてないっていう。

6 夢追いはどこまで続くのか

——ここまで行ったらとりあえず俺は満足だっていうのはある？

リョウ：いや、満足はどんだけやってもしないかもしんないっす。武道館行ってライブしましたってなっても満足はしないかもしんない。でもさすがにグラミー賞獲ったとかだったら、もう俺バンドやめてもいいやって思うかもしんないすけど。

リョウは、「満足はどんだけやってもしないかもしんない」と語る。それほどまでに夢追いは維持されるわけだが、本章ではその一端を、否定的経験との関係から検討した。夢追いを批判されたり、失敗や挫折を経験したりしてもなお夢を追い続けるメカニズムである。

バンドマンたちは数々の批判を受けている。その中でも本章で着目したのが、正規就職しないことへの批判であった。特に離学時点では、正規就職をして標準的ライフコースを歩んでほしい家族と、正規就職せずに夢を追いたいバンドマンとの間で衝突があった。標準的ライフコースはその「標準性」と「規範性」ゆえに、現在も「望ましい」生き方とみなされている。したがって、家族からだけでなく、また離学以降にも正規就職しないのかと問われ、夢を追っていることに対して否定的なまなざしを向けられるのである。

しかし、バンドマンの視点に立てば、この正規就職こそが忌避されるべきものとして映っていた。かれらは、正規就職を含む標準的ライフコースが社会的に「望ましい」とされることについて十分に承知したうえで、それでも夢を追っている。

では、こうした批判に対し、バンドマンたちはどのように対応しているのか。明らかになったのは、反対する家族を説得したり、批判を受け流したり、批判に抵抗したりすることで、いずれも夢追いの維持が導かれていることである。

そして、これらの対応が可能になる背景には、ライブハウス共同体があった。たとえ失敗や挫折をしようとも、それを挽回してくれるだけの力を秘めたライブハウス共同体は、外部の批判からバンドマンたちを護り、かつそれへの抵抗の足場となるだけでなく、内部での競争を煽ることで、幾重にも夢を追い続けさせる装置として機能しているのである。

このライブハウス共同体は、基本的にはバンドマン個々の相互行為によって形成されるが、それだけでなく、ライブハウスが有する対バン形式や打ち上げといった「組織／環境レベル」にも支えられている。そして、次世代を巻き込みながらバンドシーンの再生産にも結びついていた。

以上を総合すると、バンドマンたちの夢追いの維持には、〈若者文化〉が複数のレベルでもって影響していることがわかる。一方には、〈教育〉〈労働〉〈家族〉の三領域を中心として形成される標準的ライフコースがあり、かれらは〈若者文化〉に依拠して、もう一方の夢追いライフコースへと突き進んでいく。そこでは、夢追いに対する批判も、夢追いの中で経験する失敗や挫折も、夢を追い続けるための糧に変換される。こうしてかれらは、否定的経験を経てもなお夢を追い続けていくのである。

ただし、ライブハウス共同体に準拠することが、かれらを支えるのみならず、逆に夢の実現を遠のかせてしまうと、かれら自身から指摘されていた点は注目に値しよう。たしかに、ライブハウス共同体は、バンドマンたちを外部の批判から護り、それに抵抗するための拠り所となる。しかしその居心地のよさが、さらに跳躍してより上の階梯に進むことを困難にさせてしまうとすれば、この両義性こそが夢追いにおける〈若者文化〉の影響の特徴として指摘できるかもしれない。

そのうえで、次に目を向けるべきは、こうして夢を追い続けた先に、少なくない者たちが実際に夢を諦めている事実である。かれらは、どのような契機によって夢を追い続けるのをやめるのか。次章からは、夢追いの断念へと検討を進めよう。

(1) たとえば、荒川(二〇〇九)は、ASUC職業が人気のあるわりに職業に就ける者が少ないため、学歴や資格を取得しない場合には、いざというときに他の職も得られなくなるというリスクを指摘している。同様に、夢の実現可能性の低さという観点から、それがフリーターという不安定な移行に結びつきやすいことも含めて、夢追いのリスクと論じる研究は多い(上西 二〇〇二、小杉 二〇〇三)。また、親元で暮らしながら消費生活を謳歌する若者を批判的に論じた研究に、山田昌弘(一九九九)の「パラサイト・シングル」論がある。

(2) 調査期間中に確認されたのは、ライブハウスの閉店に伴って、そこで活動していたバンドマンたちが、他のライブハウスに拠点を移したり、「ホーム」を失ってそのまま表立った活動が行われなくなったりしたことであった。後には、新型コロナウイルス感染拡大の影響が重なっていくことも付言しておきたい。

IV

夢を諦める

第7章　挫折か納得か——夢を諦める二つの契機

1　「仲間がどんどんいなくなる」

——バンドやめてった人とか結構いるの?

コウジ：いますね。

——そういう人たちってどうやってやめてくの?

コウジ：まあ普通に就職してってって感じっすかね。あと結婚とか。

——それはなんでやめてったのかわかる?

コウジ：まあ、何となくわかりますけどね。やっぱそっちの道が王道みたいな感じじゃないですか。自分の将来をみたんじゃないですかね。まあ別に、諦めたからって軽蔑するとかはないですけど、全然。なんか「そっちでも頑張ってね」みたいな感じですけど。

「仲間がどんどんいなくなる」。このフレーズは、インタビューやライブイベント中のＭＣで何度となく聞かれた。つまり、夢追いの維持にはある種の時限性がある。本章では、夢を追い続けていたバンドマンたちが夢を諦めていく、その契機を明らかにする。

ここで、分析の手がかりを得るために、コウジの語りに着目しよう。そこでは、「就職」や「結婚」によってバンドをやめていく者たちの存在が示されている。そして、そんなかれらのことを「何となくわかりますけどね」といい、「やっぱそっちの道が王道みたいな感じじゃないですか」と述べている。

これらに通底するのは、前章で述べた標準的ライフコース――学卒後すぐに正規就職し、適齢期における結婚を経て、自らの家庭を築く――である。リョウも自身の経験として次のように語った。

――バンドやってて辛いこととかある？

リョウ：ちっちゃいことはたくさんありますよ。バンドやめたいなって思ったことも全然ありますす。それこそ今彼女ができて、たぶんこの先、歳的に女の人だったら結婚したいなって思う歳じゃないですか。「結婚したいって思ってるのかな」みたいな。「じゃあそろそろ就職とかも考えたほうがいいんかな」みたいなことを、将来的なことを考えるとやっぱり真っ当な、バンドが真っ当な道じゃないとは思わないっすけど、やっぱり真っ当な道ってのがあるわけじゃないですか。社会人になってみたいな。「そういう道を歩んだほうがいいのか、今俺何してんのかな」みたいな感じで落ち込んだりとかして。「やめたほうがいいのかな」と思ったときはありますけど。

以上の語りからは、標準的ライフコースに抗い続けることの困難さが示唆される。かれらは、標準的ライフコースが「王道」で「真っ当な道」であると認識している。そのうえで夢追いライフコースを選び、歩んでいる。本章では、この二つの生き方をめぐる葛藤に焦点をあてて、それが夢を諦める契機につながっていることを指摘したい。現代社会において、自らの生きたいように生きることはどれほど可能なのだろうか。

なお、「夢を諦める」とは何かという問題は、それ自体重要な論点を含んでいるが、本章ではさしあたり次のように定義する。すなわち、それまでの夢の追求や実現に最大の関心が置かれた状態から、その重要性が減退し別の何かに重要性が移る時点を指して、夢を諦めたと考える。

バンドマンたちの語りを精査すると、夢を諦める契機には大きく二つあることがわかった。以下では、そのそれぞれについて具体的にみるとともに(二・三節)、両者から浮き彫りになるバンドマンたちの夢追いの特徴を明らかにし(四節)、翻ってそれがもたらす問題状況を指摘したい(五節)。

2　第一の契機——身体的・精神的問題を抱えて

(1)夢を追い続ける中での身体的・精神的問題

第一の契機は、身体的・精神的問題を抱えて夢が追えなくなり、夢を諦めるというものである。第Ⅲ部で明らかにしたように、バンドマンたちはライブハウス共同体に準拠して、夢を追い続けていた。ところが、あまりにも精力的に活動しすぎると、かえって夢が追い続けられなくなることがある。はじめに、身体的問題について取り上げよう。たとえば、次のリョウ（ボーカル）の経験は、夢が追えなくなる一つ手前の状況である。

――ツアーとかもしたの？

リョウ：しました、しました。

――どうだった？

リョウ：そこで知ってくれる人がたくさんいたんで楽しかったすよ。辛かったですけど。身体的に。四日間連続でライブしたんすよ。馬鹿やったなーと思ってるんすよ。

――（笑）。

リョウ：のどパンパンに腫れたりとかして大変だったすけど、まあ、いい経験になったなと思います。

「四日間連続でライブ」というスケジュールは、リョウも指摘するように、のどにひどく負担をかける。ここでのポイントは、こうした状況にあってもかれらが立ち止まることはないという点である。そして、この負担が限界に達したとき、突如夢が追えなくなる。タカもボーカルだが、過密スケジュールの中で身体を酷使した結果、ライブ中に声が出なくなってしまった。そして、ドクターストップで夢追いを中断せざるを得なくなった。

タカ：半年ぐらい休んだことあったんすよ。二二～二三歳のときに。僕、のど完全にぶっ壊したんで。もうまったく声出なくなっちゃって。

――それ、何が原因だったんですか？

タカ：歌いすぎっすね。それこそ月に十何本とか(ライブを)やって、無理に無理を重ねて。完全にライブができないっていう。

――兆しはあったんですか？　ちょっとやばいなって。

タカ：毎回辛かったすね。……もっと前から完全に壊れてたんですけど、それに鞭打ってやってたら、急に声が出なくなって。もう時間が取れなくて、(ライブの)リハーサルも前日の夜とかだったんですよね。過密スケジュールで。ほんとにあれ買いましたもん、吸引器。……やっぱボーカルにしかわかんないんですよね。身体の中でしか気づけないものじゃないっすか。メンバーはおかしいなってのはわかると思うんですけど、やっぱ「練習不足だよ」っていわれたら、「あー、そうなんかな」って思っちゃうじゃないですか。身体がいくら悲鳴を上げてても、悔しいし。で、「もっとやらな」の積み重ねで。

「月に十何本」というスケジュールには、ツアーや県外でのライブも含まれており、極めて過酷な活動状況だったことがうかがえる。その結果、「歌いすぎ」で「無理に無理を重ねて」「ライブができない」状態になった。「もっと前から完全に壊れてたんですけど」というように、それ以前から身体の不調は感じていた。にもかかわらず、それでも「吸引器」を使用してまでバンド活動を続けた結果、声が出なくなってしまったのである。

このほかにも、無理な活動からさまざまな身体的問題が経験されている。たとえば、ジュンは、足が紫になるまで活動したことで、一年間ドラムができなくなった。

ジュン：俺、靭帯が緩くて。で、ドラム一年やめたの。

――**いつぐらいのとき？**

ジュン：俺がね、二〇歳とかだと思う。二〇歳から一年やめて。

――**それはやりすぎると靭帯切れちゃうから？**

ジュン：いや、もうね、痛かった。最後とか包帯を足首にぐるぐる巻きにして、血止めて、痛くないから。で、ライブして、足、紫になってた(笑)。

夢を追い続ける中で身体的問題を抱えたバンドマンたちは、夢追いの中断を余儀なくされる。しかも、たとえ夢追いに復帰できたとしても、それまでと同じように活動することはできない。声質の変化によってそれまでの楽曲が歌えなくなったり(タカ)、身体を庇って長時間演奏することができなくなったり(ジュン)するからである。

夢が追えなくなるもう一つの問題は、精神的なものである。ミズキが語ったのは、同世代のバンド仲間がライブ当日に音信不通になり、「うつ病」を発症して夢追いから離脱したケースであった。

ミズキ：県外(でのライブが)決まってたのに、失踪じゃないですけど連絡取れなくなって、どっか違うところにバイクで行っちゃったみたいで。それでちょっと心の病みたいになっちゃって。今はなんかうつ病らしいんですけど。

――今も?

ミズキ：はい。今もです。でも、できる限りやってるみたいな感じ。で、もう歌うことはできないってなって結局やめたっていう。

同様のことは、多くの研究参加者の身近で起こっている。たとえば、ハルマとシンジの仲の良かった同世代のバンド仲間も、「全部嫌になって」バンドをやめている。

――それこそうつになったとかは、周りでまだいないでしょ?

ハルマ：ああ、○○くんが、うつまでではないけどね。全部嫌になってってていうのは聞きましたけど。

シンジ：僕も電話かかってきて、やめることになったって。なんかライブがあって、ライブハウスに行こうとしたら、いつの間にか全然知らない街に着いとって、で、もうそこで自暴自棄になって。結局ライブぶっちしちゃった(すっぽかすの意)。そこからもうダメだなと思って、バンドやめたって。すごい仲良かったんで、僕。でもすごいわかるなと思ったもん、その気持ち。

――本当？

シンジ：うん。ある。

――そんなふうになったときとかあるの？

ハルマ：ああ、全然ありますよ。

シンジ：むちゃくちゃある。

ここで、次のヒロトの語りを参考に、バンドマンたちの直面する精神的問題にもいくつかのフェーズがあることを示しておこう。かれらの間で広くみられる経験に「飛ぶ」というものがある。それは、ミズキが「失踪」と表現した事態であり、突如として音信不通になり、行方がわからなくなることを指す。その多くは、バンド活動に疲れて所在がわからなくなるのだが、より深刻な場合には精神疾患を抱えるほどに悪化して、結果的に夢が追えなくなる。次のヒロトの語りは、「飛んだ」バンド仲間に関するものである。

――○○さんは元気？

ヒロト：元気です元気です。この前会いました。

――よかった。いろいろあったから。

ヒロト：あいつあんまり人に本音でぶつかれないというか。本当に俺、高校生のときからのツレ(友達)なので。あいつが一回飛んだじゃないですか、別にそんときも心配してなかったんですよ。帰ってくる場所はここしかないんで、絶対帰ってくるだろうっていう。

――飛んだときはもう、一大事やもんね。

ヒロト：飛べたっていうのがすごい大事ですからね。本当に心を病んでしまって続けられない、二度と帰って来れなくなる人もいっぱいいますし、音楽嫌いになっちゃう子も絶対いると思うんですよ。だから一回プツって切って、一回休んでちゃんと戻ってこれたっていうのは、あいつの強いところだなって。

ヒロトが指摘するのは、バンド仲間が「飛べた」ことによって、「本当に心を病んでしまって続けられない」状況を回避できたというものである。「心を病んでしま」えば、「二度と帰って来れなくなる」。夢追いを中断することで、再び夢を追い続けることが可能になる。バンドマンたちがいかに過酷な状況の中で、夢追いライフコースを形成しているかがわかるだろう。

それに関わって、もう一つ重要なのが、研究参加者のほとんどは実際には精神的問題を抱えていないという点である。にもかかわらず、たとえばハルマとシンジは「飛んだ」バンド仲間を参照して、「その気持ち」が「すごいわかる」と述べた。次のマナブも同様である。

マナブ：バンドやってる友達みんな精神不安定になるなって。自分も結構そうやからめっちゃわかるなって思うし。めっちゃやりたくなくなるんですよね。なんなんやろ、あんなにバンドが好きなのに、なんでこんなに嫌になるんやろうって思うんすけど、なってまうんやなって。すごい気持ちが痛いほどわかる。ずっとそのものだけを見つめ続けるのって難しいことだなって。目逸らしたくなるなとも思います。

――それこそ病んじゃったりとか。

マナブ：失踪事件とかね。失踪は僕もさすがにないですけど、失踪したくなるなっていうのはすごくわかります。

かれらはみな、人生の指針にするほどに「バンドが好き」で夢を追ってきたはずだ。にもかかわらず、「やりたくなくなる」ときがある。夢を追い続ける中で身体的・精神的問題を抱えて夢を諦めていくバンドマンはたしかに存在している。

(2) 夢追いの維持から夢追いの断念へ――身体的・精神的問題の背景

では、これらの問題が生じる背景には何が考えられるか。ここでは、特に共通して語られた二つを取り上げよう。

一つ目は、バンド活動が必然的に過度な緊張を強いる点である。ハルカが明確に述べるように、バンドマンとしてステージに立つこと自体が、たとえやりたいことだとしても、大きな精神的負荷を伴う。張り詰めた緊張感の中で、それに耐えて活動しなければならない。

――やっぱ、緊張感はヤバい？

ハルカ：緊張感すごいですね。どんだけ出てても、うん。よく立ててたなとか思うときあります。それぐらい怖くなったりするときもあって。でも、全然大丈夫なときもあるんですけど。だから、毎回同じコンディションでやるっていうのは、本当にすごいなって思うから。ライブとかって。

二つ目は、周囲のバンド仲間に関するものである。第4章では、バンドマンたちがバンド仲間を選択的に参照しながら夢を追い続けていることを指摘したが、それがかえってかれらを追い詰めることもある。たとえば、音楽事務所に所属するなどして、一見夢を実現したかに思えるバンドマンであっても、その裏では生活を維持するためにアルバイトを続ける者がいる。こうした現実も直視せざるを得ない。すると、そのことが大きな不安材料となって、かれらの精神的安定をむしばんでいくのである。

マサト：だってあの○○(バンド名)ですらバイトしてますからね。○○(バンド名)とかも全員バイトしてますし。「ヒァー」って思う部分が、それこそメンバーはそう思ってますね。

「なんで売れてるのにバイトしてるの」みたいな。……「果てし過ぎない？」みたいな。「あんなに昨日まで大きいステージ立ってたのに、今日はなんでレジで接客してるのかな」みたいな。そのギャップとかも不安要素の一つというか。

そして重要なことは、こうした状況にあっても、かれらが夢を追い続けている事実である。かれらが夢追いへと向かう理由には何があるのか。そこに見出せるのが、標準的ライフコースとの葛藤である。かれらは、標準的ライフコースの正当性を認めたうえで、それから離反し、夢を追っているのであった。これこそが、過剰なほどに夢追いへと邁進する理由になっている。

――さっき夢を追ってる若者の苦しみとか悩みって話をしましたけど、みなさん周りにやっぱいろいろいわれるんですかね。そこが結構リアルなとこかなって。

マサ：そこはほんまにリアルだね。うーん、難しいけどね。そのさ、理解を求めるのか、理解させるのか。捉え方でだいぶ違ってくる。たぶんそこが苦しいっていうやつは、まだ自分のよさを周りの人に一〇〇%見せつけられてない。一〇〇%見せつけれるようになってきたら、ほんま理解してくれる人が出てくる。

マサは、夢を追うにあたって重要なのは、周囲の他者に「理解を求める」ことではなく、「理解させる」ことだという。標準的ライフコースをたどっていないかれらにとって、標準的ライフコースを迫る社会は、「理解を求める」相手ではなく「理解させる」べき相手であり、「理解させる」ためにもより精力的に夢を追っていなければならない。こうしてバンドマンたちは、身体的・精神的問題を抱えるほどに夢追いへと突き進み、その結果として夢追いの中断や断念を経験しているのである。

本節では、夢追いライフコースにみられる身体的・精神的問題を論じた。共通するのは、いずれも夢を追い続けた先で生じている点である。つまり、夢追いが維持される中で、バンド活動の過熱化・過密化が起こり、それによって身体的・精神的問題が生じていた。夢追いの断念は、その一つの結果といえる。夢を追い続けることが、反対に夢が追えなくなるほどの問題を生起させて、最終的に夢を諦めることにつながっているのである。

ただし、言うまでもなくすべてのバンドマンが身体的・精神的問題を抱えるわけではない。ここで注目すべきは、夢追いの中断・断念を経験したバンドマンたちの年齢である。つまり、リョウ(二三歳)、タカ(二二〜二三歳)、ジュン(二〇歳)といずれも二〇代前半に集中している。ミズキ(二三歳)、ヒロト(二三歳)、ハルマ(二〇歳)、シンジ(二〇歳)が述べたバンド仲間たちも、かれらと同世代の若手バンドマンであった。第一の契機による夢追いの中断・断念とは、最も精力的に活動がなされるより若い時期に、顕著に確認できると考えられる(1)。

3　第二の契機——無視できなくなる将来への不安

では、こうした問題をくぐり抜けた先で、バンドマンたちはどうなるのか。三〇代に突入して夢を追い続ける者もいるし、音楽事務所に所属してメジャーデビューを果たす者もいる。しかし、併せて考えたいのは、本章の冒頭でコウジが語っていた、就職や結婚などを理由にして夢追いから離れていく者たちが、決して少なくない数で存在するということである。第二の契機は、標準的ライフコースに抗いきれなくなって夢を諦めるというものである。ここでのキーワードは「将来への不安」である。

――どういう理由でみなさんバンドをやめるんだろうなって思って。

ダイキ：本当にガチでやってる人だと、お金の面とかが出てくるかな。金銭的な面と、将来への不安。漠然とした将来への不安って絶対つきまとってくるから。

――何に対する不安なんですか？

ダイキ：生きることに関すること。どんぐらい金かかるかわからんけど、俺このまま人生歩んでいって、まあ不安定な職業のまま、もちろん世間からの目もだんだん厳しくなっていく。それでいいのかなとか。

――そういうの感じられてた時期ってありますか？

ダイキ：あるよ。将来的に結婚するのかわからんけど、まあそうなったときのこととか。

一方、「将来への不安」がないとするバンドマンも存在した。しかし、語りの全体をみていくと、実際にはどこに「不安」を感じているのかがみえてくる。

――将来への漠然とした不安みたいなのはある?

レン:ない。

――どうにかなるかなって感じ?

レン:それに近いね。まあでも、音楽はずっとやるから、やりたいことはずっとやれるなとは思ってて。結婚とかだよね、逆に不安になるとしたら。……まず金がないじゃん。で、金がないと結婚を先延ばしにするっていう選択肢しかないわけじゃん。で、周りは就職してて、貯金もあって。歳を取るたびに若いころにはやりたいことがやれてるってだけで勝ち組だったのに、歳取れば取るほどほぼ負け組に近づいてくると。社会的な立場みたいなのを考え始めると、何か、その不安はめちゃくちゃあるけど、まあ人によってはね、そこに目をつぶって「楽しいよ」っていうか、「終わった」っていうか。

ここでの不安の正体も、金銭的困難による結婚の先延ばし、つまり標準的ライフコースに関わるものであった。そして、「勝ち組」「負け組」という表現で語られたのも、標準的ライフコースをたどる者との差異、かれらに取り残されていくような感覚である。マサはそれを「孤独」と表現して、次のように語った。

――周りでバンドをやめちゃう人っていらっしゃったと思うんですけど、その人たちってどういう理由でやめられていくんですか?
マサ：ほぼすべて生活かな。
――生活?
マサ：生活。たとえば、生活が苦しいとか。
――カツカツな生活が続きますもんね。
マサ：大変だよね。だってみんながさ、周りの友達が遊んでたりとか酒飲みに行ってるときも、こっちは家で地味にギター弾いたりとか。やっぱ孤独だし、まず感覚が違うから。……やっぱり孤独感みたいのは常に味わうけど、クリエイティブなことする人は、ちょっと孤独じゃないとダメなんだよね。みんなと同じ気持ちだと、それは孤独じゃないから。そういう人はもう新しいことはできない。まあ、その孤独感をどう捉えるか。

また、この不安には夢追いに直接関わるものもある。つまり、いつ実現できるかわからない夢を追い続けることへの不安である。マナブは、売れていくバンドマンたちと自分たちとの違いを比喩的に示しながら、次のように述べた。

――売れていくバンドの人たちって、何か自分たちと決定的に違うというか、そういうのあるんですか?

マナブ：あります。あって、それを未だにうまくまとめられてないんですけど、絶対あるんですよ。売れてる人たちって、ものすごい勇気を持ってるんだと思います。あの、山頂と山頂をつなぐのが一本のロープだけで命綱もないんですよ。渡ろうと思えば渡れます。でも落ちたら死にますよね。でも行く人間が売れてるなって。そこ歩いていった人間っていうのは、歩いていった人間たちにしかわからない共通意識があるんですよ。売れてるバンドってなんであんなに仲いいんだろうって。それはたぶん、その道を渡ってきたやつにしかわかんない共通意識があるからなんですよ。その持ってる経験って、そこを渡っていくうえで、渡れなかった人には手が出るほど欲しいことなんですよ。……でもやっぱり怖いっす、人生賭けるってことは。フリーターでやるとか、バンドってつぶしがきかない職業だし、冷静に考えたらバンドで一〇年食っていくのって不可能だと思うんです。今はバンドシーンの波が来てるからこそ、こんなにバンドがたくさん売れてる時代だけど、またきっと波は沈んでいくし。そうなったときに、あと数年後にあの人たちは稼ぎがなくなるかもしれないじゃないですか。それでもいいと思ってやってるから、あんな歌が書けるんだろうし、命綱なんかない、もう登ることしかできないし、でももう中途半端なところまで登っちゃったから今更もうやめても落ちて死ぬだけなんですよ。いけるとこまで登ろうっていうくらいの無謀な考えで、歩いていけるだけの勇気っていうのは要るんじゃないかな。

売れていくバンドマンというのは、「命綱」もつけずに高い山頂の間を渡り切った者たちである。それには「ものすごい勇気」が必要で、達成した者同士は「共通意識」があるため、とても仲が良い。しかし、未だにその「ロープ」を渡ることに躊躇している自分がいる。「バンドってつぶしがきかない職業だし、冷静に考えたらバンドで一〇年食っていくのって不可能だと思う」という見通しの中で、「命綱」もつけずに思い切った選択をすることは自分にはできない。ある種の「無謀さ」とそれを選択できない葛藤が、夢追いへの不安を醸成している。そしてこれらの不安は、まさにバンドを仕事にしようとするからこそ生まれるものである。

リオ：社会人バンドとして楽しむ。正直あのかたちが音楽としては最良のかたちだと思う。なんか、楽器とかバンドって、生きがいとして存在するには最高だと思います。生涯自分の心を豊かにするものに出会えるか出会えないかって、その人の人生の幸せ指数が変わってくると思ってて。で、それを仕事にしようとしてるやつらは、それによって首締められるんですよね。（社会人バンドは）そこの呪縛から離れてるから、めっちゃ楽しんでる。だって、始めたころってすごい楽しいから、たぶんそれに戻ると思って。いいなあって。

――リオさんたちは、事務所つくまでそんな感じの期間だったんですか？　音楽の純粋な楽しさっていうよりは、仕事にしなきゃみたいな。

リオ：うん、そっちの。で、今、仕事になってからも責任は伴うから。もう俺たちの活動は、俺たちだけで尻は拭けないと。会社の人たちを巻き込んでるから。俺らが出す音とか作る曲にその人たちの血が入ってるっていうのを考えるようになってからは、まあ、しっかりしなきゃなっていうのもありつつ、重いみたいな。

――あ、重い。たしかにそうですよね。

リオ：重いなあ、もっと楽に曲が作りてえ。まあでもマインドとして、本当に曲作るときは、「あ、これやってみよう」みたいなところから作ってって、それをかたちにする中で、その、プロ意識を混ぜていくんですけど。まあ、全然その楽しさは、そう、別の楽しさはあれど、人生を豊かにするほうの楽しさではないかなっていう。

加えてリオが語るのは、たとえ夢を実現できたとしても、そうした不安はかたちを変えてぬぐい切れないということである。現在、リオは音楽事務所に所属しながら活動しており、潤沢な活動資金があるなど、ある種夢を実現したとみなせる状況にあった。実際、彼を含めて所属するバンドのメンバー全員が、アルバイトをすることなく音楽活動のみで生計を立てられている。しかし、リオは「仕事になってからも責任は伴うから」と、「責任」の「重さ」を強調した。つまり、プロとしてさまざまな職業人と協働しながら楽曲を制作しなければならない重圧が、バンドマンにのしかかっているのである。この意味で、バンドマンの抱える不安は完全に消え去ることはない。

以上、本節ではバンドマンたちの不安の中身について検討してきた。標準的ライフコースが厳然と存在する中で夢を追うかれらは、それによって少なからず将来への不安を抱えざるを得ない。もちろん、前章で検討したように、標準的ライフコースを批判し、抵抗することで夢を追い続けることもできる。かれらを支えてくれる準拠集団もある。しかし、年齢を重ねるにしたがって、将来への不安が無視できなくなるほどに大きくなる。(2) しかも、夢を実現した先には、また別の不安(重圧)が待ち構えている。こうした何重もの不安が代わる代わる押し寄せる中で夢追いは維持されている。

そして、この不安に耐えきれなくなったとき、かれらは夢を諦める。多くはバンド活動からも身を引き、別の人生を歩んでいく。かれらはどこへ向かうのか。再びこれまでの語りを確認するならば、「就職」や「結婚」といった標準的ライフコースである。つまり、夢を諦めて正規就職や結婚をしたり、むしろ正規就職や結婚をするために夢を諦めたりする。夢を諦めた多くの者たちが行き着く先は、あれほど抵抗していた標準的ライフコースだったのである。

もちろん、夢を諦めたすべてのバンドマンが標準的ライフコースにたどり着くわけではない。それこそ、セカンドキャリアの中身は、職種なども考慮すれば極めて多様であり、夢追いではないかたちでバンド活動を続けようとする者もいる(詳しくは次章)。しかし、ここで確認すべきは、そこから離れようとする者さえ捕らえて離さない標準的ライフコースの圧倒的な力である。それほどまでに標準的ライフコースの正当性は、今なお強固に残り続けているといえよう。

4　だれのせい?——「やりたいこと」と自己責任の共振

ここまで本章では、バンドマンたちが夢を諦める理由として、身体的・精神的問題と将来への不安を指摘した。かれらは、夢を追い続ける中でバンド活動の過熱化・過密化を経験し、身体的・精神的問題によって夢が追えなくなったり、年齢を重ねるにしたがって増大する将来への不安に耐えきれなくなって夢を諦めたりしていた。では、かれらはこうした事態をどのように受けとめているだろうか。

以下でみていくのは、ほかでもないバンドマン自身によって、それが自己責任として引き受けられかねない状況にあるということである。なぜなら、すでに夢追いのさまざまな困難や問題が自己責任とみなされ、対応されているからである。次のヒロトの語りは、それを象徴していよう。

――バンドやってて辛いなとか悩んだりとかは？

ヒロト：悩みはしないですね。単純に夜勤明けで寝ずにスタジオ行ってそのままライブとかだとマジ眠いとか思うんですけど、それがやりたくてやってるので。嫌だったら嫌っていうんで。別に夜勤も楽しくないわけじゃないですし。

ヒロトは、仕事とバンド活動を両立する中で、「夜勤明けで寝ずにスタジオ行ってそのままライブ」というようなスケジュールをこなしている。しかし、それは「やりたくてやってる」という理由で回収される。つまり、「やりたいこと」の論理が自己責任を内包しているのである。

たしかに、バンドマンたちはバンド活動を「やりたいこと」だとみなしている。夢追いライフコースをたどる最も根底的な理由には「やりたいこと」があった(3)。

——中学とか高校くらいから、音楽で飯食ってくんだって感じ？

ワタル：思ってましたね。中学ぐらいから。で、一番はサラリーマンになりたくない、会社員になりたくないからっていうのもあるんですけど、結局、自分のやりたいことで金稼ぎたいなって。で、一番やりたいことが音楽だし、じゃあ、バンドマンをやりたいなって。

しかし、そうした「やりたいこと」であるはずのバンド活動には、さまざまな困難が伴っていた。前章で論じた失敗や挫折の経験などはその最たるものである。次のシンジのケースでは、自主イベントの企画において、出演バンドが決まらないという問題が生じた。ライブハウスのスタッフにもプレッシャーをかけられる中で、ひどく思い悩む。

シンジ：俺、去年、自主企画を夏休みに○○(ライブハウス名)の○○さんにやれっていわれて。ずっと僕が連絡取ってて、バンドとか全部誘えよっていわれて。けど全然バンド決まらなくて、そのときは一番、僕病んでて。バンド決まらないし、いろいろ決めなきゃいけないこともあるし。しかも○○さんに、すごいプレッシャーかけられて。「まだ決まらんの、どうなっとんの、おかしいよ」っていわれて。いや、でも決まらんしっていうので。

本当にもうバンド、好きで始めたことなのに、なんでここまで追い込まれなきゃいけないんだろうっていうので、本当にもうバンドをやめるか、本当にもう死にてえなぐらい思ったことはあった。

バンドマンたちは、「やりたいこと」という語彙を用いて夢追いを説明する。「やりたいことだからバンド活動を始め、やりたいことだから夢を追っている」と。しかし、それは同時に自己帰責に繋がる回路にもなる。「やりたいことだから、それを選択した自分に責任がある」と。次の語りは、リョウに対してどのような支援が欲しいかと尋ねたものである。

リョウ：本心でいうなら、働かずお金が、国ないし県から毎月二〇万出ます、これで好きなようにバンド活動してくださいっていうんだったら、たぶん世の中バンドマンめちゃくちゃ増えます。めちゃくちゃ増えるし、その中でおそらく才能ある人は伸びて、もっと格差ができると思います。実力社会なんで。でもそういうのがあると、もっといっぱい楽に活動できるのになあとは思いますけどね。まあ、好きなこと仕事にしようっていうんで、そんな楽しちゃダメっすけどね。

当初、リョウも支援の必要性を指摘している。しかし、最後には翻って「まあ、好きなこと仕事にしようっていうんで、そんな楽しちゃダメっすけどね」とまとめた。このように、「やりたいこと」の論理は、一方で夢追いの動機を説明する論理でありながら、他方でだからこそ夢追いに伴う困難や問題を個人に引き受けさせる自己責任の論理にもなっていると考えられる。(4)そして、それゆえに実際の場面でも、かれらの対応は個人化している。たとえば、リオが語ったのは、夢追いに否定的な他者がいる場所には近づかないことであった。

リオ：なんかその、普通の人がいるであろう場所には、あんまり行こうと思えなかった。そもそもこういう特殊活動してるから、特殊活動に理解ある人のところに行くべきだと俺は思うし。バイト先とかでバンドに対して否定的な人がいたら、バイトすぐやめて、たぶん変えてたと思う。だって、休みが取れないとバンド活動に支障が出るし。そこで働いてもバンドにマイナスしかないから。

――**融通利かないと、何だかんだいわれるし。**

リオ：融通利かない、そうそうそう。うるさくて、たぶんやめる。だから、そういう意味では、幸せな環境が探せばあるから、社会には。

――**社会が何ていおうが、それがもう聞こえてこない場所があるというか。**

リオ：そうそう。どういうふうに見られてるかなんて知らなきゃ別に何とでもないし。自分が知ろうとしなければ、別にそれだけで世界は完結するから。わざわざバンドマンってそういうふうに見られてるものやなっていう意識を持つ必要もないなって思ってる。

言うまでもなく、個人的な対応によってすべての問題がクリアされるわけではない。解決されぬまま残され、溢れかえる問題が澱のように溜め込まれていく中で、かれらは夢を追い続けている。そして、それが限界を迎えたとき、夢を諦めるというかたちで夢追いライフコースに区切りがつけられるのではないだろうか。

5 夢追いの先へ——標準的ライフコースの呪縛

本章では、バンドマンたちがいかにして夢を諦めていくのかを検討した。明らかになったのは、二つの契機である。

第一の契機は、バンド活動に精力的に取り組むことが、逆に身体的・精神的問題を引き起こして夢が追えなくなるというものであった。かれらは、自らの夢を実現するために、ライブハウス共同体に支えられて、またときに否定的経験をはねのけながら夢を追い続けていた。しかし、それがバンド活動の過熱化・過密化を招くとき、かれらの身体や精神が悲鳴をあげる。声が出なくなった、身体を痛めた、「飛んだ」、うつになった等々、研究参加者だけでなくその周りのバンド仲間も含めるならば、身体的・精神的問題を抱えるバンドマンは決して少なくない(5)。もちろん、すべてのバンドマンがそれを経験するわけではなく、またそれによって必ずしも夢を諦めるわけでもない。だが、その感覚自体が共有されている事実に鑑みれば、より広がりをもって指摘できるはずである。

第二の契機は、将来への不安に耐えきれなくなって夢を諦めるというものである。標準的ライフコースの「望ましさ」も、自分がそこから外れていることも、かれらは十分に理解している。そうした状況の中で夢を追い続けるからこそ、年齢を重ねるにしたがって、将来への不安が無視できなくなる。ある者は「正規就職」を、ある者は「結婚」を理由に、バンド活動から離れて夢を諦めていく。あれだけ批判していた標準的ライフコースに、夢追いライフコースから合流するのである。

そして、バンドマンたちの「やりたいこと」の論理に自己帰責が伴う側面も指摘した。かれらは、バンド活動が「やりたいこと」だからこそ夢を追っているのだと語る。しかし、それには「やりたいこと」をやっているのだから、そこでの困難や問題には自ら対処しなければならないという論理が組み込まれている。こうして、夢追いの中で直面するさまざまな困難や問題は、実際に「やりたいこと」をやっている自らの責任として引き受けられ、個別に対処されていく。その限界が、夢を諦める契機となって現れているのではないだろうか。

本章の分析を通して特に重要となるのが、標準的ライフコースの存在である。前章では、それに抵抗し、離反するバンドマンたちの姿を描いてきたが、本章の検討からみえてくるのは、標準的ライフコースの呪縛ともいえるような、その逃れ難さである。

たとえば、バンドマンたちが身体的・精神的問題を抱えるまで夢を追い続ける背景には、標準的ライフコースとの葛藤があった。かれらは、標準的ライフコースの正当性を認識しているからこそ、精力的に夢を追うことで、それに立ち向かおうとする。夢追いに批判的な他者を含めて、周囲を理解させせなければならないからである。その結果が、バンド活動の過熱化・過密化であり、身体的・精神的問題による夢追いの中断・断念であった。

また、将来への不安については、より直接的な背景となっている。たしかにかれらは標準的ライフコースに抵抗し、離反しようとするが、いつまでもそれができるわけではない。標準的ライフコースをたどっていないことが将来への不安を増幅させ、無視できないものとすることで、夢追いの断念がもたらされるのである。

こうしてみてくると、標準的ライフコースという「望ましい」生き方は、それから外れようとする若者を決して手放すことなく、多くの葛藤と不安を与え続け、ある者はそれを払拭しようと夢追いに邁進することで逆に夢が追えなくなり、またある者はそれに耐えきれなくなって夢を諦めていることがわかる。標準的ライフコースは、その縮小や崩壊が指摘されて久しいが、今なお「標準性」と「規範性」を併せ持っており、だからこそ、それから外れて自らの人生を自らの手で形作ろうとする若者たちの〈生〉を大きく制限しているのである。ここに、標準的ライフコースの抑圧的側面が指摘できる。

そして、さらに看過できないのが、こうして直面するさまざまな困難や問題が、バンドマン自身によって自己帰責されかねない点である。すでにその一部は、夢追いの中で自己責任化されている。「やりたいことだから夢を追っている」という動機の説明が、「だからこそそこでの困難や問題は自分で解決しなければならない」という問題の個人化を導くとすれば、夢追いは極めて過酷な営みにならざるを得ないだろう。

ここで考えたいのは、両者が結びつく必然性である。すなわち、夢追いに伴う責任はすべてバンドマンが背負うべきものなのだろうか。一方には、「夢を持て！」のように将来の夢を称揚する教育的な期待がある(児美川 二〇一六、高部 二〇二〇)。他方には、かれらを追い詰める標準的ライフコースの要請が未だに根強く存在している。バンドマンたちはこの狭間にあって、その責めを一心に引き受けているようにみえる。この点は、終章で改めて論じることにしよう。

(1) その理由には、少なくとも次の二つが考えられる。一つ目は、タカが別の箇所で「ただひたすらにやる時期はもうなくなりました。でも昔は馬鹿みたいにやってましたよ」と語るように、経験の浅い時期にはなりふり構わず活動しがちだが、次第に自分なりの活動ペースをつかんでいくという見方ができる。自分の限界がわからないままに活動しすぎた結果として身体的・精神的問題を発症し／しそうになり、その経験から無理のない範囲での活動が模索されていくのではないだろうか。二つ目は、調査の限界にもかかわって、二〇代のバンドマンをより多く対象にしたため、歳を重ねてから発症する身体的・精神的問題をつかみ損ねている可能性がある。現在進めている追跡調査では、二〇代半ばから後半にかけてのバンドマンたちからも、特に精神的問題を抱えたバンド仲間のケースが報告されている(その多くが新型コロナウイルス感染拡大を直接の背景としている)。ここでの結果は、筆者の調査した範囲に基づくものであり、今後さらなる検討によって、知見を深めていくことが必要である。

(2) 前節の検討とは打って変わって、将来への不安を明確に述べたのは、いずれも二〇代半ば以降の者たちであった(ダイキ＝二五歳、レン＝二六歳、マサ＝二八歳、マナブ＝二六歳、リオ＝三二歳)。第一の契機が二〇代前半という若手時代に直面しやすいとすれば、第二の契機は、それを乗り越えた先に現れるものだと考えられよう。

(3) ここで第2章の分析結果を想起してほしい。つまり、バンドマンたちが夢追いを選択するためには、バンド活動が他の何よりもやりたいことだと認識できなければならなかった。バンド活動以上のやりたいことができてしまえば、夢追いの選択には踏み切れない。だとすれば、かれらが「やりたいこと」としてバンド活動を語るのは必然である。

（4） 正社員バンドマンたちがその困難を自己責任化して語る点については、野村（二〇二三）で論じた。

（5） これはあくまでも筆者の調査範囲から導かれた結論であるが、より問題なのは、こうした実態の全貌が明らかにされていないことである。本章の知見は、限られた範囲であるとはいえ、少なくない規模で、夢が追えなくなるほどの身体的・精神的問題が生じていることを示した点で意義があると考える。その全貌解明が俟たれる。

第8章　夢追いバンドマンのライフヒストリー
――選択・維持・断念のつながり

1　夢追いライフコースをトータルに描く

ここまで本書では、夢追いの選択(第Ⅱ部)、夢追いの維持(第Ⅲ部)、夢追いの断念(第7章)と、夢追いライフコースを分節化して、それぞれの段階をみてきた。いずれも、研究参加者三五名の語りを横断的に用いている(第5章を除く)。

それに対し、本章では夢追いライフコースの全体を視野に入れて、バンドマンたちが夢を諦めていくプロセスを検討する。具体的には、どのように夢を追い始め、追い続けたのかが、その後の夢の諦め方や理由に影響していることを示す。

筆者が行った調査は、夢追いの選択から維持、断念までを一続きのプロセスとして把握できるようになっている。ときに複数時点で追跡的に調査し、一回限りであっても、できるだけ三つの段階すべての要素が含まれるように工夫した。(1) したがって、バンドマンたちがどのように夢を追い始め、追い続け、そして諦めていったのかを、個人のライフヒストリーとしてまとめることが可能である。本章では、三名のバンドマンのライフヒストリーを取り上げることで、ここまでの分析結果を確認しつつ、夢追いの選択と維持が、どのように夢追いの断念へとつながっていくのかを検討する。いわば、バンドマンの夢追いライフコースの全容をそのまま描き出す、総合的な試みである。

取り上げるのは、E、F、Gの三名である。いずれも調査期間中に実際に夢を諦めた、もしくは諦める見通しを語った点で共通する。筆者の調査は、今まさに夢を追って活動するバンドマンを対象としたものであるため、かれらが夢を諦めるにしても、そこには不確定かつ長期の時間が必要であった。その意味で、夢を諦める経緯を詳細に把握できたこの三名のライフヒストリーは、偶然によるところも大きいが、そのアクセスの難しさも相まって、非常に貴重なケースだといえるだろう。なお、本章では個人にまつわるさまざまな情報を扱うため、第5章と同じく匿名性の観点から仮名をアルファベットに変更した。

はじめに、かれらとの出会いを述べておきたい。Eとは、筆者が別のバンドをみるために参加したライブイベントで知り合った。共通の知り合いがいたこともあり、調査協力もすぐに了承された。インタビューは二度にわたって行い、一回目は、主に夢追いの選択と維持について尋ねた。二回目は、表立った活動が見られなくなったことを不思議に思った筆者から連絡を取って実現した。そのときに初めて、夢を諦める具体的な見通しが語られた。その後も、ライブハウスなどで会うたびに近況報告を受けている。

Fとは、彼が出演するイベントに客として参加したことがきっかけで親しくなった。インタビューは一度だが、それまでに半年以上、インフォーマルなやりとりを行っている。あらかじめ夢を諦めようとしていることを聞いていたため、実際のインタビューでは、夢追いの選択から維持、断念までを広く話題とした。

Gとは、もともと彼の所属するバンドについて知っていた筆者が、知り合いのバンドマンに紹介してもらうかたちで出会った。インタビューは一回で、所属するバンドを活動休止にして数カ月が経ったタイミングであった。そのときの関心事として夢を諦める見通しが語られている。

このように、かれらとの出会いはさまざまだが、いずれも同一個人を対象に、夢追いの選択・維持・断念のすべてが検討できる点に特徴がある。以下では、分析の焦点を明確にして(二節)、夢追いの選択・維持にかけての流れを確認し(三節)、それとのつながりで夢を諦める(見通し)に至った過程を明らかにする(四節)。

2 分析の焦点

ここで本書の分析枠組みを振り返っておきたい。本書では、〈若者文化〉を中心にして、〈教育〉〈労働〉〈家族〉を含めた四領域モデルを設定した。これまでの章でも、これら四つの社会領域がそれぞれに関係する中で夢追いの選択や維持が導かれていることを示してきた。しかし、前章に関していえば、夢追いの断念と四つの社会領域との関係はあまり明示的でない。また、それ以前の章についても、各々の内容に即して四つの社会領域のうち、いくつかを取り上げて検討している。

本章では、これまでの分析結果を参照しつつ、四つの社会領域すべてを含んで、よりトータルに夢追いライフコースの軌道を描いていく。つまり、夢追いの選択、維持、断念のプロセスに、〈若者文化〉と〈教育〉〈労働〉〈家族〉とがどのように絡まりながら作用しているのかをたどっていく。そうすることで、バンドマンたちが夢を諦めるに至った経緯を、それまでの夢追いの経過の中に位置づけて検討することが可能になる。三名のライフヒストリーを重ね合わせるとき、そこに一定の傾向が浮かび上がってくる。

詳細は以下で述べるが、本章で取り上げる三名の特徴について整理しておこう。まず、共通する部分にかれらの家族関係がある。たとえば、Eは母と祖父母という家族構成であり、FとGはともに母親と死別している。こうした家族の存在が、かれらの夢追いライフコースに幾重にも影響を及ぼしている。

一方、相違する部分は、労働面での多様性がある。Eは大学卒業後に正規就職し、仕事とバンド活動を両立させて夢を追っていた。一方、Fは大学卒業後すぐにフリーターとなって活動していたが、夢を諦めたことをきっかけにして正社員へと移行している。Gも音楽専門学校を卒業後フリーターとなったが、インタビュー時には働き方を変えていた。こうした差異も、かれらの夢追いライフコース(特に夢追いの断念)を理解するうえで、欠くことのできないポイントとなる。

3　夢追いの選択から維持へ

(1) 事例

●Eさん

Eは愛知県で生まれた(調査時点で二〇代後半)。母親は未婚でEを出産している。

Eが音楽を始めたのは、高校入学後すぐである。「当時一番声が高いって理由で」、「バンドやろうよっていう誘いがあって」バンドを始めた。高校一年はコピーバンドで活動し、二年になるとオリジナル曲の制作や県外遠征を含む「一番思い入れの深いバンド」を結成した。高校卒業後もそのバンドを継続し、フリーターとなって「一番夢を追っていた」。

高校卒業後二年のタイミングで、「ちょっと自分の中でいろいろ考え直す機会が来た」。「初めてめちゃめちゃ好きになった女の子がおって」、「もし将来のことを考えるってなったときに、俺フリーターでバンドマンかって。それがすごいひっかかるようになっ」たからである。バンドのほうも、地元で活動することに息苦しさを感じていたこともあって、「メンバーに俺大学いこうと思ってるんやー」と話し、バンドを解散してすぐ大学進学を目指して受験勉強に励んだ。このときは「もう僕の中ではバンドマンじゃなかった」。

晴れて、県外の大学に進学することができた。進学後は、楽器が好きという理由で軽音サークルに入った。サークル長を経験するなど、精力的に活動していた。しかし、それはあくまでも学生生活の範疇のものであった。だが、「Eさんと本気でバンドやりたいんですっていうふうに誘いを受け」て、「もう俺やる気ないって。そのために大学入ってるから」と何度も断ったが、結局「じゃああくまで学業優先でやるし、もうほんとに趣味程度でならやろうかっていう話で」バンドを組むことにした。

しかし、このバンドを続ける中で、考えが大きく変わっていった。そもそもバンドから離れて生活するために大学進学したのだが、「半年ぐらい活動したところで、自分の中で思ったのが、前のバンドで本気で音楽っていうものに打ち込んどったときよりもはるかに手ごたえがある」。そのため、「楽しいからやめられなかった」と、バンドをやめないという進路も考えるようになった。

だが一方で、すでにフリーターとして活動していた経験があり、かつ「母子家庭で一人っ子で育ってきて」「大学のお金も出してもらってる」、「大学に行かせてもらって大学三年四年のころに出会った人たちとの縁で、またバンドやり始めました、ごめん、俺またフリーターでバンドやるわっていうのは、ちょっと母にはとてもじゃないけど申し訳ないなと思って」、大学卒業後はフリーターではなく、地元企業に正規就職した。メンバーも同じタイミングで就職したため、現在は正社員として働きながらバンド活動を行っている。

●Fさん

Fは愛知県で生まれた(調査時点で二〇代後半)。父親は地元の化粧品会社に勤務し、母親とは三年前に死別している。

Fが音楽を始めたきっかけには、アマチュアミュージシャンとして活動していた父親の影響があった。「結構、親父の意思で（楽器を）渡されて、全然意味もわからずに、何これみたいな感じで始めたのがきっかけ」だった。

中学・高校では、軽音楽部に所属し、バンド活動に明け暮れる日々だった。大学進学後もバンド活動は続け、大学三年生のときに転機が訪れた。全国規模のオーディションで「優秀賞もらって、結構いけるやんってなって」、そこから「音楽で食っていく」ことを目指すようになった。また、そのオーディションを機に、「地元でラジオとかやっとる、人との交友が結構あるおっちゃんがすごい気にいってくれ」て、その人の紹介で、ある芸能プロダクションに所属することが決まった。大学卒業後は、「もうそんときはやってくって気持ちやったから別に、バイトで、なんの迷いもなかった」とフリーターになった。「イチかバチかやけど、もう捨てて、楽しいしやってみようかなって。結構軽いノリだった」という。

しかし、芸能プロダクションに所属してからは、売り上げ金の搾取や日常的な脅しなどさまざまな問題に直面させられた。Fはその状況に違和感を覚え、自ら法律事務所に相談に行くなどして、最終的に「無理やりこっちから切り離す感じでやめた」。

芸能プロダクションを退所した後は、ライブハウスを活動拠点に据えた。それ以前は、事務所の方針でライブハウスではなく、路上や企業イベントを中心に活動していたからである。しかし、ライブハウスでの活動経験がなかったため、当初は知り合いと呼べるバンド仲間も皆無であった。徐々に、ライブハウスのイベントに出演するようになって、打ち上げなどで関係を作る機会も得たが、なかなか他のバンドマンに声をかけることができず、つながりは広がらなかった。

その一方で、集客は固定ファンこそ一〇人程度であるものの、「最近のほんとここ半年くらいは、わりとプラスが多かった」。バンド活動からの収益も少なからずあった。家族は、夢を追っていること、フリーターであることにまったく反対しておらず、むしろ家賃などを支払うかたちで直接的な援助をしてくれている。

●Gさん

Gも愛知県で生まれた(調査時点で二〇代前半)。父親は料理人で、母親とは数年前に死別している。父親との不仲から実家を離れ、一人暮らしである。

Gが音楽を始めたきっかけは、中学三年の文化祭である。高校に進学してからは、中学時代の仲間とオリジナル曲を制作するバンドを組み、初めてライブハウスのイベントにも出演した。

そのバンドは、高校卒業と同時に解散する。Gは、料理人をしている父親から「お前は絶対継ぐ」といわれ、父親に促されて東京の料理専門学校に進学した。東京に移動してからも、ドラムは続けており、「アニメのコピーバンドみたいなのをネットか何かでみつけ」て、「東京のライブハウスで一回か二回だったかな、コピーイベントみたいなのに出」たりしていた。

料理専門学校を卒業するタイミングで、インターンシップで訪れたレストランに就職する。

しかし、「それまで優しかった人たちが就職したからって、めっちゃ厳しくなって」、精神的に追いつめられてしまい、二カ月で退職した。

「病院で診断書出してもらって」仕事をやめ、実家に戻る。そして、「中学校のドラムを始めたときからずっと教えてくれてるドラムの先生」に、「ドラムで食べていきたいというか、もうちょっとドラムを掘り下げたいと思って、どうすればいいか」と相談に行った。すると、ある音楽専門学校を紹介された。Gは、すぐに進学を決意する。この音楽専門学校在学中に、ライブハウスでバンド仲間から現在のメンバーを紹介され、バンドを結成するに至る。

バンド活動は順調であった。ライブハウススタッフからのアドバイスによって、初企画ライブで一〇〇人を超える動員に成功する。また、レコード会社の人には「このまま行ったらメジャーいけますよ」といわれ、メジャーバンドばかりのイベントに呼ばれたりもした。こうして、「売れたい」という夢の実現に向けて着実に進んでいた。

(2) 考察

三人がたどった夢追いの選択から維持までのプロセスを描いた。ここでは、その共通点と相違点に着目して考察しよう。

まず、音楽活動を始めたきっかけには、いずれも学校教育が深く関わっていた。少なくとも、高校生のときにはライブハウスに通い、ライブイベントにも出演している。

Eが音楽活動を始めたのは、高校でバンドを組んだことがきっかけであった。そうして高卒後に「一番思い入れの深い」そのバンドで、一回目の夢追いが始まっている。また、バンド解散後に大学進学してからは、再び軽音サークルに没頭し、それが二回目の夢追いにつながっている。Fも中学・高校と軽音楽部に所属し、夢追いを決定づけたオーディションは大学時代にあった。Gの場合は、中学での文化祭がドラムを始める直接のきっかけとなった。加えて、料理から音楽へと職種をガラリと変えるタイミングでも、音楽専門学校が介在している。こうして〈教育〉は、バンドマンたちが夢を追い始める重要な入り口になっているのである。

その入り口を通って実際に夢追いの選択や維持へと進んでいくのだが、そこでは〈教育〉に代わって〈若者文化〉が重要な影響を与えていた。たとえばGは、ライブハウス共同体でのバンド仲間からの紹介で、現在のバンドメンバーと出会っている。その後「売れるかもしれない」と実感できたのも、ライブハウススタッフの存在が大きい。事実、音楽専門学校を卒業した後、順調に集客を増やして夢が追えたのも、ライブハウススタッフとの二人三脚で、タイミングを周到に計算して、企画イベントを次々に打ち立てていったからであった。Eも正社員として働きながら夢を追い続ける理由を、バンド仲間に求めている。

――音楽一回やめて、また音楽を好きになるっていう、やっぱ自分音楽好きなんだなって気づいたきっかけってあったんですか?

E：気づいたらやってたことですかね。あ、大学二年の学祭も大きかったです。成功したんですよ。大きな成功だったと思います。バーンって最後のフィニッシュ鳴らして「ありがとう」っていったときに、「あー、やっぱバンドやめられんわ」って。ここでしか感じることのできないものが好きやなって。そっからですね。なんか曲作ろうって思ったり、楽器触ったり。だからメンバーに（バンドを組もうって）誘われたとき嬉しかったんですよ。怖くて踏み出せんかったところもあるけど、いろんな人に背中押されてやってみようって。で、じわじわ外堀を埋めるように音楽の楽しさがついてくるんですよね。○○（バンド名、以下同）とか○○とか○○とか友達ができた、○○さん（ライブハウススタッフ名）だったり、ライブハウスの方々に「お前らいいね」って、めっちゃ些細な一言なのに、そうやってみんながいってくれるから余計に楽しいし、やめたくなくなったし、やっぱ音楽好きなんやなって思いますね、気づいたら。

一度夢を諦めて大学進学する道を選び、その後再び夢追いへと戻るのには、相当な葛藤があったと思われる。「怖くて踏み出せんかった」夢追いの再選択に、「いろんな人に背中押されてやってみよう」と思い、「友達ができた」「「お前らいいね」って」いってもらえたことで、「余計に楽しいし、やめたくなくなったし、やっぱ音楽好きなんやなって」気づけたのである。

一方、Ｆが夢追いライフコースへと突き進んだのは、何よりもオーディションで「優秀賞」をもらい、芸能プロダクションへの所属が決まっていたことが大きい。これらも〈若者文化〉に含めるならば、彼もまた〈若者文化〉に引き寄せられて夢追いを選択・維持したといえるだろう。

ただし、バンド仲間については、他の二人とは状況が異なる。もともとＦは、事務所の方針でライブハウスとは関わりなく活動していたため、ライブハウス共同体に参入する機会がなかった。その後、事務所を退所して活動場所をライブハウスに移すものの、バンド仲間はあまりできなかったという。このことの意味は、次節で検討する夢追いの断念で明らかとなる。

〈教育〉から〈若者文化〉へ。それに折り重なるようにして影響を及ぼしているのが〈家族〉である。たとえばFは、元ミュージシャンの親の影響でバンド活動を始め、その後は経済的支援を受けるなどして夢を追い続けている。反対に、親への反発を語ったのがGである。自分の店を継がせたい親に対し、「やりたいことを何で選べんの、俺は」と「ずっと喧嘩してるみたいな」状況の中、夢追いの選択・維持を経験していた。

――今、親御さんに会ったりとかは?

G：んー、でも本当に一年に一回会うか会わないかですね。親父ももともと継いでもらいたかったみたいだから、「継げよ」オーラがすごいんですよね。一回喧嘩してるんですよ。「お前いつ継ぐんだ」、「何をやってるんだお前は」、「そんな売れるかわかんねえだろ」みたいな。「でもやってみんとわからんし」、「やりたいことを何で選べんの、俺は」みたいな。お金あるないとかじゃなくて、自分がやりたいことを、なぜ選べないのかみたいな感じで。あっちは継いでほしい、俺はこうやってやりたいっていうのがあってずっと喧嘩してるみたいな。ここ最近は、たぶんあっちも理解してるし、あんまりいってこなくなりましたけど、僕はあまり会いたくないんで、一年に一回くらいです。

Eに至っては、ひとり親家庭の「一人っ子」という家庭背景が、特に二回目の夢追いを方向づけている。一度は夢を追っていたものの、それを諦めて大学に入り直したからには、「俺またフリーターでバンドやるわ」とはとてもいい出せない。結果として正社員バンドマンになった。このように、影響の仕方は三者三様だが、〈家族〉が夢追いライフコースを規定する様相は共通であるといえる。

そして、これらの影響関係の中で選び取られていくのが、フリーター／正社員という働き方である。第3章では、夢追いバンドマンたちの周りにはフリーターを選択させる特殊な磁場があることを指摘したが、FやGも離学後には「スムーズ」にフリーターへと移行している。本田(二〇〇四)の指摘する「特殊労働市場要因」とは、この〈若者文化〉と〈労働〉が交わる地点を指したものだろう。

Eも一回目の夢追いでは高卒後にフリーターとなっている。しかし、より重要なのは、二回目の夢追いにおいてフリーターが選ばれなかった背景である。つまり、彼をフリーターではなく正社員へと導いたのは、他でもない〈家族〉であった。このようにみていくと、〈若者文化〉に引き寄せられながら、そこに〈教育〉〈労働〉〈家族〉が介在することで、どのように夢を追い始め、追い続けるのかという夢追いの選択・維持のあり方に個別性が生まれていると考えられよう。

こうして三人の夢追いライフコースは幕を開けた。では、どのようにして断念へと向かっていったのか。次節では、その経緯を詳しくみていく。

4　そして夢を諦める

（1）事例

●Eさん

大学卒業後、メンバー全員が正社員として働きながら夢を追い続けていたが、その一人から、仕事とバンド活動を両立することが「ちょっとそろそろしんどいかも」と相談を受けた。「実際、僕もしんどい気持ちはいっぱいあった」。たとえば、全員の仕事が終わってからしかスタジオ練習ができず、夜中までかかることもある。次の日の朝には、仕事に向かわなければならない。ライブの日は、仕事終わりに直接ライブハウスへ向かっても、リハーサルには間に合わない。終演後の打ち上げにも出ることができず、すぐに帰宅、次の日の仕事に備えるという生活が続いていた。

また、私生活でも変化があった。パートナーとの結婚である。もともと「家庭のあれで父親がいな」かったEにとって、「父親になる」ことには特別な意味があった。この「父親になりたい」という「一個絶対どうしても叶えたい夢」を実現するには、「バンドマンってものすごく重荷になってくる」。それは、「世間体として、一般的にいい父親」とのズレがあるからである。結婚後の生活を考えたときに、特に金銭面で「バンドをやってるとちょっと難しい」という理由もあった。「バンドやってたらスタジオ代とか、楽器・機材代とか、ライブのノルマとか」、さまざまな場面でお金がかかる。結婚に向けた貯金ができないことも大きな悩みであった。そして、「この歳になって、相手ができるっていう立場になって、やりたいことがちょっとずつできなくなってくる自分も実感はしつつ、諦めちゃダメだなっていうところの瀬戸際で、今葛藤してる段階かな」と、現状を語っている。

こうした変化を経験する中で、Eは別のかたちでバンド活動を続ける方途を考え始めた。それは、夢を追う中で親しくなったバンド仲間たちとともに、バンド以外の日常生活を充実させるという方向性である。すでに結婚したバンド仲間や、子どもができた元バンドマンなどと、「バンドマンじゃない日常的なイベント」を共有することで、バンド以外の部分に楽しさを見出すようになった。そして、楽しかった大学四年間の「軽音サークル」を想起して、私生活を共有するバンド仲間たちと、「大学の軽音サークルの延長線みたいな感じで」、「社会人」による「コピーバンドのイベントをまた開こうかな」と考えている。そうすれば、かけがえのないバンド仲間と離れることなく、これからも「ずっと音楽を続けられる」。

こうして、Eは「すっぱりこのまま終わらせて、コピーバンドっていうのを基本にして趣味としてやるのか」、「いろいろなものを賭けてる、自分が本気で向き合ってるものとして、バンドをずっと続けていくのか」、その選択に迫られている。しかし、「続けてたいなって気持ちもあるし、続けるのしんどいなっていう気持ちもあるし」と、現時点で最終的な決心はついていない。

●Fさん

Fは、芸能プロダクションを退所した後も活動を続ける中で、さまざまな悩みを抱えていた。一つ目は、自分を含めたメンバー全員のモチベーションの低さである。ライブハウスに活動場所を移してからは、多くのバンドマンに出会った。その中でみたものとは、「これは仕事だわな」と思えるほど意識高く活動するかれらの姿であった。たとえば、ライブ後の打ち上げで、他のバンドマンたちは「あそこのMC（喋り）、あの感じすげえいいっすね、なんかつかんでましたね」と、ほかの出演者に積極的に話しかけている。一方、「俺らはずっとこうやって固まってる。関係持とうとしない」と、メンバーだけで居酒屋の隅に固まって話すばかりであった。また、別のあるバンドマンは、「いつにこれ（例：CD）を出して、ここでワンマン（ライブ）で、こっちの発表をして、一年のスケジュールをすごい細かく決め込んで、マネージャーと相談して」と、「仕事としてやってくっていう感じで」モチベーション高く活動している。それに対し、自分たちは「「新しい曲できたからスタジオ入ろうぜ」とかはない」。あったとしても「ほんとにさらっとやるぐらい」で、「それこそ〇〇（バンド名）とかいろんな人らみてきて、全然もう気持ちのあれが違う」と感じるばかりであった。こうした経験を繰り返すうちに、「俺の個人的なモチベーションもそうやし、メンバーの生活リズムをみとってもそうなんやけど、あんまりモチベーションを感じられない部分が結構あって」、「全然自分らの中で燃えてるものがないから、いずれ絶対折れるなと」考えるようになった。

二つ目は、自身の働き方に対する違和感である。Fは、大学卒業時点ですでに芸能プロダクションへの所属が決まっていたため、他のメンバーとともにフリーターになった。その選択に「なんの迷いもなかった」。しかし、バンド活動を続ける中でみたのは、フリーターではないかたちで活動するバンドマンの姿であった。「やっぱ周りみても、普通に就職しながらバンドやってる子らもおるわけで」、「別に自分らはなんも考えずに「バンドといえばもうバイトしながら」っていう考えで来たけど、もっといろんな考え方してもいいんじゃないか」。こうして無意識に選択してきた自身の働き方に疑問符がつけられたのである。

そして三つ目に、地元でひとり生活をする父親の存在がある。母親とはすでに死別しており、きょうだいもみな芸能活動を行っているため、父親からの経済的援助によって全員がなんとか生計を立てられる状態にあった。このことに対して、「俺、それがすっげぇきつくて、結構耐えれんくて、もうそれも早く脱却したい」と考えるようになった。

以上の経過の中、Fは「今一番自分の中で大事なものは何かなって考えた」。その結果、「今のメンバーでバンドやるのがすごい楽しいなっていうのがあって、その売れたいとか、有名になりたいってとこよりも、四人でバンドできるってのが一番捨てたくない条件にあった」。そして、そうであれば「別にバンド一本でやる必要だってないし、趣味でやったってできるわけだから」と、夢追いのかたちにこだわる必要はないと結論を出す。その思いをメンバーにも共有して、最初こそ反対はあったものの合意が得られ、現在は、地元に戻って正規就職し、夢追いライフコースに終止符を打った。その後は、当時のメンバーで集まることこそあれ、バンド活動はほとんど行っていない。

●Gさん

まず、大きな分岐点となったのは、母親との死別である。それまで「親父に対しての反骨心しかなかった」が、母親との「自分がやりたい職業とか、ちゃんと子どもを持てて、結婚できて、本当に幸せだった」という病室での会話によって、「あー、なんか人生って夢とかそういうことだけじゃねーな」と思うようになった。

バンド活動は、ライブハウススタッフからのアドバイスもあって、外見的には順調で、集客も増える一方だった。しかし、「バンドの内事情は、本当にどんどん最悪になっていった」。「どんどん忙しくなるし、曲も作っていかんとって感じで。ライブもよくしんといかんけど、お客さんはついてくる。だけど俺たちの仲は悪くなっていく」。リーダーでもあったGは、「仲をとりとめるっていうのがもう意味がわかんなくなってきて、何やってるんだろう、俺は」と思い悩む。それと同じタイミングで、メンバーの一人が精神的に病んでしまい、活動休止を余儀なくされた。調査時点では、他のバンドにサポートメンバーとして加わることで活動を続けていた。

同時期に、労働面での変化もあった。アルバイトから別の雇用形態へと働き方が変わったのである。すると、これまでは借金をするほどに、ギリギリの生活をしていたが、「お金をもらえるようになってきて」、「おいしいもの食べたりとかお酒飲めるとかちゃんと貯金が少しずつでもできるとか」、「ちゃんとした人の生活ができるっていうのがうれしい」と思える状況になった。「何ていうんだろうな。ちゃんとした普通の人間の、一般市民の幸せっていうのを感じ」たのである。現在の職場環境も「めちゃくちゃいい」という。

「普通の幸せ」を感じたGは、活動休止をしているバンドを復活させるかどうかに悩んでいた。それは、このバンドが「このままいけば、売れないにしても、なんかあったかもしれない」と十分に期待できるものだったからである。「その天秤は未だに踏ん切りがつけれてない」。

しかし、いつ活動が再開できるかわからない状況の中で、Gは別の道へと進んでいく。それまでは「売れたい」と思っていた夢が、「売れなくても全然いい。音楽に関していったら。音楽よりも僕は大事なことがあると思ってるから」と認識が変わった。そして、あるバンド仲間と「自分たちの生活っていうものを基盤にして……自分の人生を豊かにするものとしてバンドをやっていく」方向性を見出した。「自分というものをないがしろにしたりとか、すげえ切り詰めたりとか切羽詰まるような生活をしてまではバンドをやりたいとは思えない」。これまでの生活から一八〇度変わって、バンド仲間とともに「遊びというか、自分たちが、その売れる売れないじゃなくて、本当にこういうことがやりたいっていうのを、バンドでやろう」と、「一緒にやることになった」のである。

ただし、活動休止のバンドにも心残りはある。先にも述べたように、「売れる」見込みがあったからである。現在は、活動の再開を様子見しながら、「趣味」として、「自分の人生を豊かにするものとして」、バンド活動を続けている。

(2) 考察

はじめに、かれらがどのような点で夢を諦めた(あるいはその見通しを語った)とみなせるのか確認しておこう。最もわかりやすいのがFである。彼は、フリーターから正社員へと移行するにしたがって、ほとんど完全にバンド活動から撤退した。バンド活動をしなくなるという意味で夢を諦めたとみなすことができる。

そのうえで、Fは「売れたいとか、有名になりたいってとこよりも、四人でバンドできるってのが一番捨てたくない」、「バンド一本でやる必要だってないし、趣味でやったってできるわけだから」と述べている。ここにあるのは、「売れたい」「有名になりたい」に対して「四人でバンドできる」ことを重視し、「バンド一本でやる」のではなく「趣味」として行う方向性である。いずれも前者がこれまでの夢追いを指しており、そこからの変化が示唆されている。

一方、EとGは現在もバンド活動を続けている。この点でFとは大きく異なるのだが、先に示した意味づけの変化という点では、Fと一致している。つまり、Eは「すっぱりこのまま終わらせて、コピーバンドっていうのを基本にして趣味としてやるのか」、「いろいろなものを賭けてる、自分が本気で向き合ってるものとして、バンドをずっと続けていくのか」と述べた。ここで対比されているのは、バンド活動を「本気で」続けるのか、それとも「すっぱりこのまま終わらせて」「趣味として」続けるのかである。Gもこの対比を次のように述べた。

――もしもこれでバンド解散するってなったら、またバンドやろうと思う？

G：しっかりとはやりたくないですね。僕、今のバンドが最後だと思ったので。僕の人生の中で。ちゃんとやるんだったら。だから、今度○○（バンドマン名）と一緒に組むバンドも、自分たちの生活っていうものを基盤にして、自分の人生を豊かにするものとしてバンドをやってくのはありだなと思いますけど。自分というものをないがしろにしたりとか、すげえ切り詰めたりとか、切羽詰まるような生活をしてまではバンドをやりたいとは思えないですね。

このように夢追いではないバンド活動のかたちが展望されている点で、かれらは夢を諦めた、あるいは諦める見通しを語ったとみなすことができる。そのうえでこの変化は何によってもたらされたのだろうか。それこそが、夢を諦める契機として、また夢を諦めさせる要因として指摘できるものだと考えられる。すぐにわかるのは、前節で検討した夢追いの選択・維持を導く要因が、翻って今度は夢追いの断念にも重要な影響を与えていることである。

まず、三名に共通するのが〈家族〉の影響である。たとえばEは、夢追いの選択・維持から常に家族の存在を気にしていたが、それは彼に夢を諦めさせる誘因にもなった。つまり、自身の家族経験をもとに「父親になりたい」という「一個どうしても叶えたい夢」を持ち、それを実現するために夢を諦める見通しが語られている。定位家族から生殖家族へと移行する中で、夢を追い続けていくことができないと判断されたのである。

それに対し、FとGは、家族との関わりが変化した。Fは応援してくれる家族の支えがあって夢を追い続けていたが、今度はその家族の存在によって、夢を諦めることが意識されていく。「一人っきり」の「親父」をF自身が支えるべく、夢追いの断念が導かれたのである。実際、Fは地元に戻って正規就職した後、父親と一緒に暮らし始めた。同様に、Gも「親父に対しての反骨心」から夢を追い続けていたが、母親の死を境に「人生って夢とかそういうことだけじゃねーな」と考えるようになった。夢追いという生き方が相対化された瞬間ともいえるだろう。

加えて、〈労働〉に関わる変化もあった。それが三者三様に夢追いの断念へと結びついている。つまり、仕事とバンド活動の両立が困難になったり(E)、フリーターであることの自明性が疑われたり(F)、雇用形態の変化に伴って「普通の幸せ」を感じられるようになったり(G)したことが、そのまま夢を追い続けるのかを再考するきっかけになっている。

〈家族〉と〈労働〉が、夢を諦める直接の契機を構成している。この点は前章で検討した第二の契機と重なるものである。では、〈若者文化〉はどうか。明らかになったのは、三名の夢を諦める見通しやプロセスがバンド仲間とともにあることである。Eは、「友達ができた」こと、「「お前らいいね」って」いってもらえたことが後押しとなって二回目の夢追いを始めたが、その関係性が私生活にまで及ぶことで、今度は「すっぱりこのまま終わらせて、コピーバンドっていうのを基本にして趣味としてやる」方向性が見出された。Gが自身の生活を基盤にした、「人生を豊かにするものとして」のバンド活動に切り替えたのも、同じ志を持つバンド仲間との出会いが大きい。こうして、かれらは新たに夢追いではないかたちでのバンド活動を模索していったのである。

その一方で、Fは、当初ライブハウスで活動していなかったこともあり、ライブハウス共同体の輪に入れずにいた。他のバンドマンのように、バンド仲間に囲まれて夢を追っていたわけでは必ずしもない。しかし、それでも彼がみたものとは、より精力的に活動しようとする周囲のバンドマンの姿であった。打ち上げを積極的に利用して関係を作り、「モチベーション高く」活動するかれらと比較して、自分たちの限界がみえてきたという。それが彼の夢追いの断念を後押ししたことは、想像に難くない。

なお、〈教育〉については、夢を諦める段階において語られることはなかった。ただし、前節でみたように、Eが一回目の夢追いを終える際に大学進学を目指し、Gが夢を追うにあたって音楽専門学校に入り直している点に鑑みるならば、〈教育〉は、夢を追い始める前と夢を諦めた後、次なるステップへと進むための足掛かりになっていると考えられる(3)。

5　夢追いの幕引き

本章では、三名のバンドマンのライフヒストリーをもとに、夢追いの選択から維持、断念までを連続的に描いてきた。そして、それらがどのように析出されるのかを四領域モデルに即して検討した。明らかになったのは、夢追いの選択・維持・断念をもたらすメカニズムの相同性である。つまり、夢を追い始めるにしろ、追い続けるにしろ、諦めるにしろ、いずれも〈教育〉

〈労働〉〈家族〉、そして〈若者文化〉の影響を受ける中で導かれている。

もちろん、この知見は三名という限られたデータに基づくものであり、今後はより多くのライフヒストリーを積み重ねてさらなる検討を行う必要がある。しかし、ここでの分析結果は、本書全体をパラフレーズするものとなっており、一定の確からしさがあると考えている。たとえば、かれらの夢追いは、すでに高校時代に端緒があり（2章）、バンド仲間は、夢を追い続ける際の拠り所になっている（6章）。また、夢を諦める契機には、就職や結婚といったライフイベントが関係していた（7章）。

そのうえで、あえて一続きの夢追いライフコースとして描いたことでわかる、夢追いの選択から維持、そして断念へと至る筋道に影響を与える社会領域をまとめていきたい。まず、夢追いの選択に向かう入口には、〈教育〉があった。Eは高校時代にバンド活動を始めているし、Gは中学の文化祭が直接のきっかけになっていた。また、Fは〈家族〉の影響で音楽活動を始めた後、中学・高校と軽音楽部に所属している。

夢追いの選択から維持にかけて、〈教育〉に代わって影響を及ぼすようになるのが〈若者文化〉である。ライブハウス共同体に準拠し、さまざまなバンド仲間に出会うことが、夢を追い始めることや追い続けることを支えている（E、G）。併せて、オーディションへの参加や芸能プロダクションへの所属も、夢追いへと引き込む〈若者文化〉の一側面だといえよう（F）。

また、そこには〈家族〉の影響がぴったりと重なって、夢追いのあり方を左右するとともに、いかなる働き方が選ばれるのかとも連動していた。ひとり親家庭出身のEは、二回目の夢追いに際してフリーターではなく正社員となった。家族からの「応援」があるFは、経済的支援を受けながらフリーターとして活動し、家族からの「反対」を受けるGは、借金をしてでも決して家族を頼ろうとはせず、親への「反骨心」を胸に、フリーターとなって夢を追い続けた。

ただし、いつまでも夢を追い続けるわけではない。Eはパートナーとの結婚によって、「父親になる」というもう一つの夢を叶えるために、バンドマンとしての夢追いに区切りをつけようとしていた。その代わりに、バンド仲間と「趣味として」活動を続ける展望を語っている。Fは、周囲のバンドマンとのモチベーションの差を感じ、フリーターではないバンドマンの存在を確認する中で、これまでの夢追いに疑問を抱いていった。そして、最終的にはこれ以上家族を頼ることはできないと考え、地元に戻って正規就職する道を選んだ。Gは、母親との会話から夢追い以外の人生の可能性に気づき、働き方を変えたことで「普通の幸せ」を実感できるようになった。その生活を維持するべく、今度はバンド仲間とともに、夢追いではないかたちでのバンド活動に踏み出している。

こうしてみていくと、バンドマンたちの夢追いの断念が、決してそれだけで達成されるものではないことがわかる。つまり、かれらが夢を諦めていくプロセスには、それまでにどのように夢を追い始め、また追い続けたのかが密接に関わっている。前章までの検討が、夢追いライフコースを選択・維持・断念に分けて、それぞれの展開を独立にみる「横糸」だとすれば、本章で明らかにしたのは、それらを貫く夢追いライフコース自体の軌道であり、過去が現在に影響を及ぼす「縦糸」としての側面である。

加えて、四つの社会領域に着目するならば、夢追いライフコースの「縦糸」は次のように説明することができる。まず、〈若者文化〉は、夢追いの断念に際して、それまでと連なりながらも、だからこそ反転した影響を持つようになる。つまり、それまで夢を追わせる方向に作用していた〈若者文化〉は、それ自体が理由となって、今度はあるときを境に、夢を諦めさせる方向に作用し始めるのである。

その分岐を構成するのが、残り三つの社会領域である。Ｅは大学進学によって一度目の夢追いを終え、今回再び夢を諦めようとしているのは、家族への強い想いを背景にした自身の結婚があった。Ｆの場合も、地元でひとり暮らす家族の存在が大きい。一方、Ｇは家族の影響もありつつ、より直接的には働き方を変えて「普通の幸せ」を実感できたことが、夢追いではないかたちでのバンド活動へのシフトを促している。このように、〈教育〉〈労働〉〈家族〉をめぐる状況変化と、〈若者文化〉の意味合いの変化が重なる地点において、それまでの夢追いの延長線上に、バンドマンたちの夢追いの断念は導かれていると考えられる。

以上で、夢追いの選択・維持・断念からなるバンドマンたちの夢追いライフコースは描き出せた。終章では、ここまでの知見を振り返りつつ、かれらのたどる夢追いライフコースから現代社会に向けてどのような示唆が得られるのかを考えてみたい。

（1）　本書で使用しているのは、二〇一六年四月から二〇二〇年二月までに行ったインタビュー調査の結果である。ここでの記述もそれに依拠しているが、筆者は二〇二一年一〇月から追跡調査を開始した。それによって、より多くの研究参加者たちのその後が把握できている。この調査によって初めて夢追いの断念が語られた者もおり、かれらを含めた総合的な検討は今後の課題である。
（2）Eは、高卒後と大卒後にそれぞれ夢追いの選択をしているため、ここでは便宜的に前者を一回目の夢追い、後者を二回目の夢追いと呼んでいる。
（3）もしくは、夢を諦めた後に続くセカンドキャリアへの移行において、たとえば学歴のより高い者ほど有利になるといった関係がみられるかもしれない。現時点でこのことを検討できるデータが不足しているため、可能性にとどめておこう。

終章　夢追いからみる現代社会

1　本書の知見

本書では、バンドマンたちがたどる夢追いライフコースを、夢追いの選択(第II部)、維持(第III部)、断念(第IV部)の三つの段階から検討してきた。明らかになった知見をまとめ、最終的な結論を導こう。

第1章では、バンドマンたちの〈夢追いの現在〉を捉えるに先立って、それに連なる〈夢追いの過去〉に着目した。複数の調査データをつなげ、重ねながら、戦後日本社会において若者たちが将来の夢としてきた職業の変遷を分析した。その結果、本書で夢追いと呼ぶ職業が将来の夢になったのは、高度経済成長期に生まれ育った世代からであることがみえてきた。その後の変化は、使用するデータによって異なるものの、専門職希望が拡大・定着し、おおよそバブル経済の崩壊を境にして、公務員や教員といった安定を期待できる職業に将来の夢が集中する一方で、夢追いの職業についても一定の支持者が存在し続けていることがわかった。高校進学率の上昇と学校経由の就職の普及が背景となって、若者の将来の夢は〈教育〉を要件化していくと同時に、情報社会化・消費社会化という別の社会状況が重なることで、夢追いの職業も導かれたのだと考えられる。

第2章では、バンドマンたちが夢を追い始めるまでの過程を明らかにした。まず来歴をみると、家族と学校が音楽活動を始めるきっかけになっていた。その後は、早い者では高校選択の段階で、それ以外の者でも高校卒業後に大学、音楽専門学校、就職いずれの進路をたどっても、あるいは中退する場合でさえ、かれらの進路形成の中心には音楽活動があった。ただし、そうした進路を歩む者のすべてが夢を追い始めるわけではない。ライブハウス共同体に参入し、自分のやりたいことがバンド活動であると認識したうえで、それが自分にもできると思えて初めて、夢追いの選択に踏み切ることが可能になる。以上をもとに、従来の「不適応 - 離脱モデル」に代わる、「適応 - 離脱モデル」を提起した。

第3章では、バンドマンたちが夢を追うにあたって積極的にフリーターとなる背景を探った。ポイントは、かれらがバンドという集団で活動していることにある。つまり、活動形態の集団性がメンバー間で時間と場所を共有する必要性を生み、それを最も容易にさせる働き方がフリーターだったのである。かつ、いくつかの方法で金銭的困難を緩和することもできる。フリーターになるべき理由とそれを可能にさせる方法が組み合わさることで、積極的にフリーターの選択・維持がなされていた。一方、「バンドマンはフリーターでなければならない」という規範も存在し、フリーター選択へと誘う強力な磁場を形成していた。しかし、それを批判して、フリーターにならない正社員バンドマンたちもいる。かれらは、バンド活動に充てられる時間が働き方によって変わらないと主張するが、集団で活動するゆえにメンバー間での時間と場所の共有に困難を抱えていた。

第4章では、夢の中身と語り方に着目して、バンドマンたちが夢を追い続けるメカニズムに迫った。かれらが実現を目指す夢には、その年齢によって違いと変化が確認できる。つまり、若手バンドマンは「音楽で売れる」と臆することなく語るのに対し、中堅バンドマンになると、より具体的かつ段階的なプロセスを想定して、「音楽を続ける」や「やりたいことをやっているだけだ」、あるいは変わらず「音楽で売れる」と語るのである。この背景には、ライブハウス共同体のバンド仲間の存在があった。夢を実現していく者たちを積極的に参照するバンド仲間の選択的参照行為によって、さらなる夢追いの動機を得、かれらの下積み時代をよく知っていることや、本来なら売れるべきなのに売れないバンド仲間を繰り返し目にすることで、「音楽で売れる」という夢を掲げにくくなる。夢を変えることで夢追いは維持されているのである。

第5章では、ある一つのバンドの結成から解散までを描き出すことで、バンドによる夢追いが可能になる方法を検討した。個々に夢を持つバンドマンがバンドという集団で活動するからには、相互に夢を調整する必要がある。バンドZで確認されたのは、他のメンバーの夢を共有したり、個人の夢とバンドの夢を同時に追求できるように意味づけたりすることで、個人とバンドの二重の夢追いが達成される過程であった。しかし、それはバンドマン個々の意味づけに依拠するため、非常に不安定なものである。メンバー相互の夢の調整に亀裂が入り、二重の夢追いが両立できないと判断されたとき、脆くもバンドの集団性は「解散」というかたちで解消されていった。

第6章では、夢を追う過程で繰り返される否定的経験を取り上げて、それでも夢が追い続けられるメカニズムを論じた。ここでの焦点は、標準的ライフコースとの関係にある。特に正規就職するかしないかをめぐって、家族を中心にさまざまな他者からの批判とバンドマン側からの応酬(説得する、受け流す、抵抗する)が確認された。それが可能なのは、ライブハウス共同体が存在するからである。つまり、共同体外部の他者による否定的作用から護り、かつ抵抗の足場となって、あるいはライブでの失敗や挫折から立ち直らせ、さらにバンドマン同士の競争心を煽ることで、幾重にも夢を追い続けさせる装置として機能していた。この準拠集団は、ライブの対バン形式や打ち上げを通して、世代をこえて(再)生産されるものであるが、同時に次世代を巻き込めないことへの危惧や夢の実現が遠のいてしまう可能性も指摘されていた。

第7章では、夢を追い続けた先にバンドマンたちが夢を諦める二つの契機を明らかにした。第一の契機は、身体的・精神的問題を抱えて夢が追えなくなるというものである。研究参加者も含めてかれらの周りには、身体を酷使した結果、バンド活動ができなくなったり、「失踪」(=飛ぶ)やうつ病など何らかの精神的問題を抱えて夢追いから離脱する者がいた。第二の契機は、将来への不安に耐えきれなくなって夢を諦めるというものである。標準的ライフコースの「望ましさ」を理解する中で夢を追い続けるからこそ、年齢を重ねるにしたがって将来への不安が無視できなくなり、正規就職や結婚を理由にして夢を諦めていた。以上からわかるのは、標準的ライフコースの逃れ難さであり、それ以外の人生を自らの手で形成し続けることの困難性である。

　第8章では、三名のバンドマンのライフヒストリーを取り上げて、夢追いの断念をそれに連なる夢追いの選択・維持との関係から検討した。四領域モデルに依拠して夢追いの選択から維持、断念までの軌道を確認すると、たしかにかれらがたどってきた夢追いライフコースには個別性があった。しかし、それを重ね合わせれば、夢に向かわせる力学と夢から離れさせる力学にある共通性が見出された。つまり、どちらも〈若者文化〉を中心に、そこに〈教育〉〈労働〉〈家族〉が介在するかたちで導かれていたのである。その介在の仕方で個別性が生まれるのであり、〈教育〉〈労働〉〈家族〉をめぐる状況変化と〈若者文化〉の意味合いの変化が重なるとき、夢を諦めるというかたちで夢追いライフコースに区切りがつけられると考えられる。

2　夢と生きる軌道――四領域モデルからの考察

　以上の知見を四領域モデルに即してまとめよう。まず、すべての章でみられたように、バンドマンたちの夢追いには、いずれの段階においても〈若者文化〉が重要な影響を与えていた。特に「相互行為レベル」は、その成否を握るカギになっている。つまり、バンドメンバーやバンド仲間、ライブハウススタッフ、ファンといったライブハウス共同体を中心に、さまざまな相互行為が夢を追い始めるにも追い続けるにも、そして諦めるにもつながっていた。

　また、「相互行為レベル」は「個人レベル」とも密接に関連している。たとえば、ライブハウス共同体へと参入する中で、かれらの生活はバンド活動中心に組み替わっていくが、同時に「自分のやりたいことはバンド活動である」「自分にはできる」と思えなければ、夢追いは始まらなかった(第2章)。あるいは、だれを参照するか、いつ夢は実現できそうかといった「関係性」や「時間」を操作的に捉えたり(第4章)、メンバー相互の夢をさまざまに意味づけたりすることで(第5章)、バンドで夢を追い続けることが可能になっていた。「反骨精神」が夢追いの維持に結びつくのも、相互行為を通して個人の認識やアスピレーションが左右されるからである(第6章)。

一方、「相互行為レベル」は「組織/環境レベル」にも結びついて、バンドマンたちの夢追いを何重にも規定する。バンドメンバーやバンド仲間との相互行為に加えて、「バンドマンはフリーターでなければならない」という規範が、夢追いをフリーターに接合させる。同時に、バンド単位での支払いというスタジオやライブハウスの制度的・組織的規制もフリーター選択や維持を支えていた(第3章)。また、多くの相互行為を触発するライブハウス共同体も、対バンというイベント形式や打ち上げによって成り立っている(第6章)。夢を諦める背景にも、研究参加者たちが共通に語った標準的ライフコースに対する支配的な考え方が関係していた(第7章)。

このように、〈若者文化〉は複数のレベルにわたってバンドマンたちの夢追いライフコースを規定する重要な社会領域の一つである。ただし、だからといって先行研究が重視してきた他の社会領域、すなわち〈教育〉〈労働〉〈家族〉がまったく無関係というわけではない。むしろ、本書でたびたび指摘してきたように、それらは〈若者文化〉と交差しながら夢追いライフコース全体を方向づけている。

たとえば、〈教育〉は、夢追いの選択において重要な役割を果たしていた。従来、学校教育は多くの場合に、若者文化とは相容れないものとされ、「生徒文化」対「若者文化」の構図で、学校外部で享受されるか学校内部に持ち込まれるものと論じられてきた(上間 二〇〇二、大多和 二〇一四)。しかし、もはや若者文化は学校教育と無関係ではありえない。むしろ、学校教育の中で、部活動や学校行事を通して積極的に享受されるものとなっている(第2章)。バンドマンたちは、〈教育〉の中で音楽活動を開始させたり、夢中になったりするのであり、結果的に学校外部のライブハウス共同体へと進出し、今度は〈若者文化〉の中で夢追いライフコースを歩んでいくのである。

次に、〈労働〉も夢追いライフコースとの関係が多分に指摘できる。まず、特定の働き方(=フリーター)が機能的にも文化的にも「望ましい」ものとされている。バンドマンたちは、各自の夢の追い方=活動方針に照らしていかに働くかを決定し、ときに変更していた。〈若者文化〉と〈労働〉が結びついて、夢追いは特定のかたちで選択されるに至る(第3章)。それに対し、社会的に「望ましい」とされる働き方(=正規雇用)をめぐっては、バンドマンたちはその正当性を認めるからこそ、抵抗したり反発したりして夢追いを維持していた(第6章)。ライブハウス共同体での相互行為や、そこで共有される文化的枠組みのほうが、〈労働〉をめぐる社会規範よりも優先されるために、かれらは夢を追い続けるのである。ただし、それが徹底されるほどに活動の過熱化・過密化が起こって夢が追えなくなったり、正規就職するために夢を諦めたりしていた(第7章)。

最後に、〈家族〉は夢追いライフコース全体に影響が及んでいた。バンドマンたちの音楽活動開始の契機の一つであり(第2章)、標準的ライフコースを押し付ける他者として現前するも反対に夢追いを維持させる動力となり(第6章)、結婚が夢を諦める理由にもなる(第7章)。田村公人(二〇一五)による舞台俳優の研究でも、活動継続を図るための積極的な実家暮らしや、パートナーとの結婚によって活動が左右される状況などが指摘されているが、本書でも同様に、またより幅広く〈家族〉が夢追いを規定する様子が明らかとなった。

バンドマンたちの夢追いライフコースは、〈若者文化〉に強く引き付けられつつ、そこに〈教育〉〈労働〉〈家族〉が絡まって形成されているといえる。そのうえで、さらに考察を進めよう。夢追いライフコースを一続きのプロセスとしてみたときの、四つの社会領域の関係性である。

このことが最も明確に表れているのは、バンドマンのライフヒストリーを検討した第8章である。つまり、夢追いの選択・維持・断念と夢追いライフコースが進むにつれて、カギとなる社会領域が移り変わっていく。言い換えれば、四つの社会領域は夢追いライフコースの全過程に等しく影響を与えるわけではない。むしろ、主要な社会領域が切り替わる中で、夢追いは選択され、維持され、断念されると考えられる。

具体的に確認しよう。まず、夢追いの選択は〈若者文化〉の影響が他の社会領域に増して強まるタイミングでなされる。それ以前に目を向けると、〈教育〉や〈家族〉が音楽活動を始める契機になるなど、どちらかというと他の社会領域のほうが重要であった。それが、ライブハウス共同体に参入することで、〈若者文化〉に移り変わり、夢を追い始めるのである。

〈若者文化〉の影響は、夢追いの維持になってますます強まる。というのも、第Ⅲ部で確認したように、離学したかれらにとってほとんど唯一の準拠集団がライブハウス共同体になるからである。さまざまな他者との相互行為を通して、夢の追い方を変えたり(第4章)、バンドという集団で夢を追えるようにしたり(第5章)、否定的経験をバネにしたりしながら(第6章)夢を追い続けていく。それらは、家族の制止や働き方における社会的望ましさよりも優先される。〈若者文化〉の重要性が相対的に高まって、他の社会領域の影響が後景化する中で、夢追いの維持は達成されていると考えられる。

一方、夢追いの断念はこの関係性が逆転することで生起する。つまり、正規就職や結婚など、〈労働〉と〈家族〉における状況変化が夢を諦める直接の理由になっていた。あるいは、正規就職も結婚も標準的ライフコースの規範としてバンドマンたちを捕らえて離さず、かれらの将来不安を煽り、ある者はそれを払拭しようと活動の過熱化・過密化によって身体的・精神的問題を抱えて夢追いを中断・断念し、ある者はそれに耐えきれなくなって夢を諦めていた(第7章)。

もちろん、そこで〈若者文化〉の影響がまったくみられなくなるわけではない。第8章で明らかにしたように、かれらはバンド仲間との相互行為によっても夢を諦める決心をするし、〈若者文化〉に牽引されて夢を追い続けてきたからこそ、その意味づけが変わることで夢を諦める見通しを得ていた。しかし、それ以上に顕著な変化が他の三つの社会領域で起こったのである。(1)

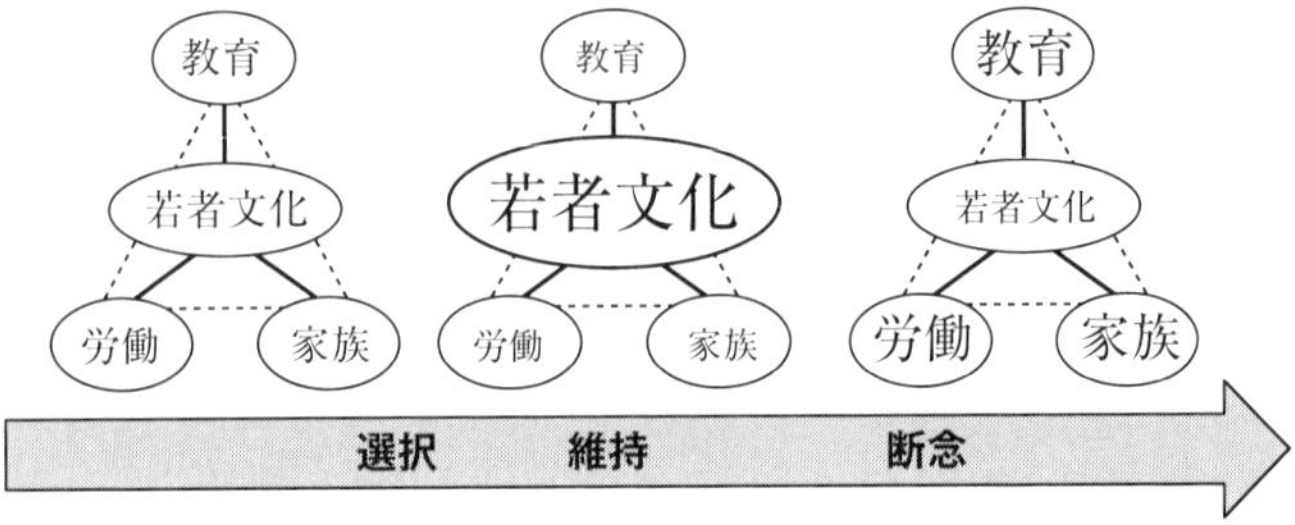

図終-1　夢追いライフコースの軌道と四領域モデルの推移

〈若者文化〉以外の社会領域の重要性が相対的に高まる時点で、夢追いライフコースは断念というかたちで終幕を迎えると考えられる。

以上をまとめたのが**図終-1**である。夢追いライフコースの軌道は、〈若者文化〉と〈教育〉〈労働〉〈家族〉との関係性において捉えられる。つまり、〈若者文化〉の影響が相対的に強まるとき、夢追いは選択され、維持される。反対に、他の社会領域の影響が無視できなくなるほどに大きくなるとき、夢追いは断念に向かう。本書の検討から浮かび上がるのは、一方で複数の社会領域に規定されながら、しかし他方で決して受動的ではなく、その中でバンドマンたちが個々に意味づけたり対処したりしながら夢追いライフコースを形成していく姿である。

改めて強調すれば、〈若者文化〉は若者の進路形成に看過できない固有の影響を持っている。本書の意義は、若者文化と進路形成の結びつきを、四つの社会領域と、行為主体と社会構造の両方を含む複数のレベルから捉えたことにある。まさに両者を架橋する分析枠組みを提起したといえよう。それは、幅広い事例に敷衍できる汎用性を備えている。(2)

3 「正しく生きる」とは何か
――夢を追わせる社会・夢が追えない社会

(1) 学術的貢献

本書では、「若者の夢追い」に関する先行研究の課題として、次の三点を指摘した。すなわち、①夢を追う若者の実態解明、②夢追いの維持や断念の局面への展開、③夢追いの論じ方(「〇〇できないから夢追い」)の刷新である。

この三点に照らしたとき、本書の何よりの成果は、バンドマンたちが実際に夢を追う過程を包括的かつ連続的に描き出した点にある。「夢を持つべきか」「夢を追うべきか」といった規範的議論は幾度となく行われてきた。しかし、そのほとんどが夢を追う若者の実態を捉えずして各々の主張を繰り返している。夢追いの内実に迫る本書の知見は、そうした主張を補い、ときに反駁するものとなろう。

そのうえで、次の二つを強調しておきたい。第一に、夢を追う若者の実態を看過したままに、外在的な立場で規範的言明を繰り返すことは、正反対の帰結を招きかねない。少なくとも本書でみたバンドマンたちは、夢追いへの批判をさらなる夢追いの動機に変換していた。夢追いライフコースをたどる若者に対し、標準的ライフコースを押しつけるような働きかけは、この社会に「望ましい」生き方があるとの認識を強めこそすれ、直接にそちらに向かわせることにはならない。そこにはバンドを中心とした社会的世界があり、かれらはかれらなりの論理で夢追いライフコースを歩んでいる。今後は、既存の価値規範を無批判に踏襲するのではなく、若者自身の論理から捉え返していくことも必要だろう。

第二に、夢追いに伴う問題の発見である。具体的には、夢を諦める第一の契機にみられた身体的・精神的問題がある。そこには、バンドマン自身による自己帰責の側面も加わって、標準的ライフコースの抑圧と葛藤が関係していた。

これまでの研究で主に問題とされてきたのは、夢追いの不安定性であった（小杉 二〇〇三、荒川 二〇〇九）。もちろん、これらの指摘の背景には「従来の仕組みがある時期にあまりにもうまく機能していたために、そこから外れた人々のための安全網も用意されていないし、それに代わる仕組みも十分に実現可能な形では構想されてこなかった。そのような状態で従来の仕組みから外れることは大きなリスクを伴う」（浅野 二〇一四：一八九）という判断があったのかもしれない。

しかし、それでも標準的ライフコースを求める規範の強さゆえに、意図せずして夢追いを強化し、その結果としてその後の人生に大きく関わる問題を生じさせているとすれば、それは看過すべきでない。誤解を恐れずにいえば、標準的ライフコースを疑わない多くの研究者の言説が社会に共有された「望ましさ」と共振することで、それに与しない若者たちを追い詰めてきた側面があるのではないだろうか。

現代社会において、実際に夢を持ち、その夢を軸に自らの人生を自らの手で形作ろうとする若者はどのような経験をしているのか。本書で明らかになったのは、夢を追う若者たちの生きづらさにほかならない。「夢を持て！」と煽る社会は、あるときまでしか夢を追わせてくれない社会であり、その結果責任を若者個人に求める社会なのである。上記の問題は、こうしてバンドマンたち個人に背負わされていく。

そして、夢が追えるという状況そのものが、こうした問題を不可視化させる点にも注意が必要である。特に、夢を持てるかどうか、追えるかどうかという議論では、夢を持てない者や追えない者の問題ばかりが強調され（乾編 二〇〇六、児美川 二〇一六）、夢を持てる／追える者たちが抱える問題は十分にすくい上げられてこなかった。夢を追う若者の実態解明を志向して、かれらが標準的ライフコースという「望ましい」生き方と対峙する中で直面する問題の中身を明らかにできたことは、本書の重要な意義だと考える。

（2）生き方の「標準性」を問い直す

改めて考察したいのは、夢に向かって走り出したバンドマンたちが夢を追い続けることをやめた背景である。もちろん、自ら納得をして夢を諦める者もおり、その判断自体は何ら否定されるべきではない。まして、夢を諦めることが直ちに問題だといいたいわけでもまったくない。そうではなく、少なくない者たちが夢追いの中断や断念を迫られているとすれば、その構造こそを問い直してみたいのである。

その要諦には、標準的ライフコースがある。正規就職や結婚を通して離家を果たし、経済的・社会的に自立することは、現在でも「望ましい」、そして「正しい」生き方とみなされている。若者の生活の不安定化が問題視される二〇〇〇年代以降には、いくつもの若者支援政策が打ち立てられていったが、そこにも標準的ライフコースに準じた生き方が見え隠れする。(3) たとえば、岡部茜は、「日本の若者支援政策は基本的に、若者就労支援政策として展開されている」と指摘し(岡部 二〇一九：一三四)、樋口明彦も、日本・韓国・台湾の若年者雇用政策の比較から、日本の「若年者雇用政策の目的は何よりも失業や非正規雇用から「正規雇用へ移行する」ことにほかならない」と述べた(樋口 二〇一一：六八)。

では、本書で明らかにしたような困難や問題を抱えるバンドマンたちは、こうした若者支援政策の取り組みに加わっていくだろうか。その可能性は極めて低いと考えられる。なぜなら、若者支援政策が陰に陽に目指す「就労」や「自立」といったゴールは、多くのバンドマンが巧みに避けてきた標準的ライフコースに重なるからである。どれだけ過酷な状況にあろうとも、生き方の理想に相違があれば、支援の埒外に据え置かれてしまう。

こうしたことが起こるのも、まずはひとえに夢を追う若者たちの実態が十分に捉えられてこなかった点が大きい。European Group for Integrated Social Research (2001) は、既存の労働市場への包摂を目指す政策・支援システムが伝統的な移行モデルに囚われて若者の人生軌道を見誤ることを misleading trajectories と表現し、若者を包摂するはずの支援が、逆に新たな生き方を志向する若者を排除しかねない点を強調した。現在の日本の若者支援政策においても、夢追いバンドマンたちの実態に鑑みれば、同様のことが起きているといえるのではないだろうか。

そのうえで、本書の知見から主張したいのは、現在の日本の若者支援政策をより多様な若者に開かれたものとすることではない。もちろん、その必要性は疑うべくもないが、特定の「よき生」が前提とされる限りにおいては、いかなる働きかけを行うにしても、そこから漏れ落ちる若者が生まれてしまう。そうではなく、ある生き方、本書でいえば標準的ライフコースのみが正当とみなされる現状を組み替えていくことが必要なのではないか。つまり、より多様な生き方を許容し、承認していくような新たな規範理論を打ち立てることが重要になると考える。

そもそも標準的ライフコース自体、高度経済成長期の特殊な社会状況の中で成立したものである(安藤 二〇〇八、嶋崎 二〇一三)。ジェンダーやワーク・ライフ・バランスの観点から変革すべきものとさえされてきた(大沢 一九九三、多賀編 二〇一一)。にもかかわらず、正規就職や結婚、あるいは離家をしない/できない若者の存在が耳目を集める中で、標準的ライフコースは再び「望ましい」もの、目指すべきものとされるようになっていった。

たった一つの生き方しか正当と認められない社会では、若者たちが体現するさまざまな生き方をありのままに捉えることができないばかりか、それを支えることはできない。今後求められるのは、ある一つの生き方を手放しに「望ましい」とし続けるのではなく、多様な生き方を承認する方向に、研究者および社会の見方を書き換えていくことではないか。本書で明らかとなったバンドマンたちの姿は、「人生が多様になった」といわれ、多様な人生を歩めるはずの現代社会において、決してそうはなっていない事実と、その歪みが若者自身に重くのしかかっている現実を物語っている。

4 今後の課題と展望

最後に、本書の課題と展望を述べておきたい。いずれも本書の知見をベースにしながら、それをさらに広げ、発展させることにつながる。

第一に、ジェンダーに関する課題である。本書の研究参加者の大半が男性であった。ゆえに、ここまでに描いた夢追いライフコースの軌道には、「男性であること」の影響が多分に含まれていると考えられる。ただし、それを詳細に検討するためには、女性バンドマンへの調査をよりいっそう行って、比較することが必要である。現状でも、たとえば夢を諦める契機について、研究参加者の多くが異口同音に語った「正規就職」や「結婚」には、「一家の稼ぎ主としての役割」意識(多賀 二〇一八:七)が認められなくもない。では、女性バンドマンたちはそれをどのように語るのか。夢追いの断念のみならず、夢追いの選択・維持にも遡ってさらなる検討が求められる。

第二に、地域に関する課題である。筆者の調査した地域は大都市である。ゆえに、活動できるライブハウスの数も、つながりを持てるバンド仲間の数も、集客を見込める人口も、夢が追える地域的条件としてすでに整っている。では、こうした条件に制約がかかる地域、たとえば地方において夢追いはどのようになされるのか。そもそも夢追いが成立しにくい可能性も含めて、夢追いの地域間比較研究を進めていきたい。それは、本書で十分に考慮できなかった〈若者文化〉の「地域レベル」(図序-2)を分析に組み込むことを意味している。

第三に、最も重要な課題として、夢を実現したバンドマンへの調査があげられる。本書で夢追いライフコースの帰結に「断念」を位置づけたのは、ひとえにそれを語るバンドマンがいたからである。しかし、音楽事務所に入ったり、メジャーデビューしたりするバンドマンがそれほど珍しくないとすれば(少なくとも研究参加者の周りでは頻繁に確認されている)、かれらの経験もまた明らかにする必要があるだろう。夢を実現する契機やそこでの困難があるはずである。夢追いはどこに向かうのか。断念だけでなく実現も捉えて、もう一つの夢追いライフコースの実態も描いていきたい。

(1) 〈労働〉と〈家族〉については先にみた通りだが、大学進学を目指して一回目の夢追いを終えたEのケース(第8章)を含んで、ここでは三つの社会領域いずれかの変化が重要であると考えたい。どの社会領域における変化がカギとなるかは個人によって異なるだろう。

(2) 本書ではバンドマンという事例ゆえに、四領域モデルの中心を〈若者文化〉とした。しかし、事例に合わせてこの〈文化〉の領域を柔軟に設定することで、本書の分析枠組みを援用することが可能である。たとえば、スポーツ選手の場合には、〈若者文化〉ではなく〈スポーツ文化〉なるものが想定できるだろうし、スポーツの種類を特定して〈スポーツ文化〉のさらに下位文化を設定することもできる。つまり、本書が〈若者文化〉とした部分に、事例が有する固有の文化を位置づけることで、本書と同様の検討が可能になる。

(3) もちろん若者支援政策は就労にとどまるものではない。困難を抱える若者の広がりに応じて、実践レベルではより多様な支援が志向されているし(若者支援全国協同連絡会 二〇一六)、政策レベルでも、就労支援のほかに相談支援の拡大が、また「職業的自立」だけでなく離家や社会参加といった他の「自立」が目指されている(岡部 二〇二一)。しかし、事業評価に就職率が設定され、生活保障がない中で離家や社会参加をしようとすれば、まずもって「職業的自立」が求められる点に鑑みれば(岡部 二〇二一)、やはり若者支援政策の中核には就労による職業的自立があり、そこから離家や社会参加へというかたちで標準的ライフコースと同型の枠組みが確認できる。

引用文献

相澤真一、二〇〇八、「日本人の「なりたかった職業」の形成要因とその行方――JGSS-2006データの分析から」『JGSSで見た日本人の意識と行動――日本版 General Social Surveys 研究論文集』七(JGSS Research Series No. 4)、八一―九二頁。

相澤真一・髙橋かおり・坂本光太・輪湖里奈、二〇二〇、『音楽で生きる方法――高校生からの音大受験、留学、仕事と将来』青弓社。

安藤由美、二〇〇八、「現代日本社会におけるライフコースの標準化・制度化・個人化をめぐって」『社会分析』三五、一九―三七頁。

荒井悠介、二〇二三、『若者たちはなぜ悪さに魅せられたのか――渋谷センター街にたむろする若者たちのエスノグラフィー』晃洋書房。

荒川葉、二〇〇九、『「夢追い」型進路形成の功罪――高校改革の社会学』東信堂。

荒牧草平、二〇〇一、「高校生にとっての職業希望」尾嶋史章編『現代高校生の計量社会学――進路・生活・世代』ミネルヴァ書房、八一―一〇六頁。

新谷周平、二〇〇二、「ストリートダンスからフリーターへ――進路選択のプロセスと下位文化の影響力」『教育社会学研究』七一、一五一―一七〇頁。

新谷周平、二〇〇四、「フリーター選択プロセスにおける道具的機能と表出的機能――現在志向・「やりたいこと」志向の再解釈」『社會科學研究』五五(二)、五一―七八頁。

有國明弘、二〇二〇、「学校で踊る若者は「不良」か?――ストリートダンスはどのようにして学校文化に定着したか」『新社会学研究』五、一五九―一七九頁。

有田伸、二〇〇二、「職業希望と職業的志向性」中村高康・藤田武志・有田伸編『学歴・選抜・学校の比較社会学――教育からみる日本と韓国』東洋館出版社、一七五―一九三頁。

浅野智彦、二〇一四、「多元的自己と移行過程」溝上慎一・松下佳代編『高校・大学から仕事へのトランジション――変容する能力・アイデンティティと教育』ナカニシヤ出版、一八三―二一三頁。

浅野智彦、二〇一六a、「青少年研究会の調査と若者論の今日の課題」藤村正之・浅野智彦・羽渕一代編『現代若者の幸福——不安感社会を生きる』恒星社厚生閣、一—二三頁。
浅野智彦、二〇一六b、「若者の溶解と若者論」川崎賢一・浅野智彦編『〈若者〉の溶解』勁草書房、二〇七—二三二頁。
Ball, S., J., Maguire, M., & Macrae, S., 2000, *Choice, Pathways and Transitions Post-16: New Youth, New Economies in the Global City*, Routledge Falmer.
Beck, U., 1986, *Risikogesellschaft: Auf dem Weg in eine andere Moderne*, Suhrkamp Verlag(＝東廉・伊藤美登里訳、一九九八、『危険社会——新しい近代への道』法政大学出版局).
Bennett, A., 2000, *Popular Music and Youth Culture: Music, Identity and Place*, Palgrave.
Blackman, S., & Kempson, M., eds., 2016, *The Subcultural Imagination: Theory, Research and Reflexivity in Contemporary Youth Cultures*, Routledge.
Brannen, J., & Nilsen, A., 2005, "Individualisation, Choice and Structure: a Discussion of Current Trends in Sociological Analysis", *The Sociological Review*, Vol 53, Issue 3, pp. 412–428.
Bryant, J., & Ellard, J., 2015, "Hope as a form of agency in the future thinking of disenfranchised young people", *Journal of Youth Studies*, Vol. 18, No. 4, pp. 485–499.
知念渉、二〇一八、『〈ヤンチャな子ら〉のエスノグラフィー——ヤンキーの生活世界を描き出す』青弓社。
du Bois-Reymond, M., 1998, "'I Don't Want to Commit Myself Yet': Young People's Life Concepts", *Journal of Youth Studies*, Vol. 1, No. 1, pp. 63–80.
European Group for Integrated Social Research (EGRIS), 2001, "Misleading Trajectories: Transition Dilemmas of Young Adults in Europe", *Journal of Youth Studies*, Vol. 4, No. 1, pp. 101–118.
Farthing, R., 2016, "Writing in a Role for Structure: Low-income Young People's Dual Understanding of Agency, Choice and the Welfare State", *Journal of Youth Studies*, Vol. 19, No. 6, pp. 760–775.
Fischer, C. S., 1975, "Toward a Subcultural Theory of Urbanism", *American Journal of Sociology*, Vol. 80, No. 6, pp. 1319–1341(＝奥田道大・広田康生編訳、一九八三、「アーバニズムの下位文化理論に向けて」『都市の理論のために——現代都市社会学の再検討』多賀出版、五〇—九四頁).
藤田英典、一九九一、「学校化・情報化と人間形成空間の変容——分節型社縁社会からクロスオーバー型趣味縁社会へ」『現代社会学研究』四、一—三三頁。

藤原翔、二〇二〇、「将来の夢と出身階層」東京大学社会科学研究所・ベネッセ教育総合研究所編『子どもの学びと成長を追う――2万組の親子パネル調査から』勁草書房、二四一―二六一頁。
Frith, S., 1983, *Sound Effects: Youth, leisure, and the politics of rock'n'roll*, London, Constable(＝細川周平・竹田賢一訳、一九九一、『サウンドの力――若者・余暇・ロックの社会学』晶文社).
福屋利信、二〇一二、『ロックンロールからロックへ――その文化変容の軌跡』近代文藝社。
Furlong, A., & Cartmel. F., 1997, *Young People and Social Change, Second edition*, Open University Press(＝乾彰夫・西村貴之・平塚眞樹・丸井妙子訳、二〇〇九、『若者と社会変容――リスク社会を生きる』大月書店).
Furlong, A., Goodwin, J., O'Connor, H., Hadfield, S., Hall, S., Lowden, K., & Plugor, R., 2018, *Young People in the Labour Market: Past, Present, Future*, Routledge.
元治恵子、二〇〇九、「職業希望の構造」木村邦博編『教育と社会に対する高校生の意識――第6次調査報告書』東北大学教育文化研究会、一五―三三頁。
元治恵子、二〇一七、「若者の描く将来像――キャリアデザインの変容」佐藤香編『格差の連鎖と若者 三 ライフデザインと希望』勁草書房、一〇九―一三二頁。
後藤貴浩、二〇一九、「シンガポールで「プロサッカー選手」となった若者たち――「労働としてのサッカー」と「生き方としてのサッカー」」大沼義彦・甲斐健人編『サッカーのある風景――場と開発、人と移動の社会学』晃洋書房、一四四―一七三頁。
橋本紀子・木村元・小林千枝子・中野新之祐編、二〇一一、『青年の社会的自立と教育――高度成長期日本における地域・学校・家族』大月書店。
橋本摂子、二〇一九、「性別役割意識の変容――若年層の保守化と結婚意欲をめぐって」佐藤博樹・石田浩編『格差の連鎖と若者 二 出会いと結婚』勁草書房、七六―九九頁。
Hebdige, D., 1979, *Subculture: The Meaning of Style*, Methuen Publishing Ltd.(＝山口淑子訳、一九八六、『サブカルチャー――スタイルの意味するもの』未来社).
樋口明彦、二〇一一、「若年者雇用政策の比較――日本・韓国・台湾における雇用と社会保障」樋口明彦・上村泰裕・平塚眞樹編『若者問題と教育・雇用・社会保障――東アジアと周縁から考える』法政大学出版局、五五―九〇頁。
平松絹子、二〇一七、「グローバル時代のインディー・ミュージック――アンダーグラウンド音楽文化のエスノグラフィーとアーティスト活動の実態」毛利嘉孝編『アフターミュージッキング――実践する音楽』東京藝術大学出版会、二四九―二七八頁。

広田照幸、二〇〇八、「若者文化をどうみるか」広田照幸編『若者文化をどうみるか？――日本社会の具体的変動の中に若者文化を定位する』アドバンテージサーバー、四―三〇頁。

本田由紀、二〇〇四、「トランジションという観点から見たフリーター」『社會科學研究』五五(二)、七九―一一一頁。

本田由紀、二〇〇五、『若者と仕事――「学校経由の就職」を超えて』東京大学出版会。

本田由紀、二〇一四、『社会を結びなおす――教育・仕事・家族の連携へ』岩波書店。

堀健志、二〇〇〇、「学業へのコミットメント――空洞化する業績主義社会についての一考察」樋田大二郎・耳塚寛明・岩木秀夫・苅谷剛彦編『高校生文化と進路形成の変容』学事出版、一六五―一八三頁。

堀有喜衣、二〇〇七、「若者の教育から職業への移行における「格差」形成――日本型選抜の趨勢と支援」『教育社会学研究』八〇、八五―九九頁。

堀有喜衣、二〇一六、『高校就職指導の社会学――「日本型」移行を再考する』勁草書房。

堀有喜衣編、二〇〇七、『フリーターに滞留する若者たち』勁草書房。

池本淳一、二〇〇七、「日本ボクシングのエスノグラフィー――社会変動期に生きる若者のアイデンティティ構築とサブカルチャー実践の視点から」『社会学評論』五八(一)、二一―三九頁。

井上貴子・森川卓夫・室田尚子・小泉恭子、二〇〇三、『ヴィジュアル系の時代――ロック・化粧・ジェンダー』青弓社。

乾彰夫、一九九〇、『日本の教育と企業社会――一元的能力主義と現代の教育＝社会構造』大月書店。

乾彰夫、二〇〇〇、「「戦後的青年期」の解体――青年期研究の今日的課題」『教育』五〇(三)：一五―二二頁。

乾彰夫、二〇一〇、『〈学校から仕事へ〉の変容と若者たち――個人化・アイデンティティ・コミュニティ』青木書店。

乾彰夫、二〇一三、『高卒5年　どう生き、これからどう生きるのか――若者たちが今〈大人になる〉とは』大月書店。

乾彰夫編、二〇〇六、『18歳の今を生きぬく――高卒1年目の選択』青木書店。

乾彰夫・本田由紀・中村高康編、二〇一七、『危機のなかの若者たち――教育とキャリアに関する5年間の追跡調査』東京大学出版会。

Irwin, S., & Nilsen, A., eds., 2018, *Transitions to Adulthood Through Recession: Youth and Inequality in a European Comparative Perspective*, Routledge.

石田賢示、二〇一四、「学校から職業への移行における「制度的連結」効果の再検討――初職離職リスクに関する趨勢分析」『教育社会学研究』九四、三二五―三四四頁。

石原豊一、二〇一〇、「プロスポーツのグローバル化におけるスポーツ労働移民の変容――野球不毛の地イスラエルに集うプロ野球選手の観察から」『スポーツ社会学研究』一八（二）、五九―七〇頁。

石原豊一、二〇一五、『もうひとつのプロ野球――若者を誘引する「プロスポーツ」という装置』白水社。

石川千穂、二〇一四、「「社会」をめぐる話法としての対抗文化――日本のロック雑誌の変遷から」『年報社会学論集』二七、一三―二四頁。

石岡学、二〇一一、『「教育」としての職業指導の成立――戦前日本の学校と移行問題』勁草書房。

石岡丈昇、二〇一二、『ローカルボクサーと貧困世界――マニラのボクシングジムにみる身体文化』世界思想社。

伊藤茂樹、二〇〇二、「青年文化と学校の90年代」『教育社会学研究』七〇、八九―一〇三頁。

伊藤茂樹、二〇〇五、「青少年のライフプランとその規定要因――「夢を持つこと」とその意味」『平成16年度 青少年の社会的自立に関する意識調査』第三章、三一三―三三二頁。

岩田考、二〇〇四、「「働くこと」をめぐる意識の変容」『モノグラフ・高校生』七〇、二―三二頁。

神野賢二、二〇〇六、「ノンエリート青年の「学校と仕事の間」のリアリティ――ある高校中退者の事例から考える」『労働社会学研究』七、一―三六頁。

陣内靖彦、一九七六、「職業選択と教育」石戸谷哲夫編『教育学研究全集 四 変動する社会の教育』第一法規出版、二〇二―二三三頁。

香川めい、二〇一一、「日本型就職システムの変容と初期キャリア――「包摂」から「選抜」へ」石田浩・近藤博之・中尾啓子編『現代の階層社会 二 階層と移動の構造』東京大学出版会、一八九―二〇三頁。

香川めい、二〇一一、「若年期のライフコースの多様化はどう生じたか――男女差からみえる変化と不変」中村高康・三輪哲・石田浩編『少子高齢社会の階層構造 I 人生初期の階層構造』東京大学出版会、二五七―二七二頁。

苅谷剛彦、一九九一、『学校・職業・選抜の社会学――高卒就職の日本的メカニズム』東京大学出版会。

苅谷剛彦・菅山真次・石田浩編、二〇〇〇、『学校・職安と労働市場――戦後新規学卒市場の制度化過程』東京大学出版会。

片瀬一男、二〇〇五、『夢の行方――高校生の教育・職業アスピレーションの変容』東北大学出版会。

木島由晶、二〇一九、「Culture――現代文化のなかの音楽」南田勝也・木島由晶・永井純一・小川博司編『音楽化社会の現在――統計データで読むポピュラー音楽』新曜社、一四―二八頁。

木本玲一、二〇〇三、「日本におけるラップ実践と人的ネットワーク――二つのグループの実践を事例として」『ポピュラー音楽研究』七、三―一四頁。

喜始照宣、二〇二二、『芸術する人びとをつくる――美大生の社会学』晃洋書房。

喜多加実代、二〇一一、「子どもの「主体的進路選択」と親のかかわり」石川由香里・杉原名穂子・喜多加実代・中西祐子『格差社会を生きる家族――教育意識と地域・ジェンダー』有信堂高文社、一四七―一六八頁。

小林大祐、二〇〇六、「フリーターの労働条件と生活――フリーターは生活に不満を感じているのか」太郎丸博編『フリーターとニートの社会学』世界思想社、九七―一二〇頁。

小泉恭子、二〇〇三、「ポピュラー・ミュージック・イン・スクール」東谷護編『ポピュラー音楽へのまなざし――売る・読む・楽しむ』勁草書房、二五六―二七九頁。

児美川孝一郎、二〇一三、「「教育困難校」におけるキャリア支援の現状と課題――高校教育システムの「周縁」」『教育社会学研究』九二、四七―六三頁。

児美川孝一郎、二〇一六、『夢があふれる社会に希望はあるか』KKベストセラーズ。

小杉礼子、二〇〇三、『フリーターという生き方』勁草書房。

小杉礼子、二〇一〇、『若者と初期キャリア――「非典型」からの出発のために』勁草書房。

南田勝也、二〇〇一、『ロックミュージックの社会学』青弓社。

南田勝也・木島由晶・永井純一・小川博司編、二〇一九、『音楽化社会の現在――統計データで読むポピュラー音楽』新曜社。

三田知実、二〇〇六、「消費下位文化主導型の地域発展――東京渋谷・青山・原宿の「独立系ストリート・カルチャー」を事例として」『日本都市社会学会年報』二四、一三六―一五一頁。

宮入恭平、二〇〇八、『ライブハウス文化論』青弓社。

宮入恭平・佐藤生実、二〇一一、『ライブシーンよ、どこへいく――ライブカルチャーとポピュラー音楽』青弓社。

宮本みち子、二〇〇四、『ポスト青年期と親子戦略――大人になる意味と形の変容』勁草書房。

宮本みち子・小杉礼子編、二〇一一、『二極化する若者と自立支援――「若者問題」への接近』明石書店。

宮本みち子・佐藤洋作・宮本太郎編、二〇一二、『アンダークラス化する若者たち――生活保障をどう立て直すか』明石書店。

宮崎あゆみ、一九九三、「ジェンダー・サブカルチャーのダイナミクス――女子高におけるエスノグラフィーをもとに」『教育社会学研究』五二、一五七―一七七頁。

永瀬伸子、二〇〇二、「若年層の雇用の非正規化と結婚行動」『人口問題研究』五八(二)、二二―三五頁。

中西新太郎、二〇〇一、『思春期の危機を生きる子どもたち』はるか書房。

中西新太郎・高山智樹編、二〇〇九、『ノンエリート青年の社会空間――働くこと、生きること、「大人になる」ということ』大月書店。

中山慶子・小島秀夫、一九七九、「教育アスピレーションと職業アスピレーション」富永健一編『日本の階層構造』東京大学出版会、二九三―三二八頁。

中澤渉、二〇一七、「正規／非正規雇用の移動障壁と非正規雇用からの脱出可能性」石田浩編『格差の連鎖と若者 一 教育とキャリア』勁草書房、一四三―一七〇頁。

生井達也、二〇一三、「「現実」を生きる「夢追い」フリーター」『常民文化』三六、二五―五六頁。

生井達也、二〇二二、『ライブハウスの人類学――音楽を介して「生きられる場」を築くこと』晃洋書房。

成実弘至、二〇〇一、「サブカルチャー」吉見俊哉編『知の教科書　カルチュラル・スタディーズ』講談社、九三―一二二頁。

成瀬厚、二〇一七、「音楽的星座――徘徊し、集うミュージシャンとオーディエンス」神谷浩夫・山本健太・和田崇編『ライブパフォーマンスと地域――伝統・芸術・大衆文化』ナカニシヤ出版、八六―一〇五頁。

日本労働研究機構、二〇〇〇、『調査研究報告書№136 フリーターの意識と実態――97人のヒアリング結果より』日本労働研究機構。

野村駿、二〇一八、「なぜ若者は夢を追い続けるのか――バンドマンの「将来の夢」をめぐる解釈実践とその論理」『教育社会学研究』一〇三、二二五―二四五頁。

野村駿、二〇二三、「夢を追うために正社員になる――文化・芸術活動者の労働を問う」永田大輔・松永伸太朗・中村香住編『消費と労働の文化社会学――やりがい搾取以降の「批判」を考える』ナカニシヤ出版、一二一―一四〇頁。

小熊英二、二〇一九、『日本社会のしくみ――雇用・教育・福祉の歴史社会学』講談社。

尾嶋史章、二〇〇一、「進路選択はどのように変わったのか――16年間にみる進路選択意識の変化」尾嶋史章編『現代高校生の計量社会学――進路・生活・世代』ミネルヴァ書房、二一―六一頁。

岡部茜、二〇一九、『若者支援とソーシャルワーク――若者の依存と権利』法律文化社。

岡部茜、二〇二一、「若者を食べ吐きする「若者自立支援政策」」『大原社会問題研究所雑誌』七五三、四―一七頁。

大沢真理、一九九三、『企業中心社会を超えて――現代日本を〈ジェンダー〉で読む』時事通信社。

大多和直樹、二〇一四、『高校生文化の社会学――生徒と学校の関係はどう変容したか』有信堂高文社。

大山昌彦、二〇〇三、「若者サブカルチャーとポピュラー音楽」東谷護編『ポピュラー音楽へのまなざし――売る・読む・楽しむ』勁草書房、二八〇―三〇三頁。

大山昌彦、二〇〇五、「若者下位文化によるポピュラー音楽の消費・再生産・変容――茨城県A市における「ロックンロール」の実践を中心に」三井徹監修『ポピュラー音楽とアカデミズム』音楽之友社、二五三―二八一頁。

大山昌彦、二〇一二、「若者サブカルチャーの脱世代化と地域化に伴う変容」小谷敏・土井隆義・芳賀学・浅野智彦編『若者の現在　文化』日本図書センター、一七七―二〇九頁。

大山昌彦、二〇一八、「高度消費社会におけるサブカルチャーを通じた地域文化の形成――茨城県中央部における「ロックンロール」を中心に」『グローカル研究』五、一―二〇頁。

O'Reilly, K., 2012, *Ethnographic Methods, Second edition*, Routledge.

Roberts, K., Clark, S. C., & Wallace, C., 1994, "Flexibility and Individualization: A Comparison of Transitions into Employment in England and Germany", *Sociology*, Vol. 28, No. 1, pp. 31-54.

労働政策研究・研修機構編、二〇一七、『「個人化」される若者のキャリア』労働政策研究・研修機構。

労働政策研究・研修機構、二〇一七、『労働政策研究報告書 №199 大都市の若者の就業行動と意識の分化――「第4回 若者のワークスタイル調査」から』労働政策研究・研修機構。

貞包英之、二〇二一、『サブカルチャーを消費する――20世紀日本における漫画・アニメの歴史社会学』玉川大学出版部。

佐藤(粒来)香、二〇〇四、『社会移動の歴史社会学――生業／職業／学校』東洋館出版社。

嶋﨑尚子、二〇一三、「「人生の多様化」とライフコース――日本における制度化・標準化・個人化」田中洋美、M・ゴツィック・K、岩田ワイケナント編『ライフコース選択のゆくえ――日本とドイツの仕事・家族・住まい』新曜社、二一―二二頁。

下村英雄、二〇〇二、「フリーターの職業意識とその形成過程――「やりたいこと」志向の虚実」小杉礼子編『自由の代償／フリーター――現代若者の就業意識と行動』労働政策研究・研修機構、七五―九九頁。

白川俊之・古田和久、二〇一八、「進路選択の背景としての職業観・学歴観」尾嶋史章・荒牧草平編『高校生たちのゆくえ――学校パネル調査からみた進路と生活の30年』世界思想社、一二四―一四〇頁。

菅山真次、二〇一一、『「就社」社会の誕生――ホワイトカラーからブルーカラーへ』名古屋大学出版会。

杉田真衣、二〇一五、『高卒女性の12年――不安定な労働、ゆるやかなつながり』大月書店。

Spradley, J. P., 1980, *Participant Observation*, Harcourt Brace College publishers(＝田中美恵子・麻原きよみ訳、二〇一〇、『参加観察法入門』医学書院).

多賀太、二〇一八、「男性労働に関する社会意識の持続と変容――サラリーマン的働き方の標準性をめぐって」『日本労働研究雑誌』六九九、四―一四頁。

多賀太編、二〇一一、『揺らぐサラリーマン生活――仕事と家族のはざまで』ミネルヴァ書房。

高部大問、二〇二〇、『ドリーム・ハラスメント――「夢」で若者を追い詰める大人たち』イースト・プレス。

多喜弘文、二〇一五、「高校生の職業希望における多次元性――職業志向性の規定要因に着目して」中澤渉・藤原翔編『格差社会の中の高校生――家族・学校・進路選択』勁草書房、八一―九五頁。

多喜弘文、二〇一八、「職業希望の変容とその制度的基盤」尾嶋史章・荒牧草平編『高校生たちのゆくえ――学校パネル調査からみた進路と生活の30年』世界思想社、六四―八五頁。

田村公人、二〇一五、『都市の舞台俳優たち――アーバニズムの下位文化理論の検証に向かって』ハーベスト社。

田靡裕祐、二〇一七、「日本社会における仕事の価値の長期的な推移」『日本労働研究雑誌』六八四、四九―五八頁。

田中研之輔、二〇一六、『都市に刻む軌跡――スケートボーダーのエスノグラフィー』新曜社。

種村剛・小林泰名、二〇一三、「演奏する場としての喫茶店――札幌のムジカホールカフェを事例として」『自然・人間・社会――関東学院大学経済学部総合学術論叢』五五、九五―一三三頁。

太郎丸博、二〇〇六、「社会移動とフリーター――誰がフリーターになりやすいのか」太郎丸博編『フリーターとニートの社会学』世界思想社、三〇―四八頁。

寺崎里水、二〇〇八、「職業アスピレーションと社会構造の関係からみたキャリア教育の課題――中学生を事例として」『子ども社会研究』一四、四五―五七頁。

Toynbee, J., 2000, *Making Popular Music: Musicians, Creativity and Institutions*, London: Arnold(＝安田昌弘訳、二〇〇四、『ポピュラー音楽をつくる――ミュージシャン・創造性・制度』みすず書房).

粒来香、一九九七、「高卒無業者層の研究」『教育社会学研究』六一、一八五―二〇九頁。

筒井愛知、二〇一二、「高校の部活動と居場所づくり」田中治彦・萩原建次郎編『若者の居場所と参加――ユースワークが築く新たな社会』東洋館出版社、一二七―一四七頁。

内田康弘・都島梨紗、二〇一六、「専門学校の動向に関する一考察――学校基本調査ならびにCiNii掲載論文の整理より」『教育論叢』五九、四五―五四頁。

上西充子、二〇〇二、「フリーターという働き方」小杉礼子編『自由の代償／フリーター――現代若者の就業意識と行動』労働政策研究・研修機構、五五―七四頁。

上原健太郎、二〇一四、「ネットワークの資源化と重層化――沖縄のノンエリート青年の居酒屋経営を事例に」『教育社会学研究』九五、四七―六六頁。

上間陽子、二〇〇二、「現代女子高校生のアイデンティティ形成」『教育学研究』六九(三)、三六七―三七八頁。

上間陽子、二〇一五、「風俗業界で働く女性のネットワークと学校体験」『教育社会学研究』九六、八七―一〇八頁。

若者支援全国協同連絡会、二〇一六、『「若者支援」のこれまでとこれから――協同で社会をつくる実践へ』かもがわ出版。

Walther, A., Stauber, B., & Pohl, A., 2005, "Informal Networks in Youth Transitions in West Germany: Biographical Resource or Reproduction of Social Inequality?" *Journal of Youth Studies*, Vol. 8, No. 2, pp. 221-240(＝平塚眞樹抄訳、二〇〇六、「若者の移行期をめぐるインフォーマルなネットワーク――人生の経歴における資源か社会的不平等の再生産か?」『教育』二〇〇六年三月号、六九―七六頁).

Walther, A., Parreira do Amaral, M., Cuconato, M., & Dale, R., eds., 2016, *Governance of Educational Trajectories in Europe: Pathways, Policy and Practice*, Bloomsbury Academic.

渡辺潤、一九九六、「文化になった若者――ロック音楽と時代精神(三)」『追手門学院大学人間学部紀要』三、一三一―一五八頁。

渡辺潤、二〇〇〇、『アイデンティティの音楽――メディア・若者・ポピュラー文化』世界思想社。

Woodman, D., & Bennett, A., eds., 2015, *Youth Cultures, Transitions, and Generations: Bridging the Gap in Youth Research*, Palgrave Macmillan.

山田真茂留、二〇〇九、『〈普通〉という希望』青弓社。

山田真茂留、二〇一七、『集団と組織の社会学――集合的アイデンティティのダイナミクス』世界思想社。

山田昌弘、一九九九、『パラサイト・シングルの時代』筑摩書房。

山田昌弘、二〇〇一、『家族というリスク』勁草書房。

山田昌弘、二〇〇四、『希望格差社会――「負け組」の絶望感が日本を引き裂く』筑摩書房。

山越英嗣、二〇一四、「ヒップホップ文化を担う若者たちによる共同体の創造――地方都市の繁華街で商店を営む若者たちを事例として」『生活学論叢』二五、一三―二三頁。

山岡重行編、二〇二〇、『サブカルチャーの心理学――カウンターカルチャーから「オタク」「オタ」まで』福村出版。

横山順一、二〇一一、「都市の隙間空間としての「裏道」――港区元麻布の「裏道」を生きる人々の活動実践への着目から」『専修人間科学論集』一(二)、一六三―一七九頁。

吉田美穂、二〇〇七、「「お世話モード」と「ぶつからない」統制システム――アカウンタビリティを背景とした「教育困難校」の生徒指導」『教育社会学研究』八一、八九―一〇九頁。

初出一覧

序　章　書き下ろし

第1章　書き下ろし

第2章　Hayao Nomura, 2021, Place of Belonging (Ibasho) and Pursuing One's Dream: The Unstable State of Transition Driven by Youth Culture, *Educational Studies in Japan: International Yearbook*, No. 15: pp. 57–68.

第3章　野村駿、二〇一八、「バンドマンのフリーター選択・維持プロセスにおける積極性と合理性——若者文化の内部構造に着目して」『東海社会学会年報』一〇、一二二—一三二頁。

第4章　野村駿、二〇二二、「夢の追い方を学習する——バンドマンによる正統的周辺参加と行為の意図の変容過程」『ソシオロジ』二〇三、七七—九五頁。

第5章　野村駿、二〇二一、「集団による音楽活動成立の条件——あるバンドの結成から解散までをたどって」『ソシオロゴス』四五、八七—一〇四頁。

第6章　野村駿、二〇一八、「なぜ若者は夢を追い続けるのか——バンドマンの「将来の夢」をめぐる解釈実践とその論理」『教育社会学研究』一〇三、二五—四五頁。

第7章　野村駿、二〇二二、「夢を諦める契機——標準的ライフコースから離反するバンドマンの経験に着目して」『教育社会学研究』一一〇、二三七—二五八頁。

第8章　書き下ろし

終　章　書き下ろし

おわりに

初めてライブハウスに行った日のことを今でもよく覚えている。場所がわからず周囲をぐるぐるさまよって、ようやく小さな看板をみつけた。バンドマンが教えてくれた入場の仕方を確認して、薄暗い建物に入ると、会場にはボクサーパンツがいくつも干されていた。「きっとリハーサルで汗をかいたから着替えて干しているんだな」と勝手に納得をして、「こんな文化がある世界なのか！」と逸脱研究に当時関心のあった私は興奮しきっていた。

一度でもライブハウスに行ったことがある方なら、すでにおわかりだろう。ライブハウスにそのような文化はない。事実、その光景を目にしたのはこの日が最初で最後だった。すぐに判明したのだが、この日は出演者の一人が誕生日で、プレゼントでもらったボクサーパンツを飾っていただけだったのだ。

このように、筆者は本当に何もわからない状態から研究を始めた。ああなのかこうなのかと考えてはバンドマンに確認し、そこで何が起こっているのかを確かめていった。その経験を積み重ねて、実際に見聞きしたことをベースにまとめたのが本書である。

本書は、二〇二一年九月に名古屋大学大学院教育発達科学研究科に提出した博士論文「若者の夢追いライフコース形成に関する社会学的研究――バンドマンを事例として」を大幅に加筆修正したものである。本書を書き進めるにあたって、本当にたくさんの方のお世話になった。

まず感謝をお伝えしたいのが、調査にご協力くださったバンドマンのみなさんである。「どんな音楽が好きなの？」と尋ねられてもポカンとし、何者かわからないが話を聞かせてほしいという筆者にさぞ困惑したはずだ。だが、「面白いことしてるね！」とだれよりも研究に興味をもって、夢追いの楽しさや大変さを話してくださった。思い返せば私には、勉強勉強の毎日でこれといって夢中になれるものはなかった。みなさんのお話を聞くにつれ、私にもあり得たであろうもう一つの青春や人生を教えていただけたように思う。研究に行き詰まったときはライブハウスに行き、みなさんと話していると不思議と元気になれた。調査に関係なく飲み会や打ち上げにも誘ってくれた。この研究を始めなければみなさんと出会えなかったし、みなさんが惜しみなく協力してくださったからこそ本書を完成させることができた。本当にありがとうございました。

博士論文を書き上げるまでに、伊藤彰浩先生、内田良先生、渡邉雅子先生に多くのご指導とご助言を賜った。心より感謝申し上げる。

大学院進学後しばらくして「バンドマンの研究がしたい」と研究テーマの変更を申し出たとき、伊藤先生は「面白いテーマを見つけましたね」と優しく背中を押してくださった。その後も、論文や申請書を書くたびに、温かくも厳しいコメントを頂戴した。研究が進まないと雲隠れするなどご迷惑ばかりおかけしたが、決して見放さず自由に研究させていただけたおかげで、何とか本書までたどり着くことができた。

大学院への扉を開いてくださったのは内田先生である。遊んでばかりいた学部時代にコース配属があり、友人たちに促されて教育社会学を選択した。「教育ではなく若者研究がしたい」と生意気にいう私に対し、若者研究に限らない社会学の重要文献を先生と二人で週に一冊じっくり読む機会をつくってくださったことが、研究の視野を広げる重要なきっかけとなった。論文にもその都度目を通していただき、どうすればよりよくなるかを一緒に考えてくださった。

渡邉先生からは、社会学の理論との向き合い方を学んだ。データ重視になりがちな筆者に対し、理論との対話を重ねることの大切さや自前のデータから理論を立ち上げるヒントを教えていただいた。事前のアポもなくフラッと研究室を訪ねても温かいコーヒーを淹れて迎えてくださり、社会学談議に付き合っていただけた時間が何より貴重だったと感じている。

同研究科の他の先生方にも、研究室は異なるが、いつも気にかけていただいた。教育学との接点を十分に考えていなかった私に対し、教育学からみた夢追い研究の意義や課題を示してくださったことは、議論の広がりを再認識する機会となった。また、教育社会学研究室をはじめ、先輩、同期、後輩のみなさんにも大変お世話になった。研究室を超えて研究会をしたり、読書会をしたり、ご飯に行ったりといった日常が何より楽しかった。

ほかにもたくさんの方々に支えていただいた。いくつもの研究会で報告機会を賜り、ご指摘を頂戴する中で、本書の議論が形作られていったように思う。特に、知念渉さんには何から何まで相談にのっていただいた。理論でも実証でも一歩先に進むにはどうしたらよいかを示してくださった。また、伊藤莉央さん、梅田崇広さん、数実浩佑さん、粕谷圭佑さんとは、同期だからこそ話せる悩みを共有しながら、いつも前向きに研究を進める気持ちにさせてもらっている。博士論文を本書に改稿するにあたっては、博論書籍化互助会のメンバーに加えていただいた。みなさんとの議論、そしてみなさんの研究成果が次々に出版されていく様子をみなければ、本書の完成はもっと遅くなっていただろう。栗原和樹さんと関駿平さんには、終章の草稿にコメントをお願いした。急な依頼にもかかわらず快く引き受けていただき、とても助かった。

現在の職場である秋田大学のみなさんにも深く感謝申し上げる。大学教員の研究時間の確保が難しいとされる中、私が研究に専念できるようにさまざまなサポートをしてくださった。初職かつ初東北で何もわからない状況だったが、鈴木翔さんがいてくださったおかげで、研究の熱を冷ますことなく続けることができた。

本書の企画は、岩波書店の大竹裕章さんが声をかけてくださったことで実現した。博士論文の完成から本書の執筆まで何年もお待たせすることになってしまい、その後編集作業を引き継いでくださった田中朋子さんにも、多大なるご迷惑をおかけした。幸運だったのはお二人から非常に詳細なコメントを何度もいただけたことである。本書が少しでも読みやすいものになっていれば、それはお二人の強力なバックアップがあったからこそである。

最後に、家族にも感謝を述べたい。「学校の先生になる」と大学に進学したはいいが一向に地元に戻ってくる気配のない私にやきもきしたに違いない。しかし、「それがやりたいことなんでしょ」と、「正しい」生き方を押しつけることなく陰ながら見守ってくれた。その意味で私も研究者への夢を追っていたのかもしれない。それがどこに向かうのかは私にもわからないが、一つの区切りとして本書を贈りたいと思う。

野村　駿

二〇二三年九月

〈付記〉

本書は、日本学術振興会科学研究費補助金（課題番号：19J15481、21K20230）、ならびに公益財団法人ユニベール財団（二〇二一年度研究助成）による研究成果の一部である。

また、第1章の二次分析にあたり、大阪商業大学JGSS研究センターから「JGSS-2006」、東京大学社会科学研究所附属社会調査・データアーカイブ研究センターSSJデータアーカイブから「高校生の進路についての追跡調査（第一回〜第六回）、2005-2011」（東京大学大学経営・政策研究センター）および「子どもの生活と学びに関する親子調査Wave1、2015」「子どもの生活と学びに関する親子調査Wave4、2018」（東京大学社会科学研究所・ベネッセ教育総合研究所）の個票データの提供を受けた。記して感謝申し上げる。

なお、日本版General Social Surveys（JGSS）は、大阪商業大学JGSS研究センター（文部科学大臣認定日本版総合的社会調査共同研究拠点）が、大阪商業大学の支援を得て実施している研究プロジェクトである。JGSS-2006は、学術フロンティア推進拠点の助成を受け、東京大学社会科学研究所の協力を得て実施した。

資　料

その１　研究参加者のプロフィール

研究参加者の詳細プロフィールをまとめた．インタビューの時期は，2016年4月から2020年2月までである．主な特徴は次のとおり．

- 性別　男性：32名，女性：3名
- 年齢(初回調査時)　20代前半：20名，20代後半：11名，30代前半：4名
- 最終学歴　高卒：3名，専門卒：9名，大卒：11名，中退：5名，大学在学：7名
- 雇用形態　正社員：7名(うち正社員希望3名)，フリーター：20名(うちフリーター希望4名)，フリーター→正社員(自営業・音楽事務所所属含む)：8名

その２　職業分類の細目(第１章)

第1章で二次分析を行ったデータのうち，将来の夢を自由記述で尋ねた2つの調査について，本書で作成した15類型への分類結果をまとめた．日本標準職業分類の小分類によって整理し，分析に耐えうるケース数が確保できるように中分類レベルで統合していった．

その1　研究参加者のプロフィール

仮名	性別	生年	最終学歴	雇用形態	担当	バンド経験年数
タクヤ	男	1986	大卒	フリーター	ボーカル	16
リオ	男	1987	専門卒(音楽系)	フリーター→音楽事務所所属	ギター	14
カイト	男	1988	大卒	正社員	ギター	13
マサ	男	1989	大卒	フリーター	ギター	13
トオル	男	1989	専門卒(音楽系)	フリーター	ドラム	13
タカ	男	1990	専門卒(音楽系)	フリーター	ボーカル	11
ケント	男	1990	高卒	フリーター	ギター	11
トウマ	男	1990	専門卒(音楽系)	フリーター→自営業	ボーカル	11
カイ	男	1990	大卒	フリーター	ギター	9
マナブ	男	1991	大卒	正社員	ボーカル	11
ジュン	男	1991	専門中退(美容系)	フリーター	ドラム	10
ダイキ	男	1991	大卒	フリーター→正社員	ドラム	9
ヒカル	男	1992	大卒	フリーター→正社員	ベース	15
カズマ	男	1992	大卒	フリーター→正社員	ベース	12
レン	男	1992	大学中退	フリーター→正社員	ボーカル	12
リョウ	男	1993	専門卒(音楽系)	フリーター	ボーカル	9
マサト	男	1993	専門卒(音楽系)	フリーター→正社員	ドラム	9
ユウキ	男	1993	大卒	フリーター	ギター	6
ミズキ	女	1993	専門卒(音楽系)	フリーター	ベース	5
リク	男	1994	大学中退	フリーター	ボーカル	10
コウジ	男	1994	大卒	フリーター	ボーカル	9
ヒロキ	男	1994	専門卒(音楽系)	フリーター	ボーカル	7
タツキ	男	1994	大学在学	フリーター希望	ボーカル	4
ヒロト	男	1995	大学中退	正社員	ドラム	7
アヤノ	女	1995	専門卒(音楽系)	フリーター	ドラム	5
ユウタ	男	1996	高卒	フリーター	ギター	9
トモヤ	男	1996	大学在学	正社員希望	ギター	7
ナオト	男	1996	大学在学	正社員希望	ドラム	7
アキラ	男	1996	大学在学	正社員希望	ベース	7
サトシ	男	1996	大卒	正社員	ボーカル	6
ワタル	男	1997	大学中退	フリーター	ギター	6
アツシ	男	1997	高卒	フリーター→正社員	ボーカル	6
ハルカ	女	1997	大学在学	フリーター希望	ボーカル	6
シンジ	男	1998	大学在学	フリーター希望	ベース	4
ハルマ	男	1998	大学在学	フリーター希望	ボーカル	4

親学歴	父職業	居住形態	調査日
大卒	自営	一人暮らし	2017/5/23
高卒	正社員	実家	2019/7/20
大学中退	正社員	実家	2020/1/25
不明	正社員	一人暮らし	2017/3/8
不明	正社員	一人暮らし	2020/2/26
大卒	正社員	一人暮らし	2017/7/21
専門卒	正社員	パートナーと同棲	2018/2/2
専門卒	正社員	メンバーとルームシェア	2018/4/1
高卒	自営	パートナーと同棲	2018/10/1
短大卒	正社員	一人暮らし	2017/11/8, 2019/7/12
高卒	正社員	実家	2016/4/16, 2017/2/27, 2018/8/28
高卒	自営	実家	2016/9/29, 2017/6/5
不明	正社員	メンバーとルームシェア	2018/1/8
高卒	正社員	メンバーとルームシェア→一人暮らし	2016/4/9, 9/14, 2017/5/26, 2018/8/3
大学中退	正社員	メンバーとルームシェア→実家	2016/4/12, 11/08, 2018/11/30, 2019/9/21
専門卒	自営	実家	2016/9/12
高卒	自営	一人暮らし	2018/3/4
不明	自営	実家	2016/4/21, 2017/6/2, 2018/3/12
大卒	自営	実家	2016/12/20
高卒	自営	一人暮らし	2020/2/4
短大卒	正社員	実家	2018/7/6
短大卒	正社員	実家	2017/11/3
不明	正社員	実家	2017/3/18
大卒	正社員	実家	2018/4/9
大卒	正社員	きょうだいとルームシェア	2017/3/24
大卒	自営	実家	2018/1/27
専門卒	正社員	実家	2018/3/22
大卒	自営	一人暮らし	2018/9/6
大卒	自営	一人暮らし	2020/2/8
大卒	正社員	実家	2017/7/29, 2018/4/3, 6/11, 2019/7/22
高卒	正社員	実家	2018/2/6, 10/23
高卒	正社員	一人暮らし	2019/5/7
大卒	自営	実家	2018/3/12, 12/1
高卒	正社員	実家	2018/11/4(ハルマと合同), 2020/1/22
高卒	自営	実家	2018/11/4(シンジと合同), 2020/2/1

その２　職業分類の細目(第１章)

分類＼調査	JGSS-2006 (留置調査票Ａ票)	子どもの生活と学びに関する 親子調査(Wave1)
専門①：技術者系	自然科学系研究者，考古学者・文化財の研究員，電気・化学技術者(含，技工士，自動車技術者)，建築家・建築技術士・設計技士・設計士，コンピュータエンジニア・プログラマー，その他の技術者(含，織物設計士)，エンジニア(分野のわからないもの，含・工業エンジニア)，機械技術者	自然科学系研究者，人文・社会科学系等研究者，農林水産・食品技術者，電気・電子・電気通信技術者(通信ネットワーク技術者を除く)，輸送用機器技術者，化学技術者，建築技術者，土木・測量技術者，ソフトウェア作成者，その他の情報処理・通信技術者，通信機器操作従事者，研究職・技術職・開発職・技術者，建築関係・住宅関係，コンピュータ関係，IT 関係・ネット関係・情報関係，機械関係・電気／電子関係・エンジニア・設計士(特定なし)，ゲーム制作・ゲーム関係
専門②：医療法曹系	医師，歯科医師，薬剤師，栄養士，看護士・看護婦，歯科衛生士，弁護士・裁判官・検事，公認会計士・会計士，獣医，児童相談員・ソーシャルワーカー，経営コンサルタント，カウンセラー・心理カウンセラー	医師，歯科医師，獣医師，薬剤師，保健師，助産師，看護師(准看護師を含む)，診療放射線技師，臨床検査技師，理学療法士・作業療法士，視能訓練士・言語聴覚士，歯科衛生士，歯科技工士，栄養士，あん摩マッサージ指圧師・はり師・きゅう師・柔道整復師，その他の保健医療従事者，その他の社会福祉専門職業従事者，裁判官・検察官・弁護士，弁理士・司法書士，その他の法務従事者，公認会計士，税理士，その他の経営・金融・保険専門職業従事者，医療系の技術職・専門職(専門的であることが条件)，医療関係・看護関係・薬剤関係(具体的な記述なし)，臨床心理士・心理カウンセラー・心理学関係，法律関係，社会福祉士
専門③：教員系	幼稚園教諭・幼稚園の先生，小学校教員，中学校教員，高校教員，大学教授，養護学校の先生，教育関係・洋裁学校の先生・料理学校の先生，保育士・保母，音楽以外の個人教師，図書館司書，教員，ピアノ教師など・音楽関連の個人教師	保育士，幼稚園教員，小学校教員，中学校教員，高等学校教員，特別支援学校教員，大学教員，その他の教員，図書館司書・学芸員，個人教師(音楽)，個人教師(舞踊，俳優，演出，演芸)，個人教師(スポーツ)，個人教師(学習指導)，個人教師(他に分類されないもの)，教員，教育関係，子ども関係・保育関係
専門④：芸術系	小説家・コピーライター(除，翻訳家)，雑誌・新聞等の編集者・記者，イラストレーター・美術関係，デザイナー，カメラマン・写真，ガラス職人，装飾品を作る女工，翻訳家，漫画家，服飾関連のデザイナー(含，スタイリスト)，	著述家，記者・編集者，彫刻家・画家・工芸美術家，デザイナー，写真家・映像撮影者，美術関係，英語関係，服飾関係・スタイリスト，アニメ・漫画関係，デザイン関係，Youtuber，国際関係・海外での仕事・海外青年協力隊・外国語

調査 分類	JGSS-2006 (留置調査票A票)	子どもの生活と学びに関する 親子調査(Wave1)
	通訳(含，英語を生かした仕事，教師以外の英語を使う仕事)	関係
専門⑤：芸能・スポーツ系	音楽家・音楽に関連する仕事，映画関係・音楽プロデューサー・テレビ局編成，アナウンサー(含，ディスクジョッキー)，ピアノ調律師，歌手・俳優・芸能人・お笑い芸人，プロサッカー選手，プロ野球選手，その他のプロスポーツ選手	音楽家，舞踊家・俳優・演出家・演芸家，職業スポーツ従事者，スポーツ関係・運動／体を動かす仕事，音楽関係・映画関係・映像関係，テレビ関係・マスコミ関係・ラジオ関係(具体的な記述なし)，演劇関係，芸能関係
事務 販売	会社／企業の事務員・秘書・一般事務職，医療事務，銀行員・経理事務・金融関係の仕事，郵便局員，商社のタイピスト，小売店主，農機具販売，販売員・デパートの店員，商人(食品営業)，役場の事務員・役場，パン屋(含，豆菓子製造業)	庶務・人事事務員，受付・案内事務員，その他の一般事務従事者，会計事務従事者，営業・販売事務従事者，郵便事務員，小売店主・店長，販売店員，医薬品営業職業従事者，銀行員・金融・証券会社，ブライダル関係，事務職(具体的記述なし)，本・出版関係，カフェ・スタバ，パン屋，製菓，ケーキ屋
サービス職	施設職員(障害者)・ホームヘルパー，美容師(含，ヘアメークアーチスト)，クリーニング店(職)，板前・コック・寿司職人・調理師・料理研究家・料理人，客室乗務員・スチュワーデス，旅行の添乗員・ツアーコンダクター，サービス業全般，トリマー，介護士・介護福祉士・介護職，お菓子屋・お菓子店・パティシエール・ケーキ職人・ケーキ屋，理容師・床屋	家政婦(夫)・家事手伝い，介護職員(医療・福祉施設等)，看護助手，その他の保健医療サービス職業従事者，理容師，美容師，美容サービス従事者(美容師を除く)，クリーニング職・洗張職，調理人，バーテンダー，飲食店主・店長，接客社交従事者，娯楽場等接客員，旅行・観光案内人，広告宣伝員，他に分類されないサービス職業従事者，介護福祉士，CA・客室乗務員，福祉関係(具体的な記述なし)・介護関係，美容関係，観光関係，旅行関係，接客関係・サービス業・飲食関係，ホテル関係，パティシエ，ＴＤＬ・ＵＳＪ・テーマパークのスタッフ
保安職業	自衛官，警察官，職業軍人	自衛官，警察官・海上保安官，看守・その他の司法警察職員，消防員，警備員，他に分類されない保安職業従事者
農林漁業	農業，牧場・畜産，漁業(海女など)	農耕従事者，養畜従事者，植木職・造園師，漁労従事者，船長・航海士・機関長・機関士(漁労船)，水産養殖従事者，動物関係，農業関係・林業関係・漁業関係(具体的記述なし)
生産工程	石工，金属加工・旋盤工，鉄工，機械工・機械職人，自動車修理工・自動車整備工，電車製造業，自転車屋，酒造	その他の製品製造・加工処理従事者(金属製品)，化学製品製造従事者，窯業・土石製品製造従事者，食料品製造従事者，

分類＼調査	JGSS-2006 (留置調査票 A 票)	子どもの生活と学びに関する 親子調査(Wave1)
	業，和服仕立・和裁・洋裁・パタンナー，裁縫・縫製，家具職人，アニメーション関連・アニメーター，職人・製造業・物造り・「手に職」	紡織・衣服・繊維製品製造従事者，木・紙製品製造従事者，ゴム・プラスチック製品製造従事者，その他の製品製造・加工処理従事者(金属製品を除く)，自動車組立従事者，輸送機械組立従事者(自動車を除く)，自動車整備・修理従事者，輸送機械整備・修理従事者(自動車を除く)，画工・塗装／看板制作従事者，ものづくり・製造業など(具体的記述なし)，家具・インテリア
輸送・機械運転	国鉄職(駅員)・国鉄職員，電車の運転士／機関士，タクシーの運転手・トラック運転手・長距離ドライバー，船長・航海士・上級船員，船舶機関士，パイロット，鉄道員，船員，船員(無線従事者)，電気工事・電気通信関連事業，左官，潜水士，大工，宇宙飛行士	鉄道運転従事者，自動車運転従事者，船長・航海士・運航士(漁労船を除く)・水先人，航空機操縦士，車掌，甲板員・船舶技士・機関員，発電員・変電員，大工，土木従事者，その他の電気工事従事者，郵便・電報外務員，配達員，その他の運搬・清掃・包装等従事者，鉄道関係・輸送機械(自動車・航空機以外，新幹線・バスなど)関係，発掘家，宇宙飛行士
建設・採掘		
その他	首相・政治家，経営者・実業家・社長・企業家，国連職員，えらい人，分類不能の職業，会社員・サラリーマン，(役場以外の)公務員，収入のある仕事，大企業に入ること，外資系の会社・ビジネス専門の会社，航空会社社員，高収入を得られる仕事，その他の生徒／学生，食品関係の仕事	管理的公務員，会社役員，他に分類されない管理的職業従事者，宗教家，他に分類されない専門的職業従事者，分類不能の職業，自営業，家業を継ぐ・父親と同じ仕事，料理関係・調理関係(調理師以外)，NPO・NGO・ユニセフ・国連，ロボット関係，宇宙関係，空港，航空関係，自転車関係・自動車関係，食品関係，貿易関係，歴史関係，環境関係，レゴ関係
(会社員)		サラリーマン，会社員，OL，ビジネスマン，企業，一般企業で職業内容なし
(公務員)		公務員
拒否・不明・無回答	拒否，忘れた・覚えていない，不明・無回答	わからない・ひみつ・いくつもある，など

野村 駿
1992年岐阜県飛騨市生まれ．名古屋大学大学院教育発達科学研究科博士課程満期退学．博士(教育学)．秋田大学大学院理工学研究科附属クロスオーバー教育創成センター助教を経て，現在同大学教職課程・キャリア支援センター助教．専門は教育社会学，労働社会学．
主要論文に，「なぜ若者は夢を追い続けるのか——バンドマンの「将来の夢」をめぐる解釈実践とその論理」(『教育社会学研究』第103集)，「不完全な職業達成過程と労働問題——バンドマンの音楽活動にみるネットワーク形成のパラドクス」(『労働社会学研究』20巻)，「夢を諦める契機——標準的ライフコースから離反するバンドマンの経験に着目して」(『教育社会学研究』第110集)．
著書に，『調査報告　学校の部活動と働き方改革——教師の意識と実態から考える』(共著，岩波ブックレット)，『部活動の社会学——学校の文化・教師の働き方』(共著，岩波書店)など．本書が初の単著．

夢と生きる　バンドマンの社会学

2023年11月29日　第1刷発行

著　者　野《の》村《むら》 駿《はやお》

発行者　坂本政謙

発行所　株式会社 岩波書店
〒101-8002 東京都千代田区一ツ橋2-5-5
電話案内 03-5210-4000
https://www.iwanami.co.jp/

印刷・三秀舎　カバー・半七印刷　製本・牧製本

ISBN 978-4-00-025434-2　　Printed in Japan